据、效益评估等方面的问题。

以上关于生态移民问题的研究成果,对我国生态移民的实践具有重要指导意义,但也存在一些不足。从研究内容上看,一般性研究虽多,但相对零散,缺少对生态移民问题的系统研究,对生态移民可持续发展和移民制度创新方面的研究还比较欠缺;从研究区域上看,基本集中在三江源地区和三峡库区,把连片特困地区生态移民作为一个整体进行研究的论著较少;从研究方式上看,较多采用文献分析法,而在特定区域采用参与观察、深度访谈并进行定量分析和总结规律性的研究较少。以上不足为后续研究提供了广阔的空间。本文拟结合陕南移民搬迁的实际,从制度经济学视角并运用制度分析的方法审视陕南移民搬迁,期望能得出新的结论,并提出相关的政策建议。

三、移民搬迁实质上是制度变迁和制度创新的过程

(一) 移民搬迁首先是一种制度变迁

按照制度经济学的观点,制度变迁主要涉及制度变迁的主体、动机和方式三个问题。就陕南移民搬迁来看,首先是一种制度变迁。就其变迁的主体而言,最初是由政府主导和发动的,因此属于政府主导下的移民搬迁。就其变迁的动机和目的而言,虽然是多目标的,但从制度分析的角度看,自然也涉及制度变迁的经济绩效和变迁的成本。一方面,陕南自然灾害多发区每年因为自然灾害造成的损失巨大,国家救灾扶贫的成本越来越高;另一方面,山区群众分散居住,道路、桥梁、电力、电讯等公共基础设施成本也相对较高。与其让这种局面继续维持下去,倒不如将这些分散居住在自然灾害多发区的群众搬迁下来,相对集中居住,从而一劳永逸。因此,移民搬迁必然带来交易费用的节约,当然,移民搬迁从生态文明以及和谐社会构建的角度看,还有更深远的意义。事实证明,过去我们所提出的"村村通公路"以及"愚公移山"的做法,在山区环境中是不现实的,因为它不能带来交易费用的节约,反而造成了交易费用的增加。本次移民搬迁作为一种制度变迁,就其方式而言,更多的属于一种渐进式的制度变迁。需要经历一个较长的过程,陕南240万群众将分期分批搬迁,大约用10年时间完成。这种渐进式的制度变迁,相对而言,可以不断总结经验教训,从而减少搬迁后可能发生的"后遗症"。

(二) 移民搬迁同时也是一种制度创新

制度经济学对"制度创新"的理解是:一是创立新制度,即在一定的制度环境下,由于新的权利界定的需要创建某种新制度;二是在某种制度已经

存在的条件下，对该制度进行创新，这也意味着制度的变迁。制度创新与制度变迁有密切联系，如果说，制度创新是制度变迁的方式和手段，是一种行为，那么制度变迁则是制度创新的结果。从制度创新的主体来看，诺思将其分为三种：个人推动的创新、团体推动的创新和政府推动的创新。政府推动的制度创新，即政府凭借特有的权威性，通过实施主动进取的公共政策，推动实现特定制度发展性更新的行为过程[11]。制度学派特别强调，制度创新的预期净收益应该超过预期成本，否则制度创新就失去意义。就陕南移民搬迁来看，尽管一开始需要支付一定的成本，包括总投资1100亿元和其他方面的投入，但是，它可以从根本上消除自然灾害对人民生命财产的威胁，换来老百姓生产生活的长治久安。这种潜在的收益，是非常巨大的。因此，陕南移民搬迁作为一种制度创新有其必然性。陕南大规模的移民搬迁之所以发生在目前这样一个特定时期，与国家经济实力的增强以及陕西经济的发展也有着密切的关系。此外，这次移民与国家产业结构调整和经济发展方式的转变，以及统筹城乡发展、新型城镇化建设大的政策环境也有着密不可分的关系。

（三）陕南移民搬迁伴随着一系列新的制度安排

制度创新更多的不是一种一次性的行为，而是一个过程。在这个过程中，必然伴随着一系列新的制度设计和制度安排。如前所述，制度经济学有正式制度和非正式制度之分。正式制度主要是指通过国家法律、行政法规、政府政策和命令等形式表现出来的，由人有意识地设计并有组织地加以保障实施的规则，这是制度安排的一个重要方面。而非正式制度则不同，它不是由人有意识的设计制定出来的，而通常是自然而然演化出来的，如各种习俗、禁忌、道德伦理规范等。它的实施也不是有组织的，而是依靠非正式的实施机制来保障。

正式制度与非正式制度有可能一致，也有可能不一致。当两者一致时，正式制度常常能够被自觉遵守，实施的机会成本也很低；当两者不一致或发生冲突时，则正式制度的实施成本会比较高，很可能出现有令不行、有禁不止的现象，甚至使正式制度的实施落空。应当看到，陕南移民搬迁是陕西省委、省政府作出的一项重大决策，同时有一系列与之配套的方案、规划以及实施细则等，这些都属于正式制度。这种正式制度对移民搬迁工程的顺利实施，有着非常重要的意义和无可替代的作用，目前正在贯彻落实之中。就总体而言，陕南移民搬迁的正式制度与非正式制度是一致的，两者既能相互配合，又能相互促进。但也应该看到，非正式制度中的习俗、传统观念以及浓厚的乡土情结等，则在一定程度上影响了移民搬迁的顺利实施，甚至构成正

式制度执行的阻力。这一点应该引起足够注意。

(四) 陕南移民搬迁也存在着路径依赖问题

按照制度经济学的观点,路径依赖就是过去的制度框架使当时各种制度选择受到影响,可能被"锁定"在某种制度路径中。陕南移民搬迁的实施,虽然是一项惠及子孙万代、影响深远的民生工程,深受欢迎,但是,由于过去的土地制度、户籍制度、就业制度、教育制度、社会保障制度等这些原有的制度的不完善,加之传统习惯、小农意识等因素的消极影响,新移民进入迁入地或进入城镇后,短期内还很难融入到新的生活中去。特别是对于迁入城镇的一般移民来讲,类似于"民工"的身份还不能随之改变,目前还享受不到或不能全部享受到城市居民享有的各种福利待遇。这实际上就是原有旧体制的惯性在起作用,也是一种路径依赖。对于这种路径依赖,必须通过正式制度的进一步完善以及非正式制度的逐步改变加以消除。和这一路径依赖相联系的是,以往我国在扶贫工作中只注重从物质上对贫困地区进行扶持,而没有注重从长远发展尤其是产业发展上进行扶持,只注重"输血",不注重"造血"功能的培育,结果使有的地方养成了"等""靠""要"的恶习,形成了一种不良的路径依赖。在陕南移民搬迁中,也要防止这种现象的出现。通过移民搬迁,要尽可能减少消极的路径依赖,建立一种良性的循环机制,使移民搬迁和山区群众脱贫致富进入一种良性的轨道。

四、制度经济学对移民搬迁的启示

(一) 增加正式制度的有效供给

诺思在《经济史中的结构与变迁》一书中,进一步将他的分析范式拓展到整个人类史中制度演化的考察。诺思认为,经济增长的关键在于制度创新[13]。他研究了制度创新的基本因素、制度创新的动力和制度创新的基本过程,并把制度创新理论应用于经济史的研究,被誉为新经济史的代表人物。相对而言,诺思制度创新理论重视制度需求所带来的制度创新,忽略了对制度供给的分析,尤其是对正式制度短缺的分析不够。所谓正式制度短缺,就是指正式制度的社会有效供给不足,不能满足制度需求的现象。正式制度本身是由权力中心提供的一种重要的资源,由于多种原因,这种正式制度会产生短缺现象,难以满足制度变迁和制度创新的需要,突出表现为政策法规的短缺和无效。

正式制度短缺按照其形成原因可以分为两种情况:其一,正式制度供给

的数量不足引起制度短缺，表现为应有的法律、法规及政策未能及时出台，如有的看起来很有意义、很值得做的事情因为没有法律、政策的依据而不能为之；其二，正式制度供给质量不高引起制度短缺，往往表现为政策法规的效果不甚理想，如有令不行、有禁不止或有法不依、执法不严、违法不究现象的存在，从而使政策法规失去应有权威和效力。从陕南移民搬迁目前存在的问题看，虽然已经有了一定数量的正式制度供给，但正式制度供给短缺的现象明显存在，主要表现在：移民搬迁目前还缺少相关的法律规范，有的应该上升到法律法规层面的规范尚未确立；相关的政策规定还不具体，只是原则规定，缺乏实施细则，导致基层无法执行；有的政策规定前后不一致或不够明确，也影响政策的贯彻执行。毫无疑问，这些都属于正式制度供给的问题。因此，下一步政府应主要从土地产权制度、市场制度和政府效率三个方面入手，进一步完善政策体系，增加正式制度的有效供给，特别是要考虑尽早颁布与移民相关的法规和标准规范，使人们形成合理的预期，减少不确定性。

还应该指出，政府作为各类正式制度的供给主体，其行政效率是正式制度实施绩效（反映制度供给质量问题）的具体体现，会直接影响到经济、社会的发展。因此提高政府办事效率和防止政府行为的失范，也是增加正式制度有效供给和提高正式制度供给质量的重要方面。

（二）发挥非正式制度的功能和作用

舒尔茨曾指出，小农社会处于一种"贫困的最优"的状况[12]，满足于人们常说的"三十亩地一头牛，老婆娃娃热炕头"的境况，却缺少应有的进取心。要打破小农社会这种稳定的落后状态，就必须引入新的要素，以便带来类似于管理学上所讲的"鲶鱼效应"。这种新的要素一般包括资本、技术和先进的管理制度以及组织制度变革等，但根据新制度经济学的理论，要想使资本、技术流向自我封闭的小农社会或者动员小农社会的这些资源并使之发挥作用，引入合理的制度是必不可少的。换句话讲，就是要转变人们的观念，诱致非正式制度转变。

非正式制度的变迁与正式制度的变迁相比较，具有的渐进性和滞后性，往往导致制度系统的非均衡性，进而会对正式制度的变迁和经济绩效产生消极的影响。因此，要保证陕南移民搬迁的顺利进行，必须重视发挥非正式制度的功能和作用，要提高移民自身的素质和学习能力，用新的观念、新的风尚去影响他们，改造传统农业意识，打破小农社会的封闭状态。经验证明，教育是改变人们观念和提高人们素质以及适应性的最有效的手段，因此必须高度重视对移民的教育和培训；另外，国家应通过财政转移支付的方式，加

大对移民安置地社会文明基础设施的投入与供给，借助外部环境的不断变革而诱致农村社会非正式制度的转变。这样，会收到事半功倍的效果[13]。

（三）重视诱致性制度变迁和强制性制度变迁的结合运用

20世纪80年代中期以来，随着制度经济学的广泛传播，越来越多的经济学家已认识到，不同国家经济发展的初始制度结构大相径庭，要求其发展路径也作出相应调整；不存在单一的成功发展模式，对于任何国家的任何时期，经济发展中的首要选择是制度的选择，即"制度至关重要"。但制度通过什么样的方式选择和变迁？诺斯认为制度变迁主要有两种方式：一种是非连续性变迁，是指正式规则的根本性变迁，这种制度变迁的主体是国家，因带有强制性也被称为强制性制度变迁，往往以政府法令、政策等形式表现出来；另一种则是连续渐进性变迁，也叫做诱致性制度变迁，是指对现行制度安排的变更或替代，或者是新制度安排的创造，它由个人或一群人在回应获利机会时自发倡导、组织和实行[15]。一般来说，制度变迁中绝大部分是连续渐进性变迁，该方式优点在于不会引发剧烈的社会动荡，风险较小；因此陕南移民搬迁和未来城乡发展制度的变迁方式选择，更多地应采用连续渐进性变迁的方式，力争以最低的支付代价获取最大的制度变迁收益。当然，在特定条件下和特定时期，也要注意运用非连续性变迁也即强制性制度变迁的方式，同时要处理好政府主导和市场调节的关系。应该看到，诱致性制度变迁更多的是一种利益引导，因而与市场的作用密不可分。

（四）促进外部效应内部化

陕南移民搬迁，从局部看，似乎只是陕南区域范围内的事情，但是站在全局的角度来看，则是一项重大的利国利民的生态建设工程，加之陕南地处汉水上游，属于国家"南水北调"工程的水源保护地，并且已经被列为限制开发地区，从这个意义上来讲，陕南移民搬迁绝不是陕南这个区域的事情。按照经济学的观点，陕南移民搬迁带来了巨大的外在经济，也就是给整个社会带来了好处，整个社会是其搬迁的受益者，然而，陕南地区却为此付出了相当大的代价和成本，从局部和短期来看，收益和成本是不对等的。因此，所有的受益者都应该给予陕南地区应有的补偿。这正是制度经济学所讲的外部效应内部化，也是近年来建立生态补偿机制的理论依据。

所谓生态补偿机制，就是要通过规范的制度建设，促进生态受益区域与生态建设区域的利益转移，实现生态保护成本在不同地区间的合理分摊，推

动生态环境建设，这种区际利益补偿机制主要表现为建立规范的财政转移支付制度[16]。建立生态补偿机制有两个原则：一是受益者补偿原则，也就是谁收益，谁补偿，这正是宪法中规定的权利与义务对等原则在生态环境保护领域的体现和运用。二是公平补偿原则，利益公平是区域和谐关系赖以存在的基础，也是和谐社会建立的基础。如果说受益者补偿原则是强调补偿的必要性，即谁来补偿的问题，那么补偿公平原则强调的则是公平性，即补偿程度应当是充分而不是有失公平的。陕南及西部其他地区移民搬迁，为国家生态环境改善生态文明建设做出了贡献，应该说功在当代，利在千秋，因此，国家应该进一步加大对移民搬迁的支持力度和财政转移支付的力度。

（五）充分发挥政府在制度创新中的作用

政府在制度创新中发挥着极其重要的作用。政府主导的制度创新一般被看作成本最低的制度创新形式，同时政府为个人和团体创新提供了外在制度环境的支持和约束，因此，制度创新离不开政府的支持。从我国农村的改革的历程看，尽管联产承包责任制形式最初是由安徽凤阳县小岗生产队首创的，但其后在全国范围内大面积的实施则离不开政府的推动。企业改革包括建立现代企业制度的建立和国有经济布局进行战略性调整等举措，都是在政府的主导下自上而下推进的。

由于政府在制度创新中有着无可替代的地位和作用，因此在陕南移民搬迁中要特别重视发挥政府的作用。一方面，移民搬迁涉及的方面很多，因其复杂性和艰巨性而被称为"世界难题"，因此要有专门的工作机构，并且有专门的工作人员从事这一新的工作。另一方面，移民搬迁中会不断出现新的情况和问题，也需要我们拿出解决的措施和办法，如：目前实际存在的富人先搬而穷人无能力搬迁的问题，如何解决？再如：移民搬迁后续产业究竟如何发展[17]？这些问题都是决定移民搬迁得失成败的关键问题，都需要我们进一步认真研究解决。

【参考文献】

[1] 国家发改委国土开发与地区经济研究所. 中国生态移民的起源与发展[R]. 2004，7.

[2] 一迪. 生态移民的困惑[J]. 华夏人文地理，2003（11）.

[3] 周叔莲，等. 国外城乡经济关系理论比较研究[M]. 北京：经济管理出版社，1993：85.

[4] HEBERLE R. The Causes of Rural-Urban Migration a Surveyof German

Theories[J]. The American Journal of Sociology, 1938, 43 (6).

[5] 顾宝昌. 社会人口学的视野——西方社会人口学要论选译[M]. 上海: 商务印书馆, 1992.

[6] BOGUE DONALD J. Internal Migration[M]//HAUSER, DUNCAN. The study of population: an inventory appraisal. Chicago: University of Chicago Press, 1959.

[7] EIHINNAWI E. Environmental Refugees[M]. Nairobi: United Nations Environment Programme, 1985: 1-3.

[8] OLIVIA DUN, FRANCOIS GEMENNE. Defining "environmental migration"[J]. Forced Migration Review, 2008 (31).

[9] FRANK BIERMANN, INGRID BOAS. Preparing for a warmer world: towards a global governance system to protect climate refugees[J]. Global Environmental Politics, 2010, 10 (1).

[10] 梁福庆. 三峡工程库区生态移民研究[J]. 中国科技论坛, 2007 (10).

[11] 廖双双. 生态移民研究综述[J]. 农村经济与科技, 2012 (4).

[12] 刘小强, 王立群. 国内生态移民研究文献评述[J]. 生态经济 2008 (1): 395-398.

[13] 黄少安. 制度经济学[M]. 北京: 高等教育出版社, 2008: 59.

[14] 西奥多·舒尔茨. 改造传统农业[M]. 北京: 商务印书馆, 1987: 序言.

[15] 杨德才, 时磊. 新制度经济学视角下的社会主义新农村建设[J]. 理论与现代化, 2007, (4).

[16] 卢现祥, 朱巧玲. 新制度经济学[M]. 北京: 北京大学出版社, 2012: 388.

[17] 杨欣. 我国西部地区生态文明建设中的问题与对策[J]. 产业与科技论坛, 2013 (5).

[18] 张丽君, 王菲. 中国西部牧区生态移民后续发展对策探析[J]. 中央民族大学学报: 哲学社会科学版, 2011 (4).

(冯明放)

产业经济学视野下的陕南移民搬迁

[摘　要] 产业开发对于移民搬迁的成败发挥着关键的作用。从产业经济学的视角审视陕南移民搬迁，可以发现：迁入地产业的开发、迁出地的生态恢复、新移民与迁入地原有产业的融入、迁入地主导产业的重构与选择、迁入地产业集群与城镇化等问题都是产业经济学面临的新课题，并有其特殊性。文章结合实际提出了陕南移民搬迁产业开发的对策建议。

[关键词] 移民搬迁；产业经济学；产业开发；陕南

　　陕南移民搬迁是陕西省委、省政府作出的一项重大决策。按照这一决策，从2011—2020年，对陕南240万居住在自然灾害多发地区和偏远山区的群众实施大规模的移民搬迁，从根本上消除自然灾害对人民生命财产的威胁。这是一项惠及子孙后代、意义深远的民生工程，已经引起社会的广泛关注。但是，怎样才能使搬迁群众真正实现安居乐业，并达到移民"搬得出，稳得住，能致富"的要求呢？本文拟从产业经济学的视角来对陕南移民搬迁作以审视，以期对移民搬迁产业开发及其选择提出有益的参考意见。

一、产业经济学的基本内容及其相关规律的要求

　　任何一门科学都有自己特殊的研究领域和特殊的矛盾性，产业经济学也不例外。产业经济学是运用经济学的原理，专门研究产业生产力发展规律性的学科[1]。产业经济学作为一门独立的经济学科，其研究领域被明确地界定为"产业"。作为应用经济学领域的重要分支，产业经济学是现代西方经济学中分析现实经济问题的新兴应用经济理论体系，是居于宏观经济与微观经济之间的中观经济，是连接宏观经济与微观经济的纽带。

　　一般来说，产业经济学的研究领域主要涵盖产业组织、产业结构、产业关联、产业布局、产业发展和产业政策六个方面。这六个方面又可以概括为两大问题：产业组织问题和产业结构问题，因为产业布局、产业关联、产业发展和产业政策在本质上都属于产业结构的问题。关注产业组织还是关注产业结构，代表着一个国家对于市场和政府的不同态度，同时也构成了产业经济学的特定学科范式[2]。

也有学者认为，产业发展是产业经济学的主题。无论是产业结构还是产业组织，其直接目的都是求得产业的更好发展。而要能使产业结构和产业组织的调整与优化升级并取得最佳效果，就必须按照产业发展的客观规律办事[3]。从这个意义上讲，产业经济学的其他相关内容都是服务于产业发展的，是产业发展问题的进一步展开和说明。

除了上述基本内容外，产业经济学还包含着很多经济规律，诸如产业结构演变与转移规律，主导产业的选择与成长规律，产业集群发展规律，产业全球扩散规律，产业关联依赖规律，等等。尽管对规律的概括各不相同，但这些规律的存在则是现实。作为客观经济规律，和自然规律一样，也是不以人们的客观意志为转移的。在经济活动中，我们只有遵循这些规律的客观要求，按照客观经济规律办事，才能达到预期的目标。

二、陕南移民搬迁引发的产业经济学问题

陕南大规模的移民搬迁，不仅仅是人口布局的调整，同时也是生产力布局的大调整。从产业经济学的角度看，移民搬迁必然伴随着区域产业结构的调整和优化，同时，在移民迁入地也必然涉及对区域主导产业的重新审视和重新选择。从现实看，陕南移民搬迁引发的产业经济学问题有其特殊性，因此，需要认真研究分析。这些问题主要有：

（一）移民迁入地产业的开发问题

移民搬迁问题总的要求是："移得出，稳得住，能致富"，新的移民尤其是相对集中的移民点究竟如何开发新的产业？这是直接关系到移民搬迁成败的关键问题。移民到了迁入地，面临的实际问题就是生计问题。解决他们的生产生活问题，单纯靠热情是不够的，必须根据移民迁入地的实际情况进行科学的选择和分析。移民到底是进入哪个产业？所从事的具体工作处于产业链的哪个点上？这些问题，同样需要我们运用产业经济学的相关原理，需要对具体问题进行具体分析，才有助于得出正确的结论，现实中，我们发现移民迁入地对移民后续产业的发展不仅产业发展规划缺失，而且思想认识也不到位。从现实看，目前有的移民社区由于后续产业发展没有跟上，移民迁入后无业可就，有的外出打工，有的闲置在家。这种情况的出现是有悖于移民搬迁初衷的。

（二）移民迁出地的生态恢复问题

陕南移民迁出地基本上是属于自然灾害多发地区，有的则属于高寒地区

或特别偏僻的地区，尽管如此，移民迁出后，对上述迁出地的区域产业发展和布局同样会产生一定的影响。上述区域总体上面临的是生态恢复问题。有的将面临退耕还林还牧还草的问题，有的则面临原有土地和生产资料的转让或转移问题，这些问题不同程度地都会影响到迁出地产业布局的调整。移民迁出地产业发展往往会被人们所忽视，其实，它也是移民产业开发的一个重要方面，生态恢复从长远看也是为了发展或者为了其他相关地区更好地发展。此外，迁出地移民的房屋等设施，如何按照市场化原则达到物尽其用，也是一个需要探讨的问题。

（三）新移民与迁入地原有产业的融入问题

在一些移民迁入地或安置点，新的移民不是开发新的产业，而是要在原有居民从事的产业基础上融入他们的产业。这样就带来了一个产业融入的问题，这同样属于产业经济学的新课题。产业的融入必须考虑原有产业的基础，产品需求以及对劳动力的需求等因素，也就是产业容量问题；否则，不仅会使新的移民难以融入原有居民所从事的产业之中，反而会从经济上引发新移民与原有居民的矛盾和冲突。因为在资源和市场既定的条件下，原有居民会认为新移民抢了自己的饭碗，尽管政府或有关方面可以给予原有居民某种补偿，但这种补偿往往很难满足原有居民的要求。

（四）移民迁入地产业的重构与选择问题

新移民的加入在区域范围内往往会打破原有的平衡，从而引发一种"鲶鱼效应"，进而导致特定区域内主导产业或支柱产业的重构。主导产业或支柱产业的重构，实质上是因为客观条件和资源状况的改变所引发的重新选择。区域内主导产业或支柱产业的选择无非是政府选择和市场选择两种方式，考虑到陕南移民属于政府主导的非志愿移民的特殊性，因此，在区域主导产业或支柱产业的重构过程中，要充分发挥政府的主导作用。这也就是人们常说的"扶上马，送一程"。政府应该结合扶贫开发和 2020 年消除贫困目标的要求，对迁入地产业发展从经济上给予有效的支持。但是，产业选择的效果如何最终要靠市场来检验，在我国当前经济新常态下，产业重构和选择必须认真考虑市场的需求。

（五）移民迁入地产业集群与城镇化问题

产业集群是指在某一特定领域或区域中（以一个主导产业为中心），大量产业密切联系的企业以及相关支持机构在空间上的集群，并形成强劲、持续

竞争优势的现象[4]。产业集群是城镇化产生的根源，在空间布局上体现为地理上的集中，即同处于一个特定产业领域内相互联系的企业和关联机构，由于具有共性和互补性而集中在特定的地域范围内。企业为了同其他企业进行生产协作或更接近原料产地和市场，进而节省成本，会向地理位置优越、交通便利、资源丰富的地方集中，这就为城镇的发展铺垫了道路，成为城镇化向前推进的最初始的原因。城镇化是城镇向前发展的一种动态过程，产业集群是这种动态过程中产生的最初推动力[5]。城镇化是社会发展的必然趋势，从某种意义上讲，陕南移民搬迁为区域产业集群和城镇化提供了很好的契机，移民选址一定要有前瞻意识，尽可能相对集中，通过人口的相对集中，带动产业的集中，进而促进城镇的发展和繁荣。

三、陕南移民搬迁产业开发的对策与建议

从产业经济学的角度审视陕南移民搬迁，具体研究陕南移民搬迁产业开发的特殊性，可以使我们获得一些有益的启示，有助于加深我们对陕南移民产业开发问题的认识。陕南移民搬迁产业开发究竟应该采取什么样的对策措施？笔者以为，应该着重把握以下几个方面：

（一）进一步提高对陕南移民搬迁产业开发地位和作用的认识

如前所述，产业经济学研究的中心是产业开发或产业发展问题，相对于产业发展，其他内容均处于从属地位。而对于陕南移民搬迁来讲，产业开发又是移民成功与否的关键因素。陕南移民搬迁总的要求是"搬得出、留得住、能致富"，重点和难点都在于"能致富"这一关键点上，而"能致富"的实质就是要搞好产业开发。如果仅仅把移民搬迁理解为"搬得出"或一搬了之，而不重点考虑移民未来的生产生活问题，是一种短期行为，将会为后续工作留下很多麻烦。因此，必须高度重视移民产业开发问题。陕南移民搬迁地应该结合国家"十三五"规划的相关要求，利用好国家产业结构调整升级的契机，选择好适合于移民迁入地实际的特色产业。

（二）切实编制好陕南移民搬迁产业开发的专项规划

就产业开发的基本内容来讲，既包括移民迁入地产业开发规划，也包括移民迁出地生态恢复规划。从陕南移民搬迁当前存在的问题来看，有的地方移民搬迁仅仅是一个搬迁的规划或建筑规划，而缺少产业开发规划。目前这种只顾及眼前利益，不顾及长远发展的做法，是一个带有倾向性的问题。严格来讲，移民搬迁规划与产业开发规划应该同时编制，同步进行。我国历史

上三门峡库区的移民，当时由于没有注重产业开发的问题，至今仍留有后遗症[6]。有资料表明，三峡库区移民也有少部分返乡回流的问题。究其根源，主要还在于产业开发的问题没有落实好[7]。这些教训，我们应该汲取。

对于移民迁出地，尤其是人口大量搬迁的迁出区，也要有产业开发规划或国土整治规划，并与退耕还林、生态保护等措施相结合。

（三）因地制宜，大力发展特色产业

特色产业实质上是特定区域范围内的支柱产业或主导产业。在社会分工日益细化的当今时代，产业链也在不断延伸，区域产业发展一定要按照比较优势的原则，扬长避短，发挥优势，特别要注重发展特色产业。陕南生物资源相对比较丰富，气候条件也好，特别适宜于发展特色农产品。如果按照市场经济的原则对特色产品实现产业化经营，是大有可为的。移民的迁入，必然带来区域特色产业的重构或新的选择，因此，地方政府和移民搬迁部门也要积极采取措施，通过项目带动和示范引领，帮助移民迁入地发展好特色产业。在特色产业发展方面，陕南有的地方已经有了成功的经验，如汉中市城固县在柑橘产业化方面做了很多工作，特别是柑橘节的举办，将进一步扩大了汉中柑橘在外界的影响，提高了知名度，柑橘已经成为当地一大特色产业。

（四）通过产业园区的建立促进产业集群和城镇化

在产业经济学中，产业集群问题近年来一直得到了人们的高度关注。产业集群的前提，是各种资源的集中，也包括劳动力以及人力资源的集中。陕南移民搬迁是政府主导下的人口分布及人力资源的大调整，移民搬迁总的趋势是促进人口的相对集中，加之近年来各级政府建立的各种不同类型的产业园区，如循环经济产业园区、工业园区、生态农业园区等，这些园区本质上就是产业集群的载体，有助于产业集群化的实施。

应该看到，陕南由于人口和产业的集中度不够，其城市化率也相对较低，因而在移民搬迁过程中，移民的相对集中化和产业的集群化有助于推动陕南区域城市化的进程。"十三五"期间，陕南应结合国家新型城镇化建设和美丽乡村建设的要求，进一步优化城镇结构，做好新移民社区的科学选址，实现科学移民，优化人口、产业和城镇布局结构。

（五）大力发展生态经济和循环经济

近年来，在生态经济受到广泛关注的背景下，产业生态理论已经成为产业经济学的新内容。按照产业生态理论的观点，产业系统被视为生态系统的

一个特殊的子系统，它运用生态学的观点，研究产业生态系统内部成员之间的协作和共生关系及其进化；借鉴自然生态系统物质与能量流动的规律与方式，研究如何在工业生态系统内实现物质的封闭循环，提高物质和能源利用的效率，实现废物最少化，使产业系统与环境和谐发展[8]。尽管对产业生态理论，人们的认识并不一致，但产业生态理论与生态经济理论、循环经济理论以及低碳经济理论都是有着密切联系的。如同自然界生物的发展需要一定的生态环境，产业的发展也需要一定的环境。由于陕南地区已经作为国家"南水北调"工程的水源保护地，而且境内有众多的自然资源保护区，已经被国家列为限制发展区域。因此，陕南移民搬迁在产业开发的选择上，要结合实际情况，大力发展有前景的生态产业和与循环经济有关的产业。

陕西省委、省政府已经确立了陕南循环发展的战略定位，陕南地区在实施移民搬迁中，要切实把循环发展的理念嵌入产业链条，推进各产业体系原料、产品和废弃物的相互融合利用，合理构建和完善产品链。要引导生产要素向产业、向园区聚集，依托园区承载循环产业转移，促进生产协作配套、副物交换利用，推动经济走绿色、循环、低碳发展之路。

【参考文献】

[1][3] 李悦. 产业经济学核心理论框架研究[J]. 江西财经大学学报，2003（2）.

[2] 关涛，张永岳. 新兴产业群的发展与产业经济学的学科思考[J]. 贵州社会科学，2007（2）.

[4] 戴飓. 产业集群与城镇化的互动发展研究——以浙江省为例[J]. 北方经济，2009（1）.

[5] 桂恒恒，朱冠雷. 产业集群与城镇化的互动发展研究[J]. 经济论坛，2007（13）.

[6] 王茂福，罗天莹. 水库移民返迁与社会关系[J]. 中国人口科学，2002（5）.

[7] 傅志辉. 查堵回流源头促进社会和谐[J]. 审计与理财，2007（1）.

[8] 君磊，罗瑞华. 产业生态理论发展研究述评[J]. 商业时代，2011（7）.

（冯明敔　彭　洁）

浅析生态移民产业开发模式的选择
——以陕南移民搬迁为例

[摘　要] 生态移民总的要求是"移得出，稳得住，能致富，不反弹"，而产业开发对于移民能否成功发挥着关键的作用。生态移民产业开发应坚持循环经济原则、生态经济原则、产业集群原则、可持续发展原则、因地制宜原则，尤其要结合迁入地产业优势选择适当的产业开发模式。

[关键词] 生态移民；产业开发模式；选择

对于脱贫攻坚和精准扶贫问题，习近平总书记在《中共中央关于制定国民经济和社会发展第十三个五年规划的建议》中强调："到2020年，通过产业扶持，可以解决3000万人脱贫；通过转移就业，可以解决1000万人脱贫；通过易地搬迁，可以解决1000万人脱贫，总计5000万人左右。还有2000多万完全或部分丧失劳动能力的贫困人口，可以通过全部纳入低保覆盖范围，实现社保政策兜底脱贫。"[1]可见，通过生态移民（易地搬迁），对西部生活在生态条件恶劣、不适宜人类生存地区的农村人口实施移民搬迁，是帮助其实现脱贫致富的一条重要途径，可达到保护自然生态、改善生产生活的双重目标。然而，生态移民能否取得成功的关键则在于产业开发能否落到实处，尤其是需要选择适当的产业开发模式。

一、产业开发在生态移民搬迁中的地位

生态移民总体要求是："移得出，稳得住，能致富，不反弹"，而要实现这一总的要求，毫无疑问，产业的开发尤为重要。从较长远的角度看，产业开发恰恰是当前移民搬迁面临的最大难题。

（一）产业开发是生态移民"稳得住、能致富、不反弹"的基础

我国各地生态移民的经验教训一再说明，生态移民"移得出"的问题相对容易解决，也是短期内就可以见效的，而"稳的住、能致富、不反弹"问题要复杂得多，涉及的方面也多。当年三门峡库区移民，就是因为后续产业开发问题没解决好，有的移民远在他乡，但生产生活问题长期没有着落，半个世纪过去后仍然留有后遗症[2]。因此，对于后续产业开发的问题，应该未雨绸缪，尽早筹划。

（二）产业开发状况如何也是检验移民效果的根本标志

移民问题之所以在国际上一直被看作一个复杂问题，除了涉及的因素比较多之外，根本原因就在于移民的效果要通过产业开发来检验。苏联时期曾经在远东地区大量移民，但几十年过去之后，原有移民又基本上回流了，其中主要原因就在于产业开发出了问题。苏联解体后，原有军事工业未能迅速实现产业升级或转型，加之政策的失误，因而导致早期移民大量回流，远东地区留下了一大批空城，这标志着移民的失败[3]。

（三）产业开发状况也是迁入区长期和谐稳定的保障

移民迁入区面临着一系列社会经济问题，但要完善移民社区的各种公共设施，解除移民的各种后顾之忧，必须有一定的物质基础和物质保障。从长远看，只有产业开发的问题解决了，其他问题就相对容易解决，移民社区的和谐稳定才有可靠的保证。

（四）产业开发状况也是实现区域可持续发展的物质基础和保证

可持续发展至少应包括经济、社会、生态三个方面。移民迁入后，要保持区域经济、社会、生态的可持续发展和长治久安，而经济的可持续发展是基础，离开产业的开发，生产生活没有着落，生态的可持续发展以及社会的可持续发展也就成为一句空话。相反，产业发展了，移民真正脱贫致富之后，完整意义上的可持续发展才能够真正实现。

二、生态移民产业开发模式选择的原则

（一）循环经济发展原则

循环经济发展原则是生态移民产业选择与开发的基本理念和原则。循环经济是一种以资源高效利用和循环利用为核心，以减量化、再使用和再循环为原则，以低消耗、低排放、高效率为基本特征，以生态产业链为发展载体，以清洁生产为重要手段，以实现物质资源有效利用和经济、生态可持续发展，并以此区别于传统经济的"资源—产品—污染排放"单向流动的线性经济。循环经济要求把经济活动对自然环境的影响降低到尽可能小的程度，在生产和消费过程中形成一个"资源—产品—再生资源"的物质循环过程，使物质和能量在经济活动中得到合理利用并不产生或少产生废物，从根本上消除长期以来环境与发展之间的尖锐冲突。循环经济的核心内涵是资源循环利用[4]。发展循环经济，是资源环境承载力有限和生态脆弱地区的必然选择，是建设资源节约型、环境友好型社会和实现可持续发展的重要手段。因此，陕南移

民搬迁产业选择必须坚持这一原则。

（二）生态经济发展原则

生态经济是指在生态系统承载能力范围内，运用生态经济学原理和系统工程方法改变生态经济生产和消费方式，挖掘一切可以利用的资源潜力，发展生态高效产业，建设体制合理、社会和谐的文化以及生态健康、景观适宜的环境。生态经济是实现经济腾飞与环境保护、物质文明与精神文明、自然生态与人类生态的高度统一和可持续发展的经济。同时，生态经济也是"社会—经济—自然"复合生态系统，即包括物质代谢关系，能量转换关系及信息反馈关系，又包括结构、功能和过程的关系，具有生产、生活、供给、接纳、控制和缓冲功能。生态经济的兴起是经济可持续发展的必然要求[5]。生态移民本身是生态环境恶化的产物，因此在移民过程中，特别需要确立生态意识，坚持生态经济原则，大力发展生态经济。

（三）产业集群发展原则

产业集群作为促进区域发展的一种新型组织形式，受到广泛关注[6]。产业集群是在特定领域，由相互关联的企业、专业化供应商、服务供应商、相关产业厂商、产业协会等相关支撑机构在特定空间上集聚，并形成强劲、持续竞争优势的现象。高度专业化的技能、知识与人力资本集中，有利于隐含经验类知识在集群内迅速扩散，增加知识存量，加快信息传播与更新速度，为企业提供创新素材和物质基础；集聚使企业间的竞争压力表面化，迫使企业积极参与创新活动，获得更强大的市场竞争力；产业集群能够激发创新活动参与者之间的协同作用，提升企业应对创新风险的能力。产业集群建设对于经济技术进步、结构调整升级、强化区域特色和工业化整体推进具有极为重要的作用。农业中产业化原则本质上也是产业集群发展原则。只有产业化和集群发展，才能产生聚集效应。在生态移民移入区，无论是从事工业生产还是农业生产，都要有产业集群的意识和理念，农业生产特别要强调产业化经营。

（四）可持续发展原则

可持续发展是人类发展观的历史性进步，这种发展观强调社会发展并不是单纯的经济现象，不仅仅是经济指标的增长，而且是经济、社会、人口、资源、环境各系统各要素协调并进的整体发展以及人的全面发展。可持续发展理论的产生为人类世界的发展指出了一条环境与发展相结合的道路，为环境保护与人类社会的协调发展提供了一个创新的思维模式，其实质就是把经济发展与节约资源、保护环境紧密联系起来，实现良性循环。可持续发展要求

从以单纯经济增长为目标的发展转向经济、社会、生态的综合发展,从以物为本的发展转向以人为本的发展,从注重眼前利益、局部利益的发展转向长期利益、整体利益的发展,从物质资源推动型的发展转向非物质(科技与知识)推动型的发展。在陕南移民搬迁过程中,要进一步转变经济发展方式,大力发展循环经济、生态经济和低碳经济,实现区域经济、社会和生态的可持续发展。

(五)因地制宜发展原则

因地制宜就是要从本地实际出发,不搞"一刀切"和一个模式。陕南各地自然条件、资源状况差异很大,经济发展水平以及人力资源条件也各不相同,在迁入地选择产业发展模式时也应该有所不同,宜农则农,宜工则工,宜商则商,并且要注意与迁入地的优势产业相结合,尤其要汲取历史上"以粮为纲"排斥多种经营以致带来灾难性后果的经验教训。

三、陕南生态移民搬迁产业开发模式的选择

"移得出,稳得住,能致富,不反弹"是陕南移民搬迁的基本要求。移民后续产业发展和就业问题,不仅直接影响到移民的生计,也直接关系到移民搬迁的成败。从长期看,移民问题的关键是要发展产业,只有这样才能使移民真正做到安居乐业。

由于陕南三市经济基础薄弱,产业项目少,吸纳就业能力低,无法提供足够的就业岗位,"稳得住、能致富"将是今后移民搬迁工作中最难的问题。尽管如此,陕南各县市在后续产业发展方面也作了一些有益的探索,目前已经涌现的产业开发形式主要有:

(一)旅游景点带动模式

陕南自然风光秀丽,生态旅游资源和观光农业资源有着独特的优势,通过旅游产业的开发带动移民就业不失为一个好的选择。洋县草坝村安置点靠近"朱鹮梨园"景区,搬迁移民一方面通过丘陵地大面积栽培优质水果梨,并形成独特风景,发展观光农业;另一方面通过建立"农家乐"的形式提供游客餐饮、观赏、休闲、娱乐等服务,为移民未来生产生活奠定了基础。

(二)工业园区带动模式

近年来,陕南在经济发展方式转变和产业结构调整中,根据各地实际,建立了各具特色的产业园区。这些产业园区的建立对于移民的安置也将发挥重要作用。如紫阳县移民安置点选择尽可能靠近工业园区,以便为移民就业创造便利条件。该县在蒿坪镇工业园区建立了10余个移民安置点,敞开大门

迎接农民进社区入住，并推荐搬迁农民进企业打工，多渠道增加移民群众收入。工业园区的发展必然带来二、三产业的兴旺，从而带动了农村劳动力转移，更带来了移民户致富的希望。

（三）股份合作制带动模式

股份合作制的实质是在经济尚不发达的情况下以资金为纽带实施合作制的一种发展模式，有着广阔的发展前景。如紫阳县借助"工商业主资本+土地流转入股"形式，修建移民户安置公寓。该县对富硒油茶综合开发项目投资1.3亿元，由业主集中修建农民公寓，对高山农户进行整体搬迁，集中流转土地开发种植油茶2万亩（1亩约合666.76平方米，下同）。同时农户与业主签订土地流转，置换房屋合同，再通过房产、林权、土地等形式入股，参与企业劳动分配。这种"公司+农户+基地"的移民搬迁经营模式本质上就是一种股份合作制，既有资本合作，又有劳动合作，在产业发展方面前景广阔，已列为市级重点项目并广泛推广。

（四）种养业产业化经营带动模式

陕南劳动力资源较为丰富，在种养业方面也有一定的优势。通过对种养业实施产业化经营，也有助于移民的生产安置。安康汉滨区七堰社区目前已经入住75户308人，预计三期工程结束后，整个社区有劳动力2000余人，该社区拟通过兴建茶园和蔬菜基地以及养猪场等，推进产业化、集约化经营，使搬迁群众能够实现"稳得住、能致富"的目标。这种种养业本质上是一种劳动密集型的农产品生产，有着广泛的适应性，对于年纪较大的中老年移民比较适宜。

（五）特色产业带动模式

陕南自然条件比较优越，是陕西农林土特产品的主要产地。移民搬迁有相当一部分移民安置点在丘陵地带，而这些地区则是陕南土特产品的主要产区。一部分移民可以靠果林、药材、香菇、木耳等特色产品作为生计，只要按照产业化经营模式运作，完全可以做大做强，成为移民产业开发的一种可选择的模式。

从长期看，移民不论是进城务工经商，还是在迁入地发展产业，最重要的是要有就业能力，因此加强对移民的技能培训十分重要。要让每一个搬迁户至少有一到两个劳动力学会一门知识、掌握一种技能。通过教育和培训，使他们在种植业、加工业、畜牧业等方面获得一技之长。有了必要的技能，移民可最终找到其安身之本、生存之道，产业开发的问题也才能够最终得到解决。

（冯明放　杨　欣）

引入权威第三方的产业转移博弈演化路径分析

[摘 要] 本文运用演化博弈理论，在引入权威第三方政府之基础上，建构了产业跨界转移演化博弈模型及其雅克比矩阵均衡解。研究表明，通过转出地和承接地的自身演化无法实现产业转移的最优策略均衡，引入一个以政府为代表的权威第三方以实施财政补偿与政策引导乃不二之选。为此，要加快建立和完善产业跨界转移的三边补偿机制，把握区域经济发展趋势，以繁荣城市群集群经济为主导，以发展同城化集群经济为趋向，努力构筑区域经济"高精尖"的产业体系；促进产业转移与技术升级双重战略目标的实现，实现产业转出地与产业承接地经济发展与社会进步的双向共赢。

[关键词] 产业跨界转移；区域经济协同发展；区域空间结构；雅克比矩阵

一、引言

2014年2月，习近平总书记在京津冀协同发展工作座谈会上指出，要推动京津冀地区协同发展，走出一条内涵集约发展的新路子，形成人口经济密集地区新的经济增长极，"这是一个重大的国家战略"。区域经济协同发展，"当头炮乃产业大挪移"，产业大挪移不是同构性、同质化的产业大集聚，它是促成产业上下游互融与联动，实现区域产业对接与协作的产业大转移。2015年5月，习近平总书记主持中共中央政治局会议，再次研究部署京津冀协同发展之相关问题。总书记强调，区域协同发展，要把握好城市定位，应该转移的产业要及时实现跨界转移。产业转移要实现经济发展边界与生态红线边界的"两线合一"，构建水城共融、蓝绿交织、产业多组团集约发展的区域发展空间结构[1]。总书记的上述讲话，表明了产业跨界转移与区域经济协同发展的国家态度，是我国当前和今后一个时期产业空间优化布局的纲领性指导思想。

跨界产业转移，是优化产业空间布局的重要路径。跨界产业转移，通常是诸关联产业的"集群式迁徙"，所以产业跨界转移又叫"链条式"产业迁徙或"抱团式"产业迁徙。R. Ernesto和F. van Winden（2008）的研究表明，从行为生态学角度看，产业的跨界转移实质上是产业主体对产业环境的共同选择，当产业主体的内生环境要求与客观生境相耦合时，产业的跨界转移才能

实现[2]。对演化博弈理论对社会现象的解释，始于 R. C. Lewontin（1960）的研究，作者通过构建演化博弈模型，对生物迁徙的生态学现象做出解释，而后，该理论大量应用于对经济学领域诸多群体行为的解释[3]。谢识予（2001）提出了著名的"鹰鸽博弈"模型，开启了国内演化博弈理论的研究先河；刘友金等（2012）通过研究对称及非对称两种跨界产业转移互惠共生模式，试图得出产业跨界转移稳态均衡的基本条件[4]，然而，此研究没有将政府的引导力植入其中，这大大削弱了该研究的实践指导意义。为此，本研究将引入权威第三方政府的力量，运用演化博弈理论，分析产业跨界转移的理论可行性与现实操作性，以为当前我国区域经济协同发展献策献力。

二、雅克比矩阵构建与产业跨界转移演化博弈一般均衡解

（一）模型的基本假定及博弈主体分析

一般分析中，我们将产业转移利益主体界定为产业转出地和产业承接地（即产业承接地）。产业转出地和承接地都从经济利益最大化的角度来做出产业转移决策[1]。在本假设中，位于产业承接地的政府，基于产业承接的需要，应该投入资金补偿产业转出地，使产业转出地的地方利益得到合理满足；但是承接地政府也可以选择不补偿。所以，位于转出地政府面对承接地政是否补偿的决策会做出不同的反应。若承接地的地方政府选择补偿策略，那么转出地政府考虑到承接地所做出的牺牲，可以选择支持产业转移到承接地，由此可能付出支的成本代价；当然，在产业既定条件下，转出地政府也可认为支持产业在本地区发展是其应有的权利，而不支付产业转移到承接地的支持代价。所以，转出地选择不支持转移策略时，承接地政府也可选择补偿或不补偿转出地的地方利益。

产业能否实现成功转移是不同区域利益博弈的结果。在新古典经济学中，假定不同利益的博弈主体是完全理性的，而在现实博弈中主体由于认知能力有限，通常是有限理性的。演化博弈是有限理性主体之间的利益博弈，有限理性下的演化稳定策略均衡不是利益主体一次性选择的均衡结果，而是博弈主体策略调整与逐步演化的稳定均衡。所以，产业的跨界转移，需要构建合适的谈判机制，以促成各利主体在博弈调整的过程中选择合适的产业承接策略，从而达到最优的策略均衡。

（二）产业跨界转移演化博弈的利益主体效益函数

在产业转移中，设 Y_L 为转出地政府选择支持产业转移时该区域所获得的

长期经济效益；C_1为产业转出地的支持产业转移的支付成本及其相应的产业发展机会成本；C_2为承接地政府向转出地政府支付的产业转移补偿费用；设Y_S为转出地政府选择不支持产业转移所获得的收益；Y_1为转出地政府选择不支持产业转移策略时，承接地政府所获得的收益；Y_e为转出地政府选择支持产业转移策略时，承接地政府所获得的正外部收益。这样，当转出地政府选择支持产业转移策略，承接地政府选择补偿策略时，转出地政府的收益函数为：$TY_{chu}=Y_L-C_1+C_2$，此时，承接地政府的收益函数则为：$TY_{ru}=Y_L+Y_e-C_2$；当转出地政府选择指出产业转移策略，承接地政府选择不补偿策略时，转出地政府的收益函数为：$TY_{chu}=Y_L-C_1$，承接地政府的收益函数为：$TY_{ru}=Y_L+Y_e$；当转出地政府选择不支持策略，承接地政府选择补偿策略时，转出地政府的收益函数为：$TY_{chu}=Y_S+C_2$，而此时承接地政府的收益函数为：$TY_{ru}=Y_L-C_2$；当转出地政府选择不支持策略，承接地政府选择不补偿策略时，转出地政府的收益函数为：$TY_{chu}=Y_S$，承接地政府的收益函数为：$TY_{ru}=Y_L$。具体博弈支付矩阵见表1。

表1 产业转移各地政府的博弈支付矩阵

转出地政府策略	承接地政府策略	
	补偿	不补偿
支持转移	($Y_L-C_1+C_2$, $Y_L+Y_e-C_2$)	(Y_L-C_1, Y_L+Y_e)
不支持转移	(Y_S+C_2, Y_L-C_2)	(Y_S, Y_L)

（三）产业关联主体博弈的演化稳定均衡分析

假设产业转出地政府采取两种策略（支持，不支持）的概率分别为x和$1-x$，产业承接地政府采取两种策略（补偿，不补偿）的比例y和$1-y$；产业转出地政府选择"支持"和"不支持"两类博弈的期望收益u_{11}、u_{12}，则转出地的平均收益$\bar{u}_1$分别为：

$$u_{11} = y(Y_L - C_1 + C_2) + (1-y)(Y_L - C_1) \tag{1}$$

$$u_{12} = y(Y_S + C_2) + (1-y)Y_S \tag{2}$$

$$\bar{u} = x\mu_{11} + (1-x)\mu_{12} \tag{3}$$

产业承接地政府的"补偿"和"不补偿"两类博弈收益μ_{21}、μ_{22}以及整个承接地的平均收益$\bar{u}_2$分别为：

$$\mu_{21} = x(Y_L + Y_e - c_2) + (1-x)(Y_L - C_2) \tag{4}$$

$$\mu_{22} = x(Y_L + Y_e) + (1-x)Y_L \tag{5}$$

$$\bar{u}_2 = x\mu_{21} + (1-x)\mu_{22} \tag{6}$$

根据演化博弈理论，产业转出地政府选择"支持"策略的复制动态方程应该是：

$$G(x) = \frac{dx}{dt} = x(\mu_{11} - \bar{\mu}_1) = x(1-x)(Y_L - C_1 - Y_S) \tag{7}$$

同理，产业承接地政府选择"补偿"策略的复制动态方程应该是：

$$G(y) = \frac{dy}{dt} = y(\mu_{21} - \bar{\mu}_2) = y(1-y)(-C_2) \tag{8}$$

联立方程（7）和（8）形成演化博弈的动态复制系统结构，该系统的稳定状态可由该系统的雅克比矩阵局部均衡点的稳定分析获得。因此，根据Friedman的思想，方程（7）和（8）所对应的雅克比矩阵应该为：

$$J = \begin{bmatrix} \frac{\partial G(x)}{\partial x}, \frac{\partial G(x)}{\partial y} \\ \frac{\partial G(y)}{\partial x}, \frac{\partial G(y)}{\partial y} \end{bmatrix} = \begin{bmatrix} (1-2x)(Y_L - C_1 - Y_S), 0 \\ 0, (1-2y)(-C_2) \end{bmatrix} \tag{9}$$

构建产业跨界转移演化博弈模型，其目的是分析转出地和承接地博弈双方各自稳定的策略能否最终演化为长期均衡稳定策略组合，即社会所期望的最优策略均衡（支持，补偿）组合。根据Friedman思想，若要使混合演化策略（x, y）成为稳定策略均衡，需满足条件 det. $J > 0$，tr. $J < 0$。若混合演化均衡策略（支持，补偿）为稳定均衡，将（1，1）代入应满足：

$$\begin{cases} \det.J = (Y_S - C_1 - Y_L)C_2 > 0 \\ \operatorname{tr}.J = (Y_S - C_1 - Y_L) + C_2 < 0 \end{cases} \tag{10}$$

根据方程（10）可知，若 det.J>0 必须有，C_2>0，$(Y_S - C_1 - Y_L)$>0 或者 C_2<0，$(Y_S - C_1 - Y_L)$<0，由于 C_2 是非负的，所以只有 C_2>0，$(Y_S - C_1 - Y_L)$>0 这一种情况，但是这与 tr.$J = (Y_S - C_1 - Y_L) + C_2$<0 相矛盾。所以方程（10）方程组无解，这说明在产业跨界转移中，通过转出地群体和承接地群体的自身演化无法实现最优稳定策略均衡（支持，补偿）。所以，现实产业跨界转移必须引入一个权威第三方进行实地干预。

二、引入第三方的产业跨界转移雅克比矩阵与博弈均衡演化

以上构建的是产业跨界转移承接地政府之于转出地政府的补偿支付，所以，如果将转出地与承接地视为一个整体，这种支付仅仅只是系统内的转移支付，这种支付就整个系统而言，社会福利并未发生改变。可见，当转出地政府与承接地政府选择为（支持，补偿）策略时，承接地政府减去的支付额

C_2 与转出地政府收益中的补偿额是零和博弈。从整个系统看,对产业集聚的产生不会有激励约束效应,并且当转出地政府的支持成本 C_1 过大时,转入与转出两方就会陷入"囚徒困境"的博弈均衡,即(支持,不补偿)的博弈策略均衡,从而陷入一个非合作博弈的状态。所以必须引入一个权威第三方实施引导与干预,对于省级之间跨界转移博弈的权威第三方就是中央政府,对于市级跨界转移博弈的权威第三方就是省级政府。若转出地政府对产业转移采取支持策略而承接地政府选择补偿策略时,权威第三方对两地政府均给予一定的奖励;若转出地政府对产业转移采取支持策略而承接地政府采取"不补偿"策略,则权威第三方就应该对转出地政府进行奖励,而对承接地政府进行处罚;若转出地政府选择"不支持"策略,而承接地政府选择补偿策略时,权威第三方就应该对转出地政府进行处罚,则对承接地政府进行奖励;若转出地政府选择"不支持"策略,转出地政府选择"不补偿"策略时,权威第三方则应该对两者都进行处罚。假设 B 为权威第三方给予的奖励,F_1 为权威第三方给予单方面不履行义务的博弈方实施的处罚;F_2 为权威第三方对双方同时不履行义务时给予的处罚;此时转出地政府与承接地政府的博弈收益支付矩阵见表2。

表2 在引入权威第三方的转出地政府和承接地政府的博弈矩阵

转出地政府	承接地政府	
	补偿	不补偿
支持	$(Y_L-C_1+C_2+B,\ Y_L+Y_e-C_2+B)$	$(Y_L-C_1+B,\ Y_L+Y_e-F)$
不支持	$(Y_S+C_2-F,\ Y_L-C_2+B)$	$(Y_S-F_2,\ Y_L-F_2)$

(一)引入权威第三方的产业转出地政府策略选择的演化稳定性分析

产业转出地政府选择"支持"和"不支持"策略下,转出地整体的期望收益 γ_{11}、γ_{12} 以及其均收益 $\bar{\gamma}_1$ 分别为:$\gamma_{11}=y(Y_L-C_1+C_2+B)+(1-y)(Y_L-C_2+B)$

$$\gamma_{11}=y(Y_L-C_1+C_2+B)+(1-y)(Y_L-C_2+B) \tag{11}$$

$$\gamma_{12}=y(Y_S+C_2-F_1)+(1-y)(Y_S-F_2) \tag{12}$$

$$\bar{\gamma}_2=xy_{21}+(1-x)\gamma_{22} \tag{13}$$

产业承接地政府选择"补偿"和"不补偿"策略下,承接地的整体收益 γ_{21}、γ_{22} 以及平均收益 $\bar{\gamma}_2$ 分别为:

$$\gamma_{21}=x(Y_L+Y_e-C_2+B)+(1-x)(Y_L-C_2+B) \tag{14}$$

$$\gamma_{22}=x(Y_L+Y_e-F_1)+(1-x)(Y_L-F_2) \tag{15}$$

$$\bar{\gamma}_2 = xy_{21} + (1-x)\gamma_{22} \qquad (16)$$

根据演化博弈理论，在引入权威第三方后，产业转出地政府选择"支持"策略的复制动态方程应该是：

$$F(x) = \frac{dx}{dt} = x(\gamma_{11} - \bar{\gamma}_1) = x(1-x)(yF_1 - yF_2 + B + F_2 + Y_L - C_1 - Y_S) \qquad (17)$$

方程（17）关于博弈群体比例 x 的一阶导数为：

$$F'(x) = (1-2x)(yF_1 - yF_2 + B + F_2 + Y_L - C_1 - Y_S) \qquad (18)$$

令 $F(x)=0$，群体比例的两个极端值 $x^*=0$ 和 $x^*=1$ 是产业跨界转移转出地政府复制动态方程的两个稳定状态点：

第一，若承接地满足：$y = y^* = \frac{Y_S + C_1 - Y_L - B - F_2}{F_1 - F_2}$，于是，$F(x) = 0$，表明对于任意的承接地产业主体 x 都为稳定状态。即在引入权威第三方条件下，产业承接地满足 $y = y^* = \frac{Y_S + C_1 - Y_L - B - F_2}{F_1 - F_2}$ 的比例选择"补偿"策略时，产业转出地群体对于本地政府选择何种策略，其收益都是一样的，处于一种稳定状态。

第二，若承接地群体比例满足：$y > y^* = \frac{Y_S + C_1 - Y_L - B - F_2}{F_1 - F_2}$，$x^*=0$ 和 $x^*=1$ 是 $F(x)$ 稳定状态点，单边惩罚会高于双边惩罚 $F_1 < F_2$，所以 $F_1 - F_2 > 0$，$(F_1 - F_2)y < Y_S + C_1 - Y_L - B - F_2$，从而得到 $F_1' > 0$，所以 $x^*=0$ 是该博弈的演化稳定策略均衡；在单边惩罚高于双边惩罚 $F_1 < F_2$ 时，有 $F_1 - F_2 > 0$，$(F_1 - F_2)y < Y_S + C_1 - Y_L - B - F_2$。从而得到0，所以 $x^*=0$ 是该博弈的演化稳定策略均衡。所以在单边惩罚高于双边惩罚时，可以实行（支持，补偿）的演化稳定策略均衡，且 $F_1 - F_2$ 越大时，$y > y^*$ 的稳定演化策略均衡的条件就越容易得到满足，所以权威第三方给予单方面不履行义务博弈方的处罚 F_1 越大，转入、转出地的地方政府的利益博弈可以很容易实现最优稳定均衡策略。

第三，若承接地满足：$y > y^* = \frac{Y_S + C_1 - Y_L - B - F_2}{F_1 - F_2}$，则有 $F'(0) < 0$，于是 $x^*=0$ 和 $x^*=1$ 是 $F(x)$ 稳定状态点，$x^*=0$ 是产业转出地政府演化稳定策略均衡。

（二）引入权威第三方的产业承接地政府策略选择的演化稳定性分析

根据演化博弈理论，在引入权威第三方后，产业转出地政府选择"支持"策略的复制动态方程应该是：

$$F(y) = \frac{dy}{dt} = y(\gamma_{21} - \bar{\gamma}_2) = y(1-y)(xF_1 - xF_2 + B + F_2 - C_2) \quad (19)$$

方程（19）关于博弈群体比例 x 的一阶导数为：

$$F'(y) = (1-2y)(xF_1 - xF_2 + B + F_2 - C_2) \quad (20)$$

令 $F(y) = 0$，于是，两个极端值 $y^* = 0$ 和 $y^* = 1$ 是产业跨界转移时，承接地群体复制动态方程的两个稳定状态点：

第一，若承接地满足：$x = x^* = \frac{C_2 - B - F_2}{F_1 - F_2}$，这样 $F(y) = 0$，表明对于任意的转出地而言，x 都为稳定状态。即在引入权威第三方条件下，产业转出地政府以 $x = x^* = \frac{C_2 - B - F_2}{F_1 - F_2}$ 的概率选择"支持"策略时，产业承接地政府选择何种策略，其收益都是一样的，处于一种稳定状态。

第二，若承接地选择"支持"策略的概率满足：$x > x^* = \frac{C_2 - B - F_2}{F_1 - F_2}$，$y^* = 0$ 和 $y^* = 1$ 是 $F(y)$ 稳定状态点，则单边惩罚高于双边惩罚 $F_1 > F_2$，有：$F_1 - F_2 > 0$，$(F_1 - F_2)x > C_2 - B - F_2$，从而得到 $F'(1) < 0$，所以 $x^* = 1$ 是该博弈的演化稳定策略均衡；在单边惩罚高于双边惩罚 $F_1 < F_2$ 时，有 $F_1 - F_2 > 0$。$(F_1 - F_2)y < Y_S + C_1 - Y_L - B - F_2$，从而得到 $F'(1) > 0$，所以 $y^* = 0$ 是该博弈的演化稳定策略均衡。因此，单边惩罚高于双边惩罚时，（支持，补偿）成为演化稳定策略均衡，且 $F_1 - F_2$ 越大时，则 $x > x^*$ 的稳定演化策略均衡的条件就越容易得到满足。也因此，权威第三方给予单方面不履行义务博弈方的处罚 F_1 越大，承接地政府的利益博弈就可以很容易实现最优稳定均衡策略。

第三，若承接地满足：$x < x^* = \frac{C_2 - B - F_2}{F_1 - F_2}$，$y^* = 0$ 和 $y^* = 1$ 是 $F(y)$ 的稳定状态点，因为 $F'(0) < 0$，因此 $x^* = 0$ 是产业跨界转移时转出地政府的演化稳定策略均衡。于是，当转出地以 $x < x^* = \frac{C_2 - B - F_2}{F_1 - F_2}$ 概率水平实施"支持"策略时，承接地政府采取"补偿"策略逐渐趋向于采取"不补偿"策略，这样"不补偿"策略将成为承接地政府的演化稳定策略。

（三）引入权威第三方的产业跨界转移博弈策略均衡的演化条件

联立方程（17）和（19）形成了引入权威第三方的产业跨界转移演化博弈的动态复制系统结构，该系统的稳定状态可由该系统的雅克比矩阵局部均衡点的稳定分析获得。因此，根据 Friedman 的思想，方程（17）和（19）所对应的雅克比矩阵应该是：

$$J = \begin{bmatrix} \dfrac{\partial F(x)}{\partial x}, \dfrac{\partial F(x)}{\partial y} \\ \dfrac{\partial F(y)}{\partial x}, \dfrac{\partial F(y)}{\partial y} \end{bmatrix} = \begin{bmatrix} (1-2x)(yF_1 - yF_2 + B + F_2 + Y_L - C_1 - Y_S), x(1-x)(F_1 - F_2) \\ y(1-y)(F_1 - F_2), (1-2y)(xF_1 - xF_2 + B + F_2 - C_2) \end{bmatrix} \quad (21)$$

根据 Friedman 的思想，引入权威第三方的产业跨界转移博弈的稳定性与承接地的原有收益无关，所以只需按照转出地的收益参数值大小判断其均衡稳定性，从而获得三种条件下的演化均衡性，具体如表3所示。

表3　引入权威第三方的产业跨界转移演化博弈在条件1~3下的局部稳定性

均衡点	条件1			条件2			条件3		
	det.J	Tr.J	稳定性	det.J	Tr.J	稳定性	det.J	Tr.J	稳定性
A（0，0）	+	+	不稳定	−	±	不稳定	+	−	稳定
B（1，0）	−	+	不稳定	+	+	不稳定	+	+	不稳定
C（0，1）	+	±	不稳定	−	±	不稳定	+	+	不稳定
D（1，1）			ESS	+		稳定	+		稳定
E（x*，y*）	±	0	鞍点	±	0	鞍点	±	0	鞍点

从上表可以看出，若满足 $Y_L - C_1 + B > Y_S - F_2$ 时，即产业跨界转出地政府和承接地政府选择（保护，不补偿）策略的收益大于选择（不保护，不补偿）的收益时，其条件是产业跨界转出地政府选择"保护"策略的收益大于选择"不保护"策略的收益；同时，权威第三方对于单方不履行义务者的处罚金要大于产业承接地政府的支付补偿与权威第三方奖励之差。

三、结论与政策建议

本文以演化博弈理论分析框架为基础，构建产业跨界转移补偿的演化博弈，在产业跨界转移的转出地、承接地政府复制动态方程基础上，分析博弈主体的博弈策略及其演化过程，并对其博弈策略均衡的稳定性进行分析，得到如下结论：①在产业跨界转移中，通过转出地政府和承接地政府的自身演化无法实现最优稳定策略均衡；②要实现产业跨界的有序转移，必须引入一个以政府为代表的权威第三方实施行政奖惩干预；③为了促成产业跨界转移，促成转出地政府与承接地政府选择（支持，补偿）的均衡策略，就要设计相应的政策机制使得转出地政府选择"支持"策略的收益大于选择"不支持"策略的收益，同时权威第三方（政府）对于单方不履行义务者的处罚金要大于承接地政府的支付补偿与政府奖励之差。据此，要促成产业跨界转移的可

持续性，需要做好以下工作：

第一，加快建立和完善产业跨界转移的三边补偿机制。三边补偿机制包括三个层面的含义：

（1）完善权威第三方（政府）与分属上下游（产业转出地与产业承接地）地方政府的利益补偿协议。这种利益补偿是一种三方利益补偿：承接地对转出地的财政补偿，上级财政对转出地的财政转移以及上级财政对产业承接地的财政奖惩等。通过三方利益补偿机制，规范产业跨界转移上下游地方政府的产业调控行为，减少产业跨界转移博弈过程中的市场交易费用。

2）合理确定利益补偿标准。作为权威第三方的上级政府与产业承接地地方政府，应以产业转移的整体社会福利及其转出地的短期利益损失、承接地的长期效益为参照，确定三方利益的补偿标准及其利益补偿分担比例，以实现各级财政的纵向转移支付和地方财政横向转移支付的合理性与公平性。另外，权威第三方（上级政府）还可以通过制定诸如税收调整等产业转移优惠政策，扶持地方政府尤其是转出地政府，以支持地方产业的适时转移，协调区域产业发展规划，强化社会经济系统的发展力与持续力。

（3）加强对产业承接地污染治理技术创新的利益补偿。阳东辉（2015）的研究显示，事关公共治理的科技创新，需要政府的强力介入，要加强"政府资助项目科技创新"的激励与投入[2]。污染治理是典型的公共治理，作为权威第三方的上级政府，要充分考虑转出产业的能耗特质与污染特性，要鼓励并促进承接地产业治污技术的创新，加大治污财政补偿的广度与力度，真正兑现"产业跨界转移，绝不让污染跨界转移"的庄严承诺。

第二，促进产业转移契合区域空间结构转型重构的时代要求，确保产业跨界转移的科学性与协同性，努力构筑区域经济"高精尖"的产业体系。根据程必定（2015）的研究，在区域经济发展过程中，区域空间结构将历经三个阶段，发生三次转型：以农村为主导向以城市为主导的区域经济转型，以单一城市经济向城市群经济的转型以及城市群集群经济向同城化集群经济的转型[3]。当前，我国正处于以城市群为主导的产业集群发展阶段，经济发达的如长三角经济带、珠三角经济带已逐渐向同城市化集群经济发展。"同城化集群经济"这一概念始见于《深圳2030城市发展规划》（2006）中，意指相同区域内若干个邻近城市间，在社会经济、文化生态等多方面的共生共荣的一体化经济发展趋向。所以，在引导产业转移过程中，要把握区域经济发展趋势，以繁荣城市群集群经济为主导，以发展同城化集群经济为趋向，努力促成产业跨界转移的科学性与协同性，构筑区域经济"高精尖"的产业体系。

第三，促进产业跨界转移战略目标的实现。产业跨界转移是手段而不是

目的,产业转移重在产业"升级"。2014年,针对京津冀区域经济的协同发展,习近平总书记就提出了要把对产业转移的认识"上升到国家战略层面"的高度。事实上,2014年,北京市提出要将一些高投入、高能耗、高污染、低效益的产业转移到河北等地之时,就有很多不同的声音,其中一个焦点问题就是关于如何承接这些"三高一低"产业的技术处理以及空间布局问题。根据区域经济协调发展理论,要解决这一问题,答案只有一个,那就是实现"三高一低"产业的结构优化与技术升级,促使转出产业在结构优化升级的基础上实现与承接地产业的合作与对接,为承接地经济发展献力的同时增进区域系统整体的社会福利与人民福祉,实现产业转出地与承接地经济发展与社会进步的双向共赢。

【参考文献】

[1] 习近平解题"京津冀一体化":加强顶层设计推动协同发展[N]. 人民日报,2015-05-05.

[2] REUBEN ERNESTO,FRANS VAN WINDEN. Social ties and coordination on negative reciprocity:the role of affect[J]. Journal of Public Economics,2008,92.

[3] R C LEWONTIN. Evolution and the theory of games[J]. Journal of Theoretical Biology,1960(1).

[4] 刘友金,袁祖凤,周静,姜江. 共生理论视角下产业集群式转移演进过程机理研究[J]. 中国软科学,2012(8).

[5] DEHEJIA R H,WAHBA S. Propensity score-matching methods fornonexperimental causal studies[J]. Review of Economics and Statistics,2002(84).

[6] 阳东辉. 政府资助项目科技创新激励机制研究[J]. 华侨大学学报:哲学社会科学版,2015(2).

[7] 程必定. 中国区域空间结构的三次转型与重构[J]. 区域经济评论,2015(1).

(房 艳 胡仪元)

调研篇

陕南移民搬迁后续产业发展情况的调查与分析

汉中市推进生态文明建设战略的调研报告

陕南移民搬迁后续产业发展问题探析
　　——以宁强县为例

陕南优势特色产业发展的 SWOT 分析
　　——以汉中市为例

陕南移民搬迁后续产业发展情况的调查与分析

[摘　要]　举世瞩目的陕南移民搬迁工程实施四年来，已经取得了显著的成效，基本实现了移民搬迁规划确定的"搬得出、稳得住、能致富"的目标要求，但目前也存在一些值得注意的问题，尤其是后续产业的发展还需要引起人们高度的重视。调查表明，陕南移民搬迁正处在一个重要的转折关头，即将由大规模的搬迁为主进入到后续产业发展为主的新的阶段，今后陕南移民搬迁后续产业的发展应该遵循"产业先行，城镇引领，科学发展，共同繁荣"的思路和理念向深层次推进。

[关键词]　陕南；秦巴山区；生态移民；后续产业发展

2010年年底，陕西省委、省政府作出了陕南自然灾害多发区60万户、240万人口移民搬迁的重大战略决策，之后，这一规模宏大的民生工程备受社会关注。自2011年陕南移民搬迁工程按规划进程实施以来，已经历时五年，达到了时间过半，任务过半，基本实现了移民搬迁规划确定的"搬得出、稳得住、能致富"的目标要求。为了掌握陕南移民搬迁的进展情况以及当前需要解决的主要问题，促进移民搬迁的顺利开展，2015年下半年以来，我们先后对陕南三市部分县（区）移民搬迁及其后续产业发展情况进行了调查，并获得了有价值的信息，现对本次调研的情况作以分析。

一、陕南移民搬迁及后续产业发展的基本情况

（一）陕南自然状况及社会经济状况

陕南指陕西南部的汉中、安康、商洛三地，国土面积为74 017平方千米，约占全省总面积的35%；人口906万人，约占陕西省总人口的25%。

陕南北接秦岭、南屏巴山，中部是汉水谷地和丹江平原。陕南拥有丰富的水资源、生物资源和矿产资源。区域内96%的国土面积属于长江流域，其中汉江和嘉陵江均为长江的一级支流，丹江为汉江的一级支流；黄河流域主要分布在区域东部的商洛市洛南县，约占国土面积的4%，其主要河流为洛河。陕南自古以来就是连接陕西和四川的主要水道，是西北地区水资源最丰富的

地区，也是国家"南水北调"中线工程的水源地，整个"南水北调"工程约有70%的水源来自陕南，占水源地总面积66%。[1]

陕南属于我国南北过渡地带，地理位置的特殊性决定了其气候的独特性。其西部属于北亚热带季风气候区，东部为北亚热带与暖温带过渡带；年平均气温13.5 ℃～15 ℃，年降水量655 mm～1100 mm，年日照时数1395 h～1729 h；气候温和，雨量充沛，四季分明。但由于山区面积广大和降水丰沛，加上地质结构方面的原因，陕南受到自然灾害（地震、暴雨等）时容易引发更严重的二次地质灾害（山体滑坡、泥石流等），因此对人民生命财产造成巨大损失。

陕西省国土厅提供的资料显示，近60多年来，陕南几乎每隔4年左右就发生一次较大规模的自然灾害。仅2001至2010年的10年间，陕南地区共发生地质灾害2000多起，造成590多人死亡或失踪，直接经济损失达460多亿元。[2]正是基于这一原因，陕西省委、省政府在2010年才下大决心作出了陕南移民搬迁的重大决策。

近年来，陕南社会经济面貌发生了很大的变化，但是由于地理条件的限制和经济基础薄弱等原因，与关中和陕北的发展相比较，陕南还是有一定的差距。表1中的数据显示了2014年陕西三大地带经济社会发展的情况：

表1 2014年陕西三大区域主要经济指标

		全省		关中		陕北		陕南	
		绝对值（亿元）	占比（%）	绝对值（亿元）	占比（%）	绝对值（亿元）	占比（%）	绝对值（亿元）	占比（%）
生产总值		17 689	100	11 105.2	62.6	4391.83	24.7	2256.76	12.7
三次产业构成	一产	1556.63	8.8	932.84	8.4	259.12	5.9	367.85	16.3
	二产	9693.57	54.8	5574.81	50.2	3021.58	68.8	1137.41	50.4
	三产	6438.8	36.4	4597.55	41.4	1111.13	25.3	751.5	33.3
全社会固定资产投资		18 358.01	100	12 124.39	72.8	2694.03	16.2	1845.05	11
社会消费品零售总额		5572.84	100	4447.14	79.8	514.39	9.2	611.31	11
非公经济增加值		9324.42	100	5689.56	68	1506.8	18	1192.8	14
地方财政收入		1889.98	100	844.72	61.3	435.93	31.6	98.01	7.1
城镇居民人均可支配收入		全省：24 366元；陕南：14 631元							
农村居民人均纯收入		全省：7932元；陕南：7540元							

资料来源：根据《2014年陕西省国民经济和社会发展统计公报》汇总。

应该指出,"十二五"以来,陕南经济结构得到了一定程度的优化,基础设施和生态环境有所改善,经济综合实力有所提高,经济增长速度也位居陕西前列。但在近几年的全国百强县和西部百强县排名中,陕南尚没有进入的县(区);"陕西省县域经济社会发展十强县"排名中,陕南也榜上无名;2012年新公布的国家贫困县中,陕南地区就占了24个(陕西省50个),将近占了陕西省的一半。可见,陕南经济发展尚处于落后状态,因此,陕南必须加快发展区域经济。

(二)移民搬迁工程进展情况

为了从根本上解决陕南自然灾害多发区群众的生产生活以及生命财产安全问题,从2011年开始,陕西省正式实施了规模浩大的陕南移民搬迁工程,目前,已经有约32.4万户按计划、有步骤地实现了搬迁,涉及人口近111.89万人,并有相当一部分群众已经入住新居,特别是通过集中搬迁到城镇生活的群众,生活方式和生活面貌发生了根本性的变化,充分显示了陕南移民搬迁政策的效果和威力。移民搬迁工程实施四年来进展情况见表2:

表2 陕南移民搬迁进度情况统计表

年度	搬迁户数(万户)	涉及人口(万人)	占搬迁总任(%)
2011	6	24	9.4
2012	8	29.5	12.6
2013	6	22.8	9.4
2014	6	11.7	9.4
2015	6.4	23.89	10.1
合计	32.4	111.89	51

资料来源:根据调查的相关数据汇总。

(三)移民搬迁取得的初步成效

本次调查表明,陕南移民搬迁开展四年来,已经初步显示出了这项重大决策的成效,具体表现在以下几个方面:

(1)保障了移民的生命财产安全。移民搬迁前,陕南自然灾害几乎每年都带来人民生命财产的巨大损失,而最近四年来,移民搬迁新址没有出现过一户因灾受损的情况。据不完全统计,陕南移民搬迁工程使陕南地区地质灾害和洪涝灾害伤亡率分别下降了80%和70%。事实表明,实施移民搬迁,尊

重自然规律,是面对地质、洪涝等自然灾害的理性选择。

(2) 改善了陕南山区的生态环境。通过移民搬迁,有效地减少了对生态环境的人为破坏,为天然林保护、山区生态功能恢复、人与自然的和谐相处奠定了基础。2011年以来,陕南三市结合移民搬迁、退耕还林等重点工程,共完成造林507万亩,完成中幼林抚育209万亩。通过造林绿化和森林抚育,陕南三市森林面积已经达到了6305万亩,森林覆盖率达到62%。[3]与此同时,生物多样性和生态系统恢复也明显加快。作为国家"南水北调"工程水源地,汉江出境水质保持在三类以上。应该说,陕南移民搬迁,也保证了一江清水送北京。

(3) 优化了陕南地区的产业结构。陕南移民搬迁,虽然部分搬迁的群众在迁入地仍然要从事第一产业即种植业或养殖业,但更多的移民将进入二、三产业务工经商,因此,移民搬迁优化了陕南地区的产业结构。近年来的统计资料表明,移民搬迁对优化产业结构的效应十分明显,陕南三市第一产业的比重下降了4.68%,第二产业比重上升了10.6%,因为近年来工业增长势头强劲,使第三产业比重也有所下降(见表3)。

表3 "十二五"以来陕南产业结构变化情况

	2010年	2011年	2012年	2013年	2014年	2015年
地区生产总值(亿元)	1122.66	1417.53	1724.28	1997.16	2256.76	2459.12
第一产业比重(%)	20.98	20.10	18.55	17.87	16.3	15.4
第二产业比重(%)	39.80	43.29	46.89	48.87	50.4	49.6
第三产业比重(%)	39.22	36.61	34.56	33.26	33.3	35

资料来源:根据2010—2014陕西省及陕南三市国民经济和社会发展统计公报汇总。

(4) 提高了移民群众的生活水平。陕南移民中的三分之一搬迁户在搬迁前,大都居住于水、电、路"三不通"地区,生产生活条件极为恶劣。实施搬迁以后,绝大多数移民由分散居住变为集中居住,教育、医疗、养老、居住条件都得到了极大的改善,实现了由农村向城镇的转移,由单纯依靠土地生存向务工经商转变。最为明显的是,移民的收入水平得到了提高,据西乡县沙河镇三友社区主任介绍,三友社区在实施陕南移民搬迁开始的2011年,人均纯收入仅5700元,到了2014年,人均纯收入就达到了8300元。数据表明,收入的这种变化带有普遍性,整个陕南地区四年来城乡居民收入变化情况也验证了移民搬迁的收入变化,见表4。

表 4　陕南移民搬迁四年来城乡居民收入变化情况

地区	项目	2010年（元）	2014年（元）	累计增长（%）
汉中市	城镇居民可支配收入	14 509	24 610	69.6
	农民人均纯收入	4183	7900	88.8
安康市	城镇居民可支配收入	14 642	25 000	70.7
	农民人均纯收入	3976	7490	88.4
商洛市	城镇居民可支配收入	14 811	24 727	67.0
	农民人均纯收入	3605	7035	95.1

资料来源：根据2010—2014陕西省及陕南三市国民经济和社会发展统计公报汇总。

（5）促进了陕南新型城镇化建设。城镇化是社会经济发展的必然趋势，陕南移民搬迁也顺应了这一趋势。截至2014年年底，陕南三市已经累计搬迁安置群众26万户共计88万余人，集中安置率达到86.7%。资料显示，"十二五"以来，陕南移民搬迁工程的实施，为陕南三市城镇化率的提高贡献了4.78个百分点，[4]并且为陕南地区节约了大量的土地资源。

二、陕南移民搬迁及后续产业发展的途径和模式

陕南移民搬迁的目标要求是"搬得出、稳得住、能致富"，也就是要让群众过上好日子。但由于陕南三市经济基础比较薄弱，经济发展相对滞后，产业项目较少，吸纳移民就业的能力有限，短期内还难以提供足够的就业岗位，因此"稳得住、能致富"将成为今后移民搬迁工作中最难的问题。由于搬迁时间紧、任务重，目前各市县（区）更多的是考虑移民户如何"搬得出"，而对于"稳得住、能致富"问题在很大程度上还无暇顾及。尽管如此，陕南各市县（区）在移民后续产业发展方面，都不同程度地进行了一些探索。

（一）发展移民后续产业的主要途径

汉中市在移民搬迁中结合本市的实际情况，坚持把移民搬迁与城镇化、工业化、农业现代化相结合，与建设经济强市、文化名市、宜居富裕城市相结合，与秦巴山片区扶贫攻坚相结合，与国家"南水北调"水源地保护工程的要求相结合，立足于移民未来的产业发展需要，特别强调提高集中安置的比重，先后建设了河东店、二道河、磨子桥等规模较大的移民社区，以便于移民的就业。宁强县阳平关镇按照"山上建园区、山下建社区"的思路，确保搬迁户的后续产业发展。镇上积极引导搬迁户发展种植业和养殖业，依托各户自身资源优势开设种养殖技术培训班和SYB创业培训班5期，目前已经

有235户种植天麻共427亩，192户种植核桃共360亩，占到搬迁户的近70%以上。此外，新建的移民街区按照"上住下铺、前街后院、生产生活"的模式布局，已经有67户临街住户把一楼门面出租或自己开店，实现了就地就业。该镇还帮助小区内的12名妇女，在镇上的百亩蔬菜设施示范园找到工作，28名群众在小区内从事建筑和餐饮服务工作。

安康市经过积极探索，形成了"6663"避灾扶贫搬迁的工作思路：将避灾扶贫搬迁作为统筹城乡发展的重要抓手，实行移民集中安置与县域经济发展、农民进城入镇、保障性住房建设、产业园区建设、重点镇建设和新农村建设六个结合；推行进城居住、集镇安置、社区安置、产业园区安置、支持外迁和分散安置六种搬迁安置方式；建立分级负责、科学规划、示范带动、资源整合、督查考评、公开运行六个机制；建设市、县（区）、镇（办）三级避灾扶贫搬迁集中安置示范小区，取得了较好的成效。

商洛市依托园区发展特色产业。立足现代工业园区、特色农业园区、新型农村社区和精品旅游景区"四区建设"，引导搬迁群众转变生产经营方式，发展农副产品加工、商贸餐饮、交通运输、乡村旅游等产业，建立稳定的收入来源。按照"一点一策、一户一法"的要求，对移民搬迁集中安置点逐点规划配套产业，发展特色经济，引导搬迁点农业资源向工商资本转化，传统农业向现代农业转化，传统农民向市民或产业工人转化。为了实现搬迁后的移民就业，市政府出台了创业扶持政策，实施产业园区及企业用工安置一批、城镇经商安置一批、劳务输出安置一批、社区服务岗位和公益性岗位安置一批的就业规划，确保搬迁户就业有出路，创业有门路，增收有渠道。4年来共安置移民就业7.1万人，确保了户均一人以上就业。

（二）后续产业发展的主要模式

从调查的情况来看，陕南移民搬迁已经涌现出了不同的后续产业发展模式，归纳起来，主要有以下几种：

1. 旅游景点带动模式

陕南自然风光秀丽，生态旅游资源和观光农业资源有着独特的优势，通过旅游产业的开发，带动移民就业不失为后续产业发展较好的选择。汉中市以"油菜花节""柑橘园""樱桃园""梨园"等为媒介，安置搬迁移民落户新建旅游景区，既为附近的移民提供了就业的渠道，也进一步拓展了旅游产业的发展空间。如洋县草坝村安置点靠近"朱鹮梨园"景区，移民社区一方面通过在丘陵地带大面积栽培优质水果梨，建成了上规模、有特色的梨园，形

成了一道独特的风景，成为现代观光农业的一个典范，因而吸纳了部分移民进入到果品的种植和栽培业；另一方面通过建立"农家乐"的形式，为游客提供餐饮、观赏、休闲、娱乐等服务，为移民的生产生活奠定了基础。

2. 产业园区带动模式

近年来，陕南在经济发展方式转变和产业结构调整中，根据各地的实际情况，建立了各具特色的现代产业园区。这些产业园区的建立，对于移民的安置也发挥着重要作用。安康紫阳县移民安置点的选择，尽可能靠近产业园区，以便为移民就业创造便利条件。该县在蒿坪镇工业园区建立了10余个移民安置点，敞开大门迎接农民进社区入住，并推荐搬迁农民进企业打工，多渠道增加移民群众的收入。安康旬阳生态工业园位于县城近郊，园区里有矿产开采加工、水泥生产、汽车制造、魔芋加工及烟草生产等多种企业，已经展现出蓬勃的发展生机。据介绍，目前园区就业人数已经达到4800多人，预计未来5年可以吸纳附近移民点25 000人就业。商洛市柞水县先后为1670名搬迁移民进行了农民实用技术、劳动力技能的培训，组织1000余名搬迁移民进入大西沟铁矿、盘龙公司等企业务工，扶持了360户移民户发展商贸餐饮、旅游运输等三产服务业。宁强县坚持按照"居住在山下、增收在山上、安置在社区、务工在园区"的思路，多种措施并举，解决了搬迁群众的生计问题，并且还在宝珠观、江林等安置点附近，建成了220亩食用菌、800亩核桃、2000亩烤烟基地。产业园区的发展必然带来二、三产业的兴旺，从而带动了农村劳动力的转移，更带来了移民户致富的希望。

3. 股份合作制带动模式

股份合作制的实质，是在经济尚不发达的情况下，以资金为纽带，实施合作制的一种发展模式，有着广泛的适应性。如紫阳县借助工商业主的资本和附近移民土地流转入股等形式，修建移民户安置公寓。该县富硒油茶综合开发项目投资1.3亿元，由业主集中修建农民公寓，对高山农户进行了整体搬迁，集中流转土地开发种植油茶2万亩。同时农户与业主签订土地流转、置换房屋等合同，再通过房产、林权、土地等形式入股，参与企业劳动分配。这种"公司+农户+基地"的移民搬迁经营模式，本质上就是一种股份合作制，其中既有资本合作，又有劳动合作，在产业发展方面前景广阔，该项目已经被安康市列为市级重点项目加以推广。

4. 特色产业带动模式

陕南自然条件比较优越，是陕西农林土特产品的主要产地。移民搬迁有相当一部分移民安置点在丘陵地带，而这些地区则是陕南土特产品的主要产

区。一部分移民可以靠果林、药材、香菇、木耳等特色产品作为生计，只要按照产业化经营模式运作，完全可以做大做强，成为移民产业开发的一种可供选择的模式。汉中市镇巴县碾子镇集中移民搬迁后的土地、林地和资金等生产要素，发展规模集约经营，推动茶园、蚕桑、畜牧、莲藕、魔芋等产业项目的快速发展。发展产业项目，坚持"实用、实际、实效"的原则，以集中安置点所在村为单位，具备条件的优先发展农业产业，做大做强，使之成为主导产业，成为移民群众增收的主要途径；不具备条件的，要因地制宜，创造条件发展农业产业，以提高移民户的种植和养殖水平，实现移民户有事干、有钱赚。通过示范带动，辐射周边，实现共同发展致富的目的。紫阳县双桥镇六河村村民搬迁后，利用山上林地种植中药材厚朴1.5万亩，部分村民在种植之余，投入了厚朴的交易、运输经营中，人均年增收1600元。

5. 劳务输出带动模式

近年来，陕南三市在劳务输出方面不同程度地加大了扶持力度，短期来看，这对解决移民就业也发挥了积极的作用，如汉中市宁强县阳平关镇组织了526名青壮年劳力到新疆、广东等地从事建筑、种养殖、汽修等行业，有的年收入可达到10万元左右。收入的增加在一定程度上缓解了移民购房或建房的经济压力，虽然这种方式在某种程度上也是无奈之举，但对解决移民就业问题效果明显，从长期看，劳务输出可能对移民搬迁产生不利影响，增加了部分移民社区住房的空置率。

上述不同的后续产业发展模式，是各市县（区）干部群众在国家产业政策调整、新型城镇化背景下，坚持因地制宜的原则在实践中探索出来的，对相关地区后续产业发展的选择也具有一定的借鉴意义。但是，各市县（区）在具体选择中，应该注意结合当地的实际情况，突出当地特色。只有这样，后续产业发展才会真正收到实效。

三、陕南移民搬迁及后续产业发展面临的主要问题

尽管陕南移民搬迁已经取得了明显的成效和可喜的成绩，但从总体看来，近期工作的重点还主要在"搬迁安置"上，后续产业发展的问题在很大程度上还尚未凸显，因而在一些地方并未引起高度的重视。从我们调查的情况来看，后续产业发展面临的困难和问题，主要有以下几个方面：

（一）产业规划问题

按照陕南移民搬迁总体规划的要求，移民安置规划要与后续产业发展规划以及基础设施建设等规划同步编制，但在调查中，我们发现由于时间紧、

任务重，有的地方移民搬迁工程仅仅编制了社区或移民点住宅建筑的规划，而其他相关规划并未编制，尤其是对后续产业的发展，未能和有关部门一起认真进行分析论证，并未在此基础上编制规划。由于规划未能先行，因而对移民迁入地今后如何发展也心中无数，这将对未来后续产业的发展带来不利的影响。

（二）资金问题

在调查中，各地不同程度地都反映到资金紧张的问题。从政府层面看，市、县财政筹款压力巨大。商洛市规划十年搬迁安置71.8万人，建房投资需要180亿元，移民户补贴需要54亿元，按政策预算，省级财政需要承担117亿元，市、县两级财政需落实配套资金45亿元，而市、县两级财政的负担能力有限，尤其是县级财政落实配套资金的比例高，面临的困难更大。随着物价、工价快速上涨，建设成本不断增加，原规划的资金远远满足不了移民安置的需要，后续产业发展所需资金更难以落实。从移民户层面看，尽管政府移民政策对移民户按照建房的面积大小有一定的补助，但山区农民长期贫困，资金积累十分有限，许多移民户因为购房或建房背负了沉重的债务，而后续产业发展也需要个人拥有一定的启动资金，很多移民难以筹集。虽然移民搬迁政策对特困户采取无偿安置，但是能够享受这种政策的移民少之又少，而且特困户缺乏劳力和技术，搬迁后生活难以为继，因而大多搬迁意愿不强烈。

（三）政策问题

调查表明，陕南移民搬迁无疑是一项惠及子孙万代、影响深远的民生工程，深受山区群众欢迎。但是，由于过去的户籍制度、土地制度、教育制度、就业制度、社会保障制度等原有的制度、政策的不完善，加之传统落后的习惯势力、小农意识等观念的消极影响，使新移民进入迁入地或进入城镇后，短期内还很难融入到新的生活环境中去，特别是对于迁入城镇的一般移民来讲，类似于"民工"的身份还未能随之改变，因此移民的"市民化"问题还需要相关政策配套解决。陕南属于国家秦巴连片特困地区，近年来，国家对于连片特困地区的扶贫开发力度加大，移民搬迁与片区扶贫以及"南水北调"水源地建设相关政策需要整合，资金也需要集中使用，以提高资金的使用效率，避免出现"到处撒胡椒面"的现象。调查发现，由于相关政策还不到位或城镇生活成本的增加，有的移民社区移民的入住率还不够高，有的还处于农村—城镇的"两栖"状态。

（四）基础设施问题

调查中，我们还发现有不少移民社区或移民点在搬迁的同时，适应了未来经济社会发展的需要，建设了起点高、设施比较齐全的基础设施，使得移民群众真正过上了和城市市民同样的生活。但是，也有一些移民点基础设施不够完善，相关的生活服务设施也不够健全。由于基础设施建设和后续产业发展统筹不力，有的移民在移民区楼房的地下室自己打井取水，还有些私自规划了养猪或养鸡的地方，这对未来移民社区的公共环境卫生以及人们的生活质量将带来消极影响。

四、陕南移民搬迁及后续产业发展的几点建议

针对陕南移民搬迁的现实情况以及调查中存在的困难和问题，我们认为，陕南移民搬迁目前正进入到一个重要的转折关头，即将由大规模的搬迁为主进入到后续产业发展为主的新的阶段，而这个阶段将是一个更为关键的阶段。陕南移民搬迁后续产业如何发展？这不仅是摆在陕南自然灾害多发区群众面前的现实问题，也是各级领导干部和移民安置工作人员应该认真思考的重大问题。结合调研的情况，我们认为，今后陕南移民搬迁后续产业的发展应该遵循"产业先行，城镇引领，科学发展，共同繁荣"的思路和理念向更深层次推进。围绕这一思路，我们特提出如下建议：

（一）进一步提高对移民搬迁及后续产业发展问题的认识

首先，应充分认识到陕南移民搬迁是中华人民共和国成立以来涉及人口最多、投资力度最大的一项移民工程，也是造福千秋万代的民生工程，必将成为陕南发展史上的重要转折点和里程碑。10年搬迁240万人，意味着陕南三市一半的农民将会进城入镇住社区，陕南的经济社会面貌必将发生重大变化。10年静态投资1100多亿元，这对陕南三市来说，是前所未有的持续投入和发展助推，必将为陕南经济转型和长远发展奠定坚实的基础。其次，要充分认识到，搬迁成功与否的最终决定因素是后续产业发展。有人曾向著名经济学家吴敬琏提问："陕南移民搬迁实施过程中最值得关注的问题是什么？"吴敬琏老人不假思索地答："产业支撑"[5]。

也有人采访全国政协委员、著名经济学家厉以宁如何看待农民"上楼进城"问题，厉以宁先生直言："如何解决农民'上楼'之后生活来源方面面临的问题？这个情况我最近一直在调研中，发现很值得研究，但还是一个难题，还没有更好的办法。"[6]近年来，在国内生态移民或农村剩余劳动力转移过程

中，有的地方政府片面追求城镇化，一味增加城镇建设用地指标，大量土地变成非农用地进行房地产开发，但却没有支撑农民"上楼进城"的产业跟进，导致了大量"上楼致贫"的现象。因此，陕南移民搬迁中，改善群众的人居生存条件只是一个方面；另一方面也是最重要的，就是让农民"上楼进城"以后，能够得到赖以生存的产业支撑。这一点尤为重要，各级移民搬迁部门和移民社区必须有清醒的认识。

（二）主动适应产业结构优化升级的趋势，切实做好移民搬迁产业发展规划

陕南移民搬迁工程的实施已经进入到第五个年头，大规模的搬迁将逐渐接近尾声，绘制产业发展的蓝图时不我待。因此，要根据搬迁工程推进的具体情况，结合"十三五"规划的制定、陕南循环经济发展规划、秦巴山区扶贫攻坚规划、新型城镇化规划以及"南水北调"水源地建设的相关要求，对原有搬迁规划作进一步的修订和完善，或补充编制新的移民后续产业发展规划。在布局上，今后要进一步做好各安置点的选址工作，优化集中安置点布局。在规划的内容上，既要有搬迁安置和安置点的布局等内容，更要有基础公共服务设施配套、特别是产业发展和劳动力就业等方面的内容。在即将着手制定市县（区）"十三五"经济社会发展规划，以及交通、农业、林业、水利等专项发展规划时，应该将移民搬迁后续产业作为考虑的重要因素之一，做好各项规划的衔接。在实践中，有的地方往往把具备"五通"（通水、通电、通路、通电话、通有线电视）条件的地方确定为移民社区或移民点，未能确切地勘探其地下水的储量以及是否符合未来的人口发展及城镇化布局的要求，忽略迁入地的自然承载力或缺少应有的前瞻性，这对移民搬迁的健康发展是极为不利的。在调查中，我们痛心地看到，20世纪90年代很多善良的人们节衣缩食通过"希望工程"捐助的学校，如今在有的地方，学生仅仅剩下寥寥无几的留守儿童，宝贵的教学设施和资源被闲置。因此，移民搬迁包括后续产业的发展必须汲取"希望工程"的教训，规划必须具备一定的前瞻性。

（三）顺应新型城镇化建设的需要，充分发挥产业和人口的聚集效应

目前，我国正在推进新型城镇化建设，这对陕南移民来讲，是一个难得的历史机遇。在此背景下，陕南移民搬迁以及后续产业的发展，也要适应新型城镇化发展的需要。从城镇形成的规律和历史来看，离不开工商业即产业的发展，历史的经验和近年来一些地方房地产过度开发的现实表明，没有产业支撑的城市只能是一座空城，产兴城兴，产衰城衰，由繁荣走向衰落的美

国汽车城底特律就是最好的明证。由此可见，产业对于城镇的发展是至关重要的。在陕南移民搬迁中，无论是移民移居城镇还是新农村的社区，都要体现产业先行，根据各地的自然条件、资源禀赋发展差异化的特色产业，尽可能吸引移民的自然流入。要通过建立不同特色的产业园区来实现产业的集聚，并以产业集聚带动人口集聚，同时，要积极支持城镇和移民发展现代农业，通过延长农业产业链，提高农副产品附加值来实现就业岗位的增加，吸引当地农民就地就近转移。应该看到，在西部地区经济实力相对比较雄厚的地方，政府曾花巨资实施生态移民，主要采用无土安置的方式以促进城镇化建设，但由于产业发展滞后，这种移民反而成为地方政府难以摆脱的包袱，[6]因此，移民过程中必须处理好有土安置和无土安置的关系，更要着眼于人的城镇化。

（四）积极探索不同形式的后续产业发展模式，实现可持续发展

后续产业发展是移民安置的重要内容，也是检验移民最终成效的决定因素。因此，在移民实践中要根据当地的实际情况，因地制宜，探索不同形式的后续产业发展模式。一些国家在其国内移民过程中，也有一些经验教训值得我们借鉴，如泰国移民安置过程中也注重差异化的产业政策，根据当地具体情况设置了适合安置移民的产业；同时，也注重在移民安置中实现"输血型"移民安置向"造血型"移民安置转变。毫无疑问，实现这一转变的基础是产业发展。[7]应该看到，陕南移民搬迁过程中，虽然已经涌现出了一些不同形式的后续产业开发模式，但这些模式仅仅是初步的，有的方面还不够完善，各地在学习借鉴时也要结合当地的自然条件以及人力资源状况，同时，还要在实践中不断探索新的后续产业发展模式，只有符合当地实际的模式才是最好的模式。在陕南移民搬迁中，还需要始终坚持"以人为本"和可持续发展的移民理念，促进区域生态、经济、社会的和谐发展。从移民的最终目标来讲，就是为了更好地优化人类的生产生活环境，使广大移民安居乐业，能够致富，这才是可持续发展的真谛。

（五）加强移民的技术培训和适应性培训，提高其创业和就业能力

移民问题的研究表明，新的移民在移民后的最初三年左右时间里，在经济、文化、社会心理等方面将面临着一个过渡期，在此期间会产生一系列的不适应。这种不适应主要表现在两个方面：一方面是物质上的经济贫困；另一方面是文化精神上的困惑与诸多不适应。虽然过渡期的移民贫困是短暂的，但这个过渡期非常关键。若不从长远发展的角度来解决经济贫困，从文化心理上加以调适，从精神素质上加以培养，移民的安居乐业就会大打折扣，潜

伏下来的历史问题就会成为区域社会经济发展的一个"瓶颈",甚至对社会的和谐稳定产生消极影响。因此,在移民安置及后续产业发展实践中,要通过完善政策,确保移民住房安置、生活补贴、就业安置、合作医疗、养老保险等各项优惠政策措施落到实处。这也是当地政府和移民安置部门应该重点考虑的问题。调查中,我们也了解到汉中市佛坪县2007年因生态移民搬迁的部分移民,由于从农村到城镇后不能适应城市生活,就业渠道窄,收入不稳定,生活成本增加,家人难以团聚,又先后返回原居住地。因此要加强对移民的技术培训和适应性培训,以便他们能够与时俱进,告别小农意识,适应城镇或社区的生活。当前,尤其要加强对移民的创业培训,使更多的移民能够通过自主创业解决产业发展问题,以缓解政府安置的负担。

(六)多渠道筹措移民搬迁资金,克服搬迁的资金缺口

资金问题目前仍然是影响陕南移民搬迁进程的一个限制因素。资金缺口问题的解决,除了政府资金以外,还需要引入市场机制,鼓励和吸纳民间资本参与移民搬迁安置建设和后续产业的发展。在重点镇建设方面,可以通过对居民点的重新规划布局,用节约的建设用地开发增值部分补贴移民搬迁,使搬迁的农民不仅不花钱,而且在获得住房的同时解决了经营用房。同时,政府应该支持金融机构增加对移民贷款的投放,主要用于移民搬迁安置户建房和产业发展以及创业项目。此外,还应该积极争取国家对移民搬迁以及后续产业发展的支持,特别是要结合生态保护、生态移民、地质灾害治理、退耕还林等方面的政策,争取国家有关部委的资金支持。

【参考文献】

[1] 武盾. 陕西精心呵护南水北调中线水源地[N]. 陕西日报,2015-02-14.

[2] 王澍,王峰,朱耀琪,等. 陕南移民搬迁工程对地质灾害防灾减灾的启示[J]. 国土资源情报,2011(8).

[3] 陈嘉伟,李媛. 南水北调陕西贡献水源七成受水地记者表达感激[EB/OL]. (2015-04-06)[2015-04-09] http://www.chinadaily.com.cn/hqcj/xfly/content_13499456.html.

[4] 乔佳妮,程伟. 陕西省移民搬迁已累计安置134万人[EB/OL]. (2015-02-28)[2015-04-09] http://city.17ok.com/news/934/2448729.html.

[5] 吴敬琏. 陕南移民搬迁实施中需依托产业支撑[EB/OL]. (2013-09-26)[2015-04-09] http://forum.home.news.cn/thread/126807524/1.html.

[6] 厉以宁. 还没找到办法解决农民上楼致贫难题[EB/OL]. (2015-03-14)

[2015-04-09]http://money.163.com/15/0314/10/AKLLEM1N00255545.html.
[7] 侯东民,张耀军,孟向京,等.西部生态移民跟踪调查——兼对西部扶贫战略的再思考[J].人口与经济,2014(3).
[8] 王红彦,高春雨,等.易地扶贫移民搬迁的国际经验借鉴[J].世界农业,2014(8).

（冯明放　彭　洁）

汉中市推进生态文明建设战略的调研报告

生态文明是人类社会与自然界和谐共处、良性互动、持续发展的一种文明形态，是工业文明发展到一定阶段的产物，其实质是建设以资源环境承载能力为基础、以自然规律为准则、以可持续发展为目标的资源节约型和环境友好型社会，形成人与自然和谐发展的现代化建设新格局。

党的十七大首次把建设生态文明写入党的报告，并作为全面建设小康社会的要求之一，提出要"基本形成节约能源资源和保护生态环境的产业结构、增长方式、消费方式"。党的十八大进一步强调："建设生态文明，是关系人民福祉、关乎民族未来的长远大计。面对资源约束趋紧、环境污染严重、生态系统退化的严峻形势，必须树立尊重自然、顺应自然、保护自然的生态文明理念，把生态文明建设放在突出地位，融入经济建设、政治建设、文化建设、社会建设各方面和全过程，努力建设美丽中国，实现中华民族永续发展。"党的十八届三中全会再次强调要"紧紧围绕建设美丽中国，深化生态文明体制改革，加快建立生态文明制度，健全国土空间开发、资源节约利用、生态环境保护的体制机制，推动形成人与自然和谐发展现代化建设新格局"。前不久，中共中央、国务院又印发了《关于加快推进生态文明建设的意见》，对推进生态文明建设作出具体布局，这不仅是我国第一个以党中央、国务院名义对生态文明建设进行专题部署的文件，也标志着我国现代化建设步入了生态文明的新时代。

为了深入贯彻十八大、十八届四中全会精神以及中央《关于加快推进生态文明建设的意见》和省、市有关加强生态文明建设的文件精神，有效推进汉中生态文明建设，全面总结汉中市"十二五"以来在生态文明建设方面的经验和成就，深刻分析汉中市生态文明建设面临的战略态势，并为汉中市"十三五"规划编制提供参考和依据，在汉中市委市政府的领导下，由市环保局、市林业局牵头，特组织了本次汉中市推进生态文明建设战略调研。

一、汉中市生态文明建设的主要工作成效

"十二五"以来，省委、省政府颁布了《关于加快推进陕南循环发展的若干意见》，进一步明确了整个陕南地区及汉中市的发展定位，我市紧紧围绕"生

态陕南、秀美陕南、富裕陕南、安全陕南"的目标，坚定不移地实施"循环发展、生态宜居"战略，加快产业转型升级，促进区域协调发展，在生态文明建设方面开展了一系列卓有成效的工作，并取得了显著的成效。

（一）产业转型升级成效显著

依据国家和省上对汉中的生态功能定位，市委、市政府近年来坚持推进绿色发展、循环发展、低碳发展。一是在农业发展上，围绕市场调结构、转方式，培育壮大特色主导产业，大力实施"农业倍增工程"。2014年，粮、油总产分别达101.75万吨和18.91万吨；生猪出栏416.39万头；茶叶、蔬菜、水果产量分别达3.3万吨、214万吨和43万吨。农业内部结构进一步优化。二是在工业发展上，面对市场需求低靡、环境约束加剧等外部因素的严峻考验，坚持结合企业实际、一企一策、精准发力，力促工业克难攻坚、提质增效、快速增长，"工业翻番工程"目标如期实现。2014年规模以上工业总产值达到1003.83亿元、增长16.6%。80个工业重点项目完成投资56亿元，新培育规模以上企业53户，新增省级工业园区5个。三是在服务业发展上，强力实施"全域旅游工程"，以旅游业快速发展牵动服务业持续提升。13个重点旅游项目完成投资9.2亿元，张骞墓申遗成功，新创建4A级景区4个、3A级景区2个，2014年旅游收入达131.4亿元、增长23.9%。汉中茶城建成运营，亿丰国际商贸城、普汇中金世界港等项目开工建设。全年新增限额以上贸易单位79户，外贸进出口和引进外资分别达1.04亿美元、4005万美元。

为适应国家经济发展方式转变和产业结构转型升级的要求，近年来，汉中市产业转型升级内容上坚持以战略性新兴产业为发展方向，形式上坚持以循环经济为发展模式。装备制造、有色冶金、烟酒食品、生物医药等特色工业已经形成，农业发展特色更加鲜明，三种产业的结构得到了进一步优化，见表1。

表1　汉中市近年来产业结构变化情况表

年度	第一产业	第二产业	第三产业
2010	21.66%	39.14%	39.2%
2011	21.98%	41.32%	36.7%
2012	20.65%	43.78%	35.57%
2013	20.2%	45.1%	34.7%
2014	18.6%	46.2%	35.2%

资料来源：历年汉中市经济与社会发展统计公报。

（二）循环发展的模式初步形成

循环发展是省上对我市今后发展的要求，也是加快推进汉中市生态文明建设的必由之路。各级各类循环经济产业园区是循环发展的重要载体和平台。近年来，汉中重点打造了 12 条循环发展产业链，其中装备制造、绿色食品、生物医药、钢铁冶炼、有色金属、生物柴油以及石材等 8 条产业链已初具规模，硅石、石膏、新能源等 4 条产业链正在培育。已经形成的产业链有以陕西钢铁集团汉中分公司、汉中锌业公司等为代表的"废渣贵金属综合回收利用—余热回收利用—废水循环利用"循环产业链；以汉中洋县志建药业科技公司为代表的"中药材种植—提取加工—成药加工—有机肥"循环产业链；以汉中锌业公司、远东化肥公司为代表的"锌冶炼产生的二氧化硫—回收硫酸—化肥—副产品磷石膏—建材"循环产业链，总体循环状态良好。此外，以汉中生物制药、汉王药业、振华公司、天然谷公司等为龙头，在生物制药与生态有机农业之间，也实现了一定范围的产业循环链接。近年来，为了促进农业循环经济的发展，汉中高度重视农作物秸秆的综合利用和循环，目前农作物秸秆禁烧率和综合利用率分别达 97%、71.3%。

（三）国土空间开发格局得到优化

近年来，为了优化国土空间开发格局，实现资源的聚集效应，汉中市一方面优化了城镇布局和结构，依据《汉中市域城乡统筹发展规划》的空间战略要求，按照"盆地聚集、中心做大、两翼伸展、沿江发展"的总体思路，依托主体产业区、汉江沿线和主要交通干线，加快构建以中心城市和两个副中心城市为核心、7 个县级城市为节点、39 个特色名镇为依托、500 个美丽乡村为支撑的城乡互促共进、区域协调发展的新型城镇体系，着力形成"一心、一带、三辐射"的城镇空间格局。另一方面，加快了各类产业园区的建设。截至 2014 年年底，我市共创建省级重点工业园区 20 个，规划面积 99.59 平方千米，入园企业 538 户，实现营业收入 703.41 亿元，园区承载的辐射作用日益增强。围绕装备制造、现代材料、绿色食药、特色旅游产品开发、高新技术产业等企业和项目的集聚效应已经得到显现，企业配套水平、园区与园区之间以及园区内企业之间的循环发展水平不断提高，形成了一批具有汉中特色的产业集群，打造了一批新型工业化示范区。与此同时，创建市级以上现代农业园区 159 个，其中省级园区 30 个，市级园区 129 个。农业园区规模逐步扩大，各级各类园区面积达 23.76 万亩，2000 亩以上集中连片的园区达 93

个,"三品一标"认证面积达到7.5万亩。汉中市大力推行"园区+企业+合作社+农户"的组织形式,入园企业达196家,入园农业合作社达到189个,园区带动47万人次农民入园就业,人均纯收入10580元。各地按照"一村一主题一特色"的要求,挖掘产业、人文、山水环境等资源禀赋,明晰建设思路,形成了差异化的发展定位。在2013年农业部公布的"中国美丽田园"名单中,陕西省有5项上榜,汉中市夺得4项。

(四)生态环境治理、节能减排富有成效

汉中作为国家"南水北调"工程中线重要水源地,做好水源地生态保护,保证水质优良,是汉中各级政府义不容辞的政治责任。为确保"一江清水供京津",汉中市按照中、省部属要求,在生态环境建设方面开展了一系列工作:一是深入开展了"绿水、蓝天、青山"环保专项行动,通过这项活动,环境违法问题得到有效整治。在汉江、嘉陵江出境断面专门建设了水质自动监测站,全面加强汉江流域污染源的监管。汉江流域检测数据显示,汉中汉江流域水环境质量总体为优,汉江出境断面水质稳定达到Ⅱ类标准。二是适应生态文明建设的需要,各县区扎实开展城乡垃圾清理。初步建立了垃圾处理长效机制,使城乡群众养成了干净卫生的生活习惯,改善了农村人居环境。中心城区和10个县城垃圾、污水处理场(厂)全部建成并投入运营。南郑、洋县、西乡、勉县4个农村环境连片整治试点县项目全面完成。三是加强了节能减排工作,全市实施减排项目300多个,强制关停小水泥、小冶炼、小化工等高污染、高耗能、资源性产品企业和生产线94户(条)。先后关停了胶东水泥、西乡振荣水泥、城固公路建材等4条40万吨水泥熟料生产线,中核陕西铀浓缩有限公司拆除了自备电厂发电机组,南郑江南油脂厂关停了1.9万吨食用油生产线,勉县达江油脂厂拆除了1000万吨硫酸锰生产线。上述这些举措,不仅为我市节能减排作出了贡献,也大大提高了我市的环境质量和居民的生活质量。据统计,2014年全市累计消减化学需氧量3100吨,氨氮450吨,二氧化硫4500吨,氮氧化物5200吨,较2013年分别下降3%、2%、8%、11%。"十二五"以来,汉中在经济总量高速增长,城镇化率提高、污染物增加排放张力大的情况下,2014年汉江干流水质综合污染指数为0.19,较2005年下降0.12,汉江主要支流综合污染指数0.23,比2005年下降0.63。同时,市中心城区环境空气质量持续向好。(见表2)。

表2　2011—2014年汉中市中心城区环境空气质量情况

项目	单位	2011年	2012年	2013年	2014年	GB3095-1996 二级标准	GB3095-2012 二级标准（2016年1月1日实施）
优良天数	天	344	340	350	355	—	—
优良率	—	94.2%	92.8%	95.9%	97.3%	—	—
SO_2	mg/m³	0.018	0.015	0.014	0.014	0.06	0.06
NO_2	mg/m³	0.023	0.020	0.026	0.026	0.08	—
PM_{10}	mg/m³	0.071	0.074	0.064	0.063	0.10	0.07
自然降尘	T/km²·月	6.30	5.74	5.78	5.86	18.0*	—

注：*自然降尘为省推荐标准。

（五）生态旅游持续发展，绿色汉中的形象正在确立

汉中拥有丰富良好的生态旅游资源，生态旅游发展有着得天独厚的条件。近几年汉中市紧紧围绕"三市"建设目标，加快发展旅游文化产业，深入实施全域旅游工程，大力推进文化旅游精品景区建设，全力打造"两汉三国、真美汉中"城市品牌，发展动力不断增强，提档升级步伐加快，经济社会效益持续提升。2014年接待游客2625万人次、实现旅游总收入131.35亿元，同比分别增长16.6%、23.9%。经过多年的不懈努力，汉中市张骞墓成功入选丝绸之路"长安—天山廊道"世界文化遗产目录，成为陕南三市第一处世界文化遗产，打响了汉中走向世界的一张"金名片"。黎坪、青木川、武侯祠、朱鹮梨园成功创建成国家4A级景区，实现了近年来我市在高A级景区创建上的重大突破。南郑县瓦石溪村等84个村被列入全国乡村旅游扶贫重点村，西乡县钧鑫农场被评为全国休闲农业与乡村旅游示范点，青木川、油菜花被评为"中国最美休闲乡村""中国美丽田园"，新建成省级旅游特色名镇1个、省级乡村旅游示范村2个。汉中市还成功举办了以油菜花为重点的16个系列旅游节会活动，在中央电视台等主流媒体开展了15项系列形象宣传，参加了丝博会等8个会展促销，开通了市文旅局官方微博，汉中市被授予"影响世界的中国文化旅游名城"称号。近年来，汉中市启动创建"卫生城市""园林城市""环境保护模范城市""生态文明建设示范市"等工作，高度重视城乡面貌的改善和城市绿化。围绕"扩大绿化面积、提升绿化档次"两大主题，采取规划扩绿、道路增绿、依法治绿、科学护绿等有效措施，先后以"一江两岸"、城区出入口、各县县城和旅游景区为重点，结合创建活动的目标任务，按照城镇森林化、社区园林化、路边水边村边景观化、门户亮丽化的要求，

并且按照"造一房,绿一点;建一区,绿一片;筑一路,绿一线"的总体思路,对天汉大道、西大街、民主街、兴汉路等30多条主要干道正在进行高标准、高质量、高规格绿化改造,逐步形成了"点成景,线成荫,片成林"的林荫系统和绿化景观。至2013年,汉中市城镇公共绿地总面积2158.5公顷(1公顷合10 000平方米,下同),城镇人均公共绿地面积为12.96 m^2/人。

(六)生态基础设施建设得到加强

近年来,汉中市以建设"生态良好宜居城市"为目标,大力加强生态基础设施建设。一是大力开展植树造林。全市坚定不移地实施以生态林业、民生林业为主的林业发展战略,2012—2014年,累计实施完成造林面积33万亩,其中人工造林15万亩,封山育林18万亩。累计完成退耕还林238.8万亩,长江防护工程造林345万亩。建成国家级、省级自然保护区以及省级以上风景名胜区和森林公园11个。全市森林面积达2360万亩,居全省第一。二是加强汉江综合治理。围绕打造"安澜、生态、发展、宜居"汉江,已完成堤防主体治理118.35万亩。治理水土流失7234.6平方千米,目前,"丹治"一期项目全面完成,共治理44条小流域,治理水土流失面积365平方千米,完成投资2.45亿元。二期项目截至2014年年底,已治理水土流失面积888平方千米,完成投资3.54亿元。全市已建成全国水土保持生态建设"十百千"示范县3个,示范小流域14条。通过水土流失治理,有效地改善了生态环境,减少了面源污染,改善了农村基础设施,推进了新农村的建设步伐。三是加强城镇基础设施建设。全市城镇道路达751千米,公共绿地面积达2449公顷,人均道路面积和绿地面积达到10.8和9.5平方米,城镇综合承载能力显著增强。与此同时,汉中也高度重视市民生态文明意识的提高,"十二五"以来,全市上下认真学习领会中、省有关生态文明建设的文件精神,大力开展生态文明建设教育和广大市民生态文明意识培养,认真学习贯彻《中华人民共和国环境保护法》及水、大气、固体废物污染防治等法律法规,各级党委政府及社会公众生态文明意识和生态环境保护责任意识明显增强。很多地方党委、政府能够把生态文明建设放在全局工作的突出位置,并贯彻在经济、政治、文化及社会生活各个领域,坚持和完善责任制,使生态文明建设的理念和生态环境保护的责任意识在社会基层深深扎根。

二、汉中市生态文明建设的问题与挑战

尽管汉中市生态文明建设近年来取得了显著成效,也具备了良好的发展基础,但是,与中央和省上生态文明建设战略部署的要求相比,还存在一定

的差距。从调查的情况看,汉中市生态文明建设也面临着一些突出的问题和挑战。

(一) 主要问题

1. 总体发展水平较低,制约了生态产业发展,循环发展刚刚破题

改革开放以来,汉中市经济总量快速增加,但总体而言经济总量和发展速度与周边城市相比还有一定差距。2014年汉中全市完成地区生产总值881.16亿元,增长12.7%,在陕西省11个地级市和一个区内经济总量排第7位,人均地区生产总值排第8位。由于经济总量规模限制,城乡居民人均收入水平比较低,经济总量和居民收入水平分别位于全国362个地级市的第211位和第260位。汉中市"一产不优,二产不大,三产不活"的结构性矛盾仍然存在。此外,汉中属于秦巴连片特困地区,大部分县属于国家级贫困县,人均地方财政收入较低,仍属于吃饭要靠财政,特别是县级财政,收入少、支出多,对中央和省市财政转移支付依赖性强。由于地方财力不强,加之财政支出刚性增长,制约了地方财政对本市生态产业发展的支持能力。就循环经济发展情况看,虽然循环产业体系初步形成,但结构不尽合理。钢铁、化工、建材等高耗能企业仍然是汉中经济增长的重要支柱,轻重工业的比重为28∶72,偏重格局短期内难以发生根本的改变。而在循环产业链条的关键节点,还受到土地、资金、技术、人才等生产要素的制约,尚未做到广泛意义上的闭合循环,也没有完全实现产业之间的耦合链接。经济粗放发展的特征比较明显,还没有从根本上转变"高投入、高消耗、高排放、低效率"的发展模式,经济增长的环境代价呈"倒金字塔式"分布,环境成本比较高,资源利用效率偏低。

还需强调的是,生态循环经济的健康有序发展需要相应的绿色技术载体,主要包括污染治理技术、废物利用技术、清洁生产技术、产业链接技术以及大量的信息管理和决策支持技术。目前,很多技术问题尚未突破或缺乏经济适用性,技术载体的缺失成为循环经济、低碳经济发展的现实障碍。

2. 总体生态环境较好,但与生态文明建设的要求还有较大差距

具体表现:一是部分支流水系的水体质量有待改善。2014年,汉中市地表水水质总体为优,境内主要河流水质达到功能区划标准。然而部分支流水系的水体质量有待改善,濂水河、东渡河超过Ⅲ类区划标准,为Ⅴ类水质,属中度污染;湑水河、冷水河综合污染指数也有所上升。二是城镇集中式饮用水水源保护区存在污染隐患。随着城市建设的日益发展,饮用水水源井逐步纳入城市建设范畴,目前,全市部分饮用水水源周边居民住宅增多,生活

污水、生活垃圾等成为影响饮用水水源地水质安全的重要污染隐患。同时，部分旅游开发项目和"农家乐"经营对水源地水质也造成了威胁，旅游区及"农家乐"生活污水、垃圾处理设施不完善，对水源地环境有一定影响。三是道路运输对水源地环境安全威胁较大，致使危险化学品运输等高风险源，成为威胁水源地环境安全的重要隐患。2015年6月1日晚，一辆大罐车坠入汉中褒河水库，车载32吨石脑油泄漏10吨，直接威胁到饮用水源的安全。汉中东郊水源地、西郊水源地的一级和二级保护区内存在的交通穿越，区域内个别水源地保护区内还存在工业企业，都有一定污染隐患。此外，部分农村饮水安全问题尚未全面解决。

还需要指出的是，尽管汉中市总体上山清水秀，但因为地势南北高，中间低，从秦岭、巴山脊部到汉中盆地之间，呈阶梯状依次排列着山地、丘陵、平坝三种自然地貌，区内年均平均风速1~2.5米/秒，鲜见大风天气。由于特殊的地理环境和气候条件，汉中市冬季易形成逆温等不利气象条件，抑制大气污染物稀释和扩散。因而部分工业较多的县区（如勉县、汉台区、城固县和略阳县）PM10和TSP浓度偶有超标，环境空气质量未全面达标。

3. 生态空间布局不尽合理，人口和产业的聚集度有待提高

广义的生态空间包括生产、生活、生态空间。对一个城市而言，生产空间要集约高效，生活空间要宜居适度，生态空间要山清水秀。生产、生活、生态空间三者共同构成我们赖以生存与发展的外部环境和空间格局。近年来，汉中市结合陕南移民搬迁，进一步优化城乡结构和空间布局，城镇化比率不断提高，但结构不尽合理、人口和产业聚集效应偏低的问题还比较突出，这也对生态文明建设带来不利的影响。因此还需要把移民搬迁与新型城镇化建设结合起来，进一步促进人口和资源的集聚。

为了促进区域经济发展，汉中市近年来先后创建了不同类型的产业园区，作为循环发展的平台和载体，但现有不少产业园区是县区从各自发展需求出发设立的，甚至带有照顾平衡的性质，因而存在布局散乱，集聚规模小、技术创新能力集成难、专业化分工水平低、重复建设多等问题，土地、水资源浪费和基础设施、社会服务规模不经济等现象比较明显，这也成为产业集群和大集团企业难以形成、集中优质资源要素和大规模投资的大项缺乏等低水平发展问题存在的重要原因。

生态空间不合理还表现在，汉中市地貌以山地为主，平坝区占总土地面积的10.2%，其中汉中盆地仅占总土地面积的6%。平坝区人口相对集中，耕地资源相对匮乏，农林争地矛盾较大，农田防护林管护不足，制约了农田林

网的建设。此外，还存在着农田林网建设未进行统一规划，造林树种单一，林带结构不合理，抗病虫害能力差，综合生态防护能力不足等问题。

4. 生态基础设施建设相对滞后，需要进一步加强

虽然汉中市"十二五"以来生态基础设施建设取得了长足的进步，但和省内部分城市，如宝鸡、咸阳相比仍然滞后，缺少前瞻意识。如汉中国家级经济开发区目前污水处理设施建设就相对滞后，南北两个经济开发区均未建设园区污水处理厂。经济开发区北区企业废水自行处理后排入配套的市政管网；经济开发区南区内未覆盖市政管网，没有实施雨污分流，企业废水处理后排入濂水河。由于园区废水处理设施和污水管网的缺乏，环境管理难度大，对自然和水体造成污染隐患；同时，新建企业的污染治理投资成本增加，在一定程度上必将制约工业园区生态环境的发展。

湿地保护对生态环境的改善有着不可替代的作用。汉中市湿地资源丰富，然而目前汉中市仅有湿地自然保护区1个，湿地公园2个，湿地资源保护基础薄弱，尚未建立起湿地保护网络体系，湿地保护与恢复建设空间巨大，应该引起有关方面的高度注意。此外，城市绿地分布不均衡，绿化结构不完善，也是需要改善的。除了滨江绿地面积较多，旧城区内部绿地面积太小，影响市民使用的便捷性。同时绿地之间缺乏有机联系，影响绿地系统的整体性。此外，农村污水和垃圾处理等环境基础设施建设滞后于经济发展，对区域生态环境保护与整治没有形成有效的机制，污染防治形势不容乐观。这些都是在今后生态基础设施建设中应该加强的。

5. 生态文化建设、生态文明宣传教育以及文化旅游产业有待加强

作为生态文明最高层次的生态文化建设，目前还处于低层次，生态文化建设应秉持的理念与意识还较为欠缺，全民参与度不够，生态文明理念还未成为广大干部群众的自觉意识和行动。部分领导干部尚未真正树立正确的政绩观，部分企业经营者缺乏社会责任意识和长远发展的战略眼光，少数地区还存在牺牲环境利益换取经济增长的现象。部分企业环保责任意识不强，超标排放、非法排污和恶意偷排等现象依然存在。传统的社会生活方式和消费观念尚未根本转变，节水、节能、绿色消费、绿色出行等意识还没有真正成为人们的自觉行为。尊重自然、顺应自然和保护自然的意识还没有真正形成，提高全社会生态文明意识任重道远。

西汉高速公路的开通使西安与汉中的通行距离缩短至四小时左右，有意领略汉中文化的旅游者可以方便的来到汉中，在感受两汉三国文化的同时，还可以领略"西北小江南"独特秀丽的自然风光。但是，许多反映汉中历史

文化的景点互相间是独立的,并没有以汉中文化为主线策划成固定的文化游项目推出,带有两汉三国烙印的文化平台没有整合起来,缺少统一包装策划,难以形成强有力的文化推广品牌。中国的历史文化没有得到深入挖掘,文化游者也并没有深刻了解到汉中的两汉三国历史文化、大秦岭生态文化、民俗文化等,文化推广力度仍显不足。如何把汉中的两汉三国文化与汉中的秀丽风光整合好,做到水乳交融,也是需要进一步研究的问题。

(二) 面临的挑战

汉中生态文明建设不仅面临上述困难和问题,面向未来,还需要应对以下挑战:

1. 资源约束加剧,人地矛盾突出,清洁能源比例较低

随着国民经济建设的快速发展和农业结构的调整,汉中市耕地面积持续减少,人口总量不断增加。2013年耕地面积为356 325.1公顷,人口为386.24万人,人均耕地1.38亩,低于全国人均水平1.56亩,更远不及世界平均水平3.38亩。平川地区人均耕地面积更少,因此在今后的发展中,人地矛盾将更加突出,并且耕地后备资源匮乏,平衡难度加大。汉中大部分耕地分布在山间、河畔和河谷,其中15度~25度的坡耕地占总面积的21.81%,25度以上的陡坡耕地占耕地总面积的14.84%。作为国家南水北调中线工程的重要水源涵养区和水质控制区,按照国家要求,陡坡耕地要逐年退耕还林,加之自然灾害对耕地的损毁十分严重,可开发的后备资源少,耕地占补平衡难度比较大。

就汉中能源使用情况看,目前还以煤炭为主,清洁能源比例较低。

据2013年监测结果分析,市、县城区环境空气呈现煤烟型污染特征,影响空气质量的首要污染物均为颗粒物,这与汉中市能源结构仍以煤炭为主有直接关系。虽然清洁能源比例近年来有所增加,但工业生产及少部分居民生活民仍未改变以煤炭为主的能源结构,污染物排放对可吸入颗粒物和二氧化硫的贡献率较大,空气污染明显加重。同时,城市化进程不断加快,建筑施工扬尘成为城市环境空气颗粒物污染的重要来源。随着汉中市社会经济的发展,能源资源消耗持续增加,若不能及时调整能源结构,大气环境问题将日益突出,大气污染防治压力将逐渐增大。

2. 经济结构调整和经济发展方式转变的压力加大

钢铁、化工、建材等高耗能企业,仍然是汉中经济增长的重要支柱,2013年汉中市规模以上工业中,轻工业完成产值214.15亿元,增长27.5%,重工业完成产值641.95亿元,增长25.0%。轻、重工业比例25∶75,汉中市工业

仍然处于重化工业阶段，偏重格局没有改变。据统计，汉中目前工业所消耗的能源占全市能源消耗的55%以上，其中重工业能耗占工业能耗的95%左右，这种重工业为主的工业结构对资源环境构成的压力巨大。

进一步提高重点清洁生产企业通过验收的比例也是严峻的挑战。2013年陕西省环保厅和汉中市环保局公布汉中市清洁生产审核重点企业20家，其中省环保厅公布6家，汉中市环保局公布14家。已经完成清洁生产审核通过验收的企业2家，比例为10%，与生态文明建设示范区（生态市）指标（100%）要求还有很大差距。

3. 作为"南水北调"水源地，生态环境治理尤其是水土流失治理压力进一步加大

汉中市地处汉水上游，也是汉江源头，境内干流长270千米，流域面积1.96万平方千米，占全市总面积的72.3%，占丹江口水库流域面积的21%，位列安康、商洛、南阳和十堰之首，是国家南水北调中线工程重要水源涵养区。长期以来，由于自然、人为和其他因素的影响，水土流失虽经多年的持续治理，形势依然严峻。市域年内降水严重不均，60%的降雨集中在7到10月份，并且暴雨比较频繁，非常容易形成洪水。流域内地形破碎、陡峻，土壤结构抗蚀能力弱，在洪水的作用下容易造成水土流失，甚至造成严重的自然灾害。据最新卫星图片资料显示，汉中市尚有水土流失面积5902平方千米，涉及11个县区，年土壤侵蚀总量高达3900万吨。严重的水土流失，使洪灾、崩塌、滑坡、泥石流等自然灾害频繁发生，大量的泥沙随洪水进入河道，冲向下游，引发耕地、生态安全和调水危机。因此，面对青山绿水掩盖下的水土流失问题，必须进一步加大治理的力度。同时，也要进一步加大水体污染和空气污染的治理力度，确保各项指标能够达到国家环境保护特别是新环保法的相关要求。

三、汉中市生态文明建设措施的建议

通过对汉中市生态文明建设现状的调查和对当前态势的分析，我们认为，汉中市生态文明建设"机遇与挑战并存，困难与希望同在"，但机遇大于挑战，办法多于困难。根据调研情况，我们对于"十三五"期间，汉中生态文明建设如何加快推进提出如下建议：

（一）总体建设思路

全面贯彻落实党和国家关于生态文明建设的精神、切实有效地执行省委省政府的有关意见及部署，立足汉中本地优势、用足国家政策、激发区域创

新,以建设经济强市、文化名市、生态宜居城市为抓手,用生态文明建设引领区域经济、社会、文化的全面发展,把汉中建设成特色鲜明的国家级生态文明示范市。其核心为:

1. 全面实施"生态立市,循环发展"战略

汉中市生态文明建设应遵守《中共中央国务院关于加快推进生态文明建设的意见》的基本原则,按照"五位一体"总体布局,严守发展和生态两条底线,坚持把节约优先、保护优先、自然恢复为主作为基本方针,把绿色发展、循环发展、低碳发展作为基本途径,把深化改革和创新驱动作为基本动力,把培育生态文化作为重要支撑,把重点突破和整体推进作为工作方式,深入贯彻节约资源和保护环境基本国策,全面实施"生态立市,循环发展"的战略。

在做好水源地保护的基础上,大力发展绿色经济、循环经济、低碳经济,加快形成节约能源资源和保护生态环境的空间格局、产业结构、生活方式和消费模式,着力创新和完善体制机制,加快经济转型升级,促进经济社会发展与人口资源环境相协调,大力推进城乡区域统筹发展,不断繁荣生态文化,增强全民生态文明意识。

2. 生态文明建设应采取"优势+机会"的发展型战略

汉中市生态文明建设的优势、机遇相对于劣势、挑战,具有显著的基础性、持续性、重要性和现实优先性,劣势和挑战均是短期、易变及可调控因素。随着国家生态文明建设的不断深入、西部大开发战略以各类国家级战略的持续推进、汉中市产业结构的持续优化、城乡一体化的快速推进以及经济实力的进一步加强,其劣势可以不断得到改善或消除。因此,汉中生态文明建设应当立足内部优势、抓住外部机遇,采取"优势+机会"的发展型战略,全面带动汉中区域经济、文化和社会的可持续发展。

3. 充分发挥自然环境、资源条件、经济区位、文化传统等方面的优势

汉中应利用国家的秦巴山区扶贫开发、循环经济示范区建设、主体功能区规划实施、南水北调中线工程水源地保护、一带一路向西部推进等重大机遇,加大推进汉中区域在产业结构升级、公共服务均等化、生态环境管理体制机制创新等方面的改革,大力发展生态文化和建设宜居城市,大胆地在川陕渝等省际毗邻地区和全国范围,率先提出建设全国生态文明示范城市的目标,建设鲜明特色的汉中生态文明体系。

(二)建设目标

总体目标:到2020年,形成符合汉中市区域主体功能定位和区域比较优

势的空间格局、产业结构、生产方式、生活方式，生态文明体系具备鲜明的资源节约、环境友好、生态宜居等区域特色，成功创建国家级生态文明示范市。

1. 生态格局更加优化

依据《全国主体功能区规划》和《陕西省主体功能区规划》，基本形成科学合理的汉中市生态主体功能区域格局。各县区主体功能定位明确、推进有效；城乡建设空间体系平衡适宜，生产、生活和生态空间比例协调；绿色城镇化和美丽乡村建设规划更加完善、城乡公共基础设施建设取得实效。

具体指标为：全市城镇化率达到56%，城镇人均公共绿地面积达到16 m^2/人，森林覆盖率达到70%，重要水源涵养区面积占国土面积的比例达到13%，生态用地、绿地、水域、湿地等生态空间增加15%左右，且空间分布均衡。

2. 生态产业体系基本形成

着力推进汉中循环经济聚集带建设，以循环产业园区为载体，基本完成农业、工业和服务业的生态化改造；经济发展质量明显提升，资源能源节约利用水平显著提高，资源利用效率显著提升，使高附加值、高科技含量的生态产业成为汉中产业的主体。

具体指标为：人均地区生产总值达到60 000元，农民年人均纯收入达到17 000元；轻重工业结构显著优化，第三产业占GDP比重达到47%，战略性新兴产业增加值占GDP比重达到60%，生态产业产值达到400亿元；农产品中无公害、绿色、有机农产品所占比例达到60%；单位GDP能耗达到0.79吨标煤/万元。

3. 生态环境和人居环境持续改善

积极创建国家环境保护模范城市，环境质量进一步提高，环境安全保障更加坚实；超额完成省上的节能降耗、碳排放总量目标，全面防控灰霾、改善大气质量；推进水污染治理监管、农业面源污染治理、生活垃圾分类处理、城市噪声污染治理；全面推进农村环境综合整治。实现全市环境质量全面稳定达标和"绿水、青山、蓝天、宁静"的美好家园建设。

具体指标：空气质量指数（AQI）达到优良天数占比为97%；水功能区水质达标率为100%，汉江出境断面水质稳定达到Ⅱ类标准；城市污水集中处理率达到100%，城镇生活垃圾无害化处理率100%，汉中市区平均绿化率达到42%、人均绿地公园面积达到13.44平方米；环境保护投资占GDP的比重达到3.5%。

4. 生态文化体系基本建立

市民生态知识得到普及，生态意识全面提高；使本地居民在生产生活和

消费行为方面生态价值观成为主流;挖掘和塑造具有汉中特色的生态文化体系,形成以汉中传统特色文化与现代生态文明相互融合的生态文化体系。

具体指标:全市国家 4A 旅游景区(点)达到 7 个,其中 5A 旅游景区(点)达到 3 个。全市居民参加生态文明培训的比例达到 90%,中小学环境教育普及率 100%,公众对环境的满意率 95%。

5. 生态文明体制机制更加完善

推动区域改革开放和创新发展,体现生态文明建设要求的政绩考核、自然资源资产产权和用途管制、资源环境生态信息公开等制度全面落实,能源、水、土地集约利用制度更加完善,生态补偿机制更加健全,市场化交易机制基本形成。

(三)实施路径

1. 强化主体功能定位,优化国土空间开发格局

第一,要确立绿色发展的理念。一是要积极实施主体功能区战略,推进各县区落实主体功能定位,推动经济社会发展、城乡、土地利用、生态环境保护等规划"多规合一",区域规划编制、重大项目布局必须符合主体功能定位。二是要大力推进绿色城镇化,认真落实《国家新型城镇化规划(2014—2020年)》,根据资源环境承载能力,构建科学合理的城镇化布局,促进我市中小城市和小城镇协调发展。三是要加快美丽乡村建设。完善县域村庄规划,强化规划的科学性和约束力。加强农村精神文明建设,以环境整治和民风建设为重点,扎实推进文明村镇创建。

第二,依据汉中自然属性和主功能的自然地带分异性,兼顾秦岭和巴山地区的差异,将汉中土地划分为水源涵养和生物多样性保护区、水土流失控制区、河谷平川生态经济区、城镇生态经济区 4 种生态区类型。将城镇发展格局建立在保护生态环境基础之上,建构由山川、河流水系、沿河绿带及生态用地复合系统构成的生态廊道。通过"汉江、嘉陵江水系"生态廊道,将秦巴山区、城市公园、苗圃、农田、自然保护地等纳入绿色网络。

第三,构建"中心城市—副中心城市—县城—中心镇—一般镇—美丽新村"六级城乡聚落结构。形成 1 个中心城市,2 个副中心城市,5 个小城市,若干小镇与美丽新村点缀的城乡格局。构建"一核、两翼、多辐射"的城镇空间发展构架。一核:即以沿江串珠式城镇带为主体的汉中盆地发展核心区;两翼:以宁强、西乡为市域东西两翼城镇发展极;多辐射:沿主要交通干道和河流水系形成多条辐射带动轴,以区域增长集核为核心,带动轴线上的城

镇和农村地区共同发展。

第四，中心城区、副中心城市和县城应形成职能多级互补的城乡体系。主城区和南郑区应以汉文化为主要特色的国家级历史文化名城、陕甘川渝省际毗邻地区枢纽城市、宜居休闲城市和优秀旅游目标地和旅游服务中心为主；副中心城市城固县应以航空产业研发生产及特色历史文化名城为主，副中心城市勉县应以中国秦巴地区特色鲜明休闲旅游基地、南水北调中线工程重要的水源涵养基地为主。略阳县城、宁强应建成区域商贸中心、区域生态产品生产基地及乡村休闲旅游度假基地。留坝、西乡、洋县、镇巴、佛坪应大力发展生态旅游、有机农业、休闲度假的山水园林城市和特色产业示范区功能。

2. 严守生态红线，强化自然生态系统和环境保护力度

一是制定和完善汉中生态环境保护、修复工程相关的各类法规和考核指标体系，使之规范化、标准化并上升为法规，强化执行和监督。二是做好自然生态系统保护和修复工作，加强森林保护和开发、水生生物保护、水土保持、小流域综合治理、农田生态保护等工作。实施生物多样性保护重大工程，建立监测评估与预警体系。加强自然保护区建设与管理，切实保护珍稀濒危野生动植物、古树名木及自然生态。加快灾害调查评价、监测预警、防治和应急等防灾减灾体系建设。三是要全面推进污染防治，以改善环境质量为目标、以防控环境风险为基线的环境管理体系，健全跨区域污染防治协调机制，加快解决人民群众反映强烈的大气、水、土壤污染等突出环境问题。

在森林生态系统方面，在不断提高森林覆盖率和优化空间结构的同时，推进森林城市环境体系建设，继续实施天然林保护工程和林地改造，建设省级自然保护区、国家级生态公益林，加强湿地保护和恢复。在空气环境质量方面，强化工业企业循环经济改造和高效除尘、脱硫、脱硝设施建设，推进"气化汉中"、秸秆综合利用工程，加强机动车尾气治理；在水环境治理方面，加快城镇和农村生活污水、工业园区、旅游景点和"农家乐"的污水处理设施建设和市政污水收集管网建设，加强污水处理监管；重点监控工业企业主要污染物排放强度，强化环境标准的强制约束。大力防治道路交通噪声等噪声环境，不断提高城市人均公共绿地面积。

3. 用技术创新推动结构调整，提高经济发展的质量和效益

一是要推动科技创新，完善技术创新体系，提高综合集成创新能力。完善科技创新成果转化机制，形成一批成果转化平台、中介服务机构，加快成熟适用技术的示范和推广。加强生态文明基础研究、试验研发、工程应用和市场服务等科技人才队伍建设。二是要调整优化产业结构，大力发展生态产

业，以产业结构调整为主线，以技术创新和制度创新为动力，推进产业整合，做大做强装备制造业、现代材料、绿色食品业、旅游文化、高科技五大支柱产业，培育生物、新能源、节能环保、新一代信息技术、新能源汽车五大战略性兴产业。三是要大力发展循环经济和绿色产业，按照省政府批准的《汉中循环经济产业集聚区发展规划》，突出"循环"和"集聚"两大主题，明确主导产业，使园区成为推动产业聚集、产品集成、产业升级的基地。四是要完善再生资源回收体系，实行垃圾分类回收，开发利用"城市矿产"，大力发展静脉产业。

在技术创新方面，应加快实施战略性新兴产业培育、技术改造、清洁生产推广以及结构性减排等节能降耗项目。在产业结构调整方面，农业要以粮油和猪、茶、果、菜产业发展为重点，加快发展有机农业、生态农业，以及特色经济林、林下经济、森林旅游等林产业，扩张规模、集约经营，走农业产业化集群发展和特色发展之路，重点建设优质粮油、无公害蔬菜产业基地、茶产业基地等生态产业建设项目。服务业要积极发展现代服务业、大力发展现代物流、发展壮大旅游业，实施物流园区建设、历史文化街区改造开发、一江两岸滨江生态公园、汉山农家乐系列开发等现代服务业工程。到2020年，高科技产业增加值占规模以上工业增加值比重大于60%，第三产业比重达到47%以上，单位GDP能耗、水耗和强制性清洁生产应满足生态文明城市标准。

4. 加强公民生态道德建设，大力发展和弘扬生态文化

一是着力提升公众绿色生态意识。广泛开展生态价值观和公民道德教育，建立生态文明道德规范，积极开展多种形式的生态道德实践活动。通过开展一系列生态文明建设活动，增强全社会尊重自然、顺应自然、保护自然的生态文明理念和保护环境的责任意识。深入开展企业环境法制和社会责任教育，不断增强企业保护环境的责任感和自觉性。深入开展绿色学校、绿色社区和环境友好型企业创建活动，进一步提升公众节能减排和生态保护意识。

二是倡导绿色生活理念和方式。广泛宣传低碳绿色环保生产、生活、消费理念，加大对生态文化、绿色文化的宣传普及。积极倡导节水、节电、节地、绿色出行等低碳消费方式和生活方式，使生态文化家喻户晓、深入人心，公民的生态文明素养不断提高，使节约资源、绿色消费成为良好的社会风气和消费时尚，形成全社会关心、支持、重视、参与生态建设和绿色环保的浓厚氛围。

三是提高绿色生态文化传播能力。丰富和创新绿色生态文化内容和形式，通过人民群众喜闻乐见的诗词歌赋、音乐舞蹈、戏剧影视等多种文学艺术形

式,用绿色生态文化丰富群众生活、塑造群众健康心灵。充分利用报刊、广播电视、互联网络等现代传播媒介,形成多层次的传播宣传阵势,扩大绿色生态文化的传播广度和深度,使绿色生态文化贴近百姓实际、深入群众生活。

5. 健全生态文明制度体系,加强政策引导和支持

健全的生态文明制度体系不仅是生态文明的标志,而且是生态保护的最后屏障。把完善体制机制作为推进生态文明建设的重要保障,完善生态文明建设规划体系,改革和理顺环境管理体制,创新以市场为核心的投融资、生态补偿、公众参与等政策机制,建立健全社会评价体系,进一步优化生态文明建设的制度环境。

一是要健全生态保护补偿机制,科学界定生态保护者与受益者权利义务,加快形成生态损害者赔偿、受益者付费、保护者得到合理补偿的运行机制。按照"谁开发谁保护、谁破坏谁修复、谁受益谁补偿"的原则,制定资源有偿使用和污染者付费制度,综合运用价格、财税、金融、产业和贸易等经济手段,改变资源低价和环境无价的现状,形成科学合理的资源环境的补偿机制、投入机制、产权和使用权交易等机制,建立地区间横向生态保护补偿机制,引导生态受益地区与保护地区之间、流域上游与下游之间,通过资金补助、产业转移、人才培训、共建园区等方式实施补偿,从根本上解决经济与环境、发展与保护的矛盾。

二是要推行市场化机制。加快推行合同能源管理、节能低碳产品和有机产品认证、能效标识管理等机制。建立节能量、碳排放权交易制度,深化交易试点,建立碳排放权交易市场。加快水权交易试点,培育和规范水权市场。全面推进矿业权市场建设。扩大排污权有偿使用和交易试点范围,发展排污权交易市场。积极推进环境污染第三方治理,引入社会力量投入环境污染治理。

三是要加大财政、金融政策的支持力度,实行补贴制度。环境是重要的公共产品,公共财政支出理应向环保投入倾斜。应拨出专项资金来发展循环经济、资助生态产业和绿色产业、加强区域环境污染监控和事故预警项目建设等,确保环保资金足额拨付到位。同时,对有利于保护环境和节约资源的企业和个人可以尝试进行各种形式的补贴,以带动他们投资环保产业的积极性。

四是保证国家或省上环保相关法规制度的贯彻落实和执行监督,强化地方立法的功能。形成针对汉中地方特色的生态环境与发展联席会议制度,完善环境与发展综合决策机制;实施环境影响评价制度;建立生态环境信息公开、市民听证、媒体监督、非政府组织环境公益诉讼等各种制度,使生态文明建设有章可循。

6. 强化责任意识，加强生态文明的保障措施和能力支持

一是提高认识、加强组织领导。要求全市各级党委、政府深刻认识加强生态文明建设的极端重要性，自觉担负起本辖区内生态文明建设的总体责任，把生态文明建设摆上重要议事日程，加快形成党政主要领导亲自抓，分管领导具体抓，其他领导配合抓的生态文明建设工作格局。坚持将生态文明建设纳入经济社会总体规划，加强与相关规划的协调衔接，确保生态文明建设与经济建设、政治建设、文化建设、社会建设共同部署、共同推进。

二是实行分级管理，强化责任落实，切实形成合力。进一步建立健全市、县区、乡镇、村分级管理，各级各部门职责明确、分工协作的工作网络。要加强基层基础工作，把生态文明建设作为社区、村镇建设的一项重要内容，引导和动员广大群众积极参与。要为各种社会力量参与生态文明建设搭建平台，进一步形成全社会联动、齐抓共管、群策群力的发展态势，把全社会的力量调动起来，多方协同、共同推进。要建立健全生态文明建设责任制，全市各级人大、政协要加强对生态文明建设工作的监督。各级政府每年向同级人民代表大会或其常务委员会报告生态文明建设工作情况。各级纪检监察部门要强化生态文明建设工作的监督监察和效能监察。各级党委、政府督察部门要把生态文明建设工作落实情况纳入重大事项督察范围，加强日常督察和重点督察。

三是建立绿色GDP考核体系，提升生态文明建设的能力支持。首先，建立综合决策机制。政府宏观决策过程中，应该明确环境与经济的协调发展的观念，综合考虑所作决策的经济利益和环境效应，增强决策过程中社会参与的能力。其次，建立生态文明政绩制度。建立以绿色GDP为核心的政绩制度，完善符合科学发展的综合评价体系和干部绩效考核体系。再者，构建体现生态文明要求的目标体系、考核办法、奖惩机制。加大人财物投入，强化环境保护基层基础工作，完善环境监测监管体系，健全生态环境保护责任追究制度和环境损害赔偿制度。

（冯明放　彭　洁）

陕南移民搬迁后续产业发展问题探析
——以宁强县为例

[摘　要]　陕南移民后续产业的发展问题不仅是关乎移民切身利益的大事，也是最终影响移民成功的关键因素，只有解决好移民后续产业的发展问题才能真正使移民"搬得出、稳得住、能致富"。课题组通过对宁强县的调研发现，陕南移民后续产业发展虽然取得了一定成效，但还处在低水平、低层次的被动发展阶段，面临着后续产业发展相对滞后、资金不足、移民缺乏有效的技能培训等问题。为此，提出了大力发展配套产业、加强移民技能培训、建立扶贫互助资金协会等对策，以切实促进移民后续产业的长足发展。

[关键词]　陕南；移民；后续产业；发展；宁强县

　　陕南移民搬迁是陕西省委、省政府实施的一项重大惠民工程，这一战略决策将为陕南地区汉中、安康、商洛三市64万农户、240万人口走出环境恶劣的深山区、开启富足安全的新生活揭开历史新篇章，对推进陕南城镇化建设快速发展、整体提升人民生活水平具有重大意义[1]。陕西省宁强县是此次实施移民搬迁工程的重点地区之一，它地处陕西省西南隅，北依秦岭，南枕巴山，地形多呈"V"形构造，境内东南高，西北低，中部有五丁山隆起，山陡沟深，相对落差大。多年来由于受到地理条件差、自然灾害多、交通不发达等因素的影响，使得当地农民脱贫致富的进程缓慢。如何通过移民搬迁工程的实施使广大移民"搬得出、稳得住、能致富"，是当前和今后一个时期推进宁强县移民后续产业发展的一个重要课题，也是检验其移民搬迁成败的关键。课题组以宁强县为例对陕南移民后续产业的发展问题进行调研，分析其存在的问题，并提出具体的对策建议，以期对陕南移民后续产业的可持续发展提供借鉴和参考。

一、宁强县移民后续产业的发展现状

　　自2011年7月陕南移民搬迁工程实施以来，宁强县始终坚持"生态移民"战略，以移民的就业和增收为重要目标，以健全机制为重要保障，使移民搬迁工作取得了初步成效。根据2014年5月宁强县经科委"关于全县陕南移民

搬迁工作情况的视察报告"的统计数据，2011年至2013年宁强县共建成移民集中安置点36个，完成移民搬迁5719户25 321人，分别占10年规划任务的31.64%和36.26%，集中安置率达到80%以上[2]。通过实施移民搬迁，改善了搬迁群众的居住条件和生活环境，转变了农民的生活理念，消除了部分农户因遭受滑坡、泥石流、洪水等地质灾害的威胁，加快了城镇化建设进程，为统筹城乡发展迈出了坚实的一步。

虽然宁强县移民搬迁工作已经取得了初步的成果，移民后续产业发展也取得了一定的成效，但是由于受到移民的文化程度、劳动技能和收入来源等因素的影响，导致移民后续产业的发展具有盲目性和不确定性，加上大部分移民不能很好适应新的生活环境，摆脱不掉靠土地生存的思想观念，使得移民后续产业的发展面临着重重困难。目前，宁强县移民后续产业发展正在通过加大政策引导、资金扶持、对外招商、资源整合等手段，正处在由粗放型生产方式向集约型生产方式的转变过程中，尤其在部分特色产业发展方面取得了可喜的成绩，主要体现在：一是通过项目扶持，争取国家资金、招商引资、集中现有资金，加大对县域原有主导产业的发展，特别是对铁、锰、铜、铅锌、金等矿产龙头企业的资源整合，增效节能，发展经济，为移民搬迁后续产业发展提供了广阔的发展空间。二是积极培植特色产业，为搬迁群众谋划"下山"出路。目前，宁强县已建成天台山安置点2000亩烤烟、金牛新区安置点800亩核桃、宝珠观安置点220亩食用菌等产业园和子龙新区1100平方米农贸市场，力争实现"新区有产业、家家有项目、户户有就业、人人有技能"的目标[3]。三是加大对农村经济合作组织的建设，以农村经济合作社、"公司+农户"等形式，大力发展搬迁移民的后续产业，提高就业率。但是，"生态移民后续产业的发展是一个系统工程，它需要生产的发展、环境的适应、各种社会因素的协调，宁强县的生态移民后续产业还只是从促进生产发展的单方面入手，而对其他因素如市场的需求等方面的考虑还不够完善"[4]。总之，由于受到自然条件差、招商引资难度大、劳动力技能水平低等因素的影响，宁强县移民后续产业的发展，总体来说水平较低、发展速度较慢。

二、宁强县移民后续产业发展中面临的主要问题

（一）与移民相配套的后续产业发展滞后

"生态移民后续产业发展的根本目的是为了改善老百姓的生活环境，让老百姓到更加安全、更加便利、更加健康的环境中生活"[5]。只有后续产业有效发展了，才能使广大移民积极应对困难着手灾后重建，改善生活条件和生产

条件，重新树立起生活的信心和勇气。但是，从总体上来看宁强县移民后续产业发展滞后。由于陕南的移民搬迁工程相对于其他地方起步较晚，而宁强县的移民搬迁工程就更晚，从2011年7月才开始实施，2011—2014年这三年主要是移民搬迁阶段，许多地方还顾不上移民后续产业的发展。2014年7—8月，课题组深入到宁强县进行调研，通过调研发现许多地方移民安置点的房子是建起来了，但是入住率低，大概不到50%，一般在家留守的都是老人和孩子，青壮年外出打工的人相当多。宁强县只有少数地方的移民搬迁后续产业发展初具规模，如：二郎坝镇天台山村有2000多亩的烤烟、舒家坝镇宝珠观村有220多亩的大棚袋料香菇等，除此之外其他大部分移民安置点的后续产业发展滞后，由于当地无法解决农村剩余劳动力，因此，青壮年农民只有外出打工。

（二）移民后续产业发展的资金缺乏

目前，国家对生态移民的资金保障，主要集中在解决搬迁户的住房、道路、电力、通讯等方面，而对后续产业发展的保障性资金还是很有限的。针对搬迁户的困难程度，给予每人500~3000元不等的临时生活补助。此外，在移民搬迁最初的两年里，给予每户每年1000元的取暖费和水费补助，对每一移民搬迁户给予2万~5万元的建（购）房补助。而对于移民搬迁户今后的生活经济来源、就业门路、从业技能等方面尚没有新的优惠政策。因此，在这种情况下，要保证移民"搬得出、稳得住、能致富"的目标，任重而道远。加上，由于不少移民搬迁前家底就薄，搬迁后要购房、要装修等诸多事情，使得他们在经济上捉襟见肘，贷款或借款的也不少。因此，大部分移民搬迁后，想通过后续产业发展来发家致富的愿望难以实现。"要满足生态移民的后续产业持续发展的需要还离不开政府更多的资金投入，只有帮助农户扩大产业规模形成产业的规模效应，才能不断地提高产业效率增加农民收入"[6]。因此，只有以资金支持和政策扶持做后盾，移民后续产业的发展才能充满活力；否则，移民工程可能会前功尽弃。

（三）移民缺乏有效的专业技能培训

由于宁强县地处秦巴山区腹地，山区农户居住分散，交通不便，信息闭塞，农民文化水平低，受这些因素的影响山区农民基本以种地为主，一旦搬迁到新的移民聚住地，远离了土地，农民往往不知所措，不知道该干什么、会干什么，从而对未来的生活失去信心，又谈何"搬得出、稳得住、能致富"？移民缺乏有效的专业技能培训，这也是阻碍移民后续产业发展的主要因素之

一。此外，目前一些专业培训机构的软件及硬件设施欠佳，特别是师资力量缺乏。移民的专业技能培训涉及建筑业、机械制造业、手工业、服务业、农产品加工业等多个工种和行业，而负责专业技能培训的宁强县劳动服务局、县职教中心和党校等单位缺少相应的硬件设施与专业教师，即便外聘教师，也由于聘期短暂，使得学员的专业技能培训收效甚微。加之，部分技术培训机构在培训过程中重理论、轻实践，且没有考虑到移民的文化水平和接受能力，导致政府投入得多而移民参加培训的积极性低、收效低。

（四）"无土"和"上楼"的安置方式不利于移民后续产业的发展

"无土"就是移民到新的安置点后没有分到基本的口粮田；"上楼"就是移民安置点的房子大部分是楼房。近几年宁强县移民搬迁工作在县委、县政府的领导下，坚持进城、进镇、进中心村"三个方向"，坚持集中安置、大点安置、上楼安置的原则，真抓实干，取得了显著成效。但是，其"无土"和"上楼"的安置方式却不利于移民后续产业的发展。本来像宁强县这种社会经济发展水平不高、商品经济欠发达、人口密度不大、以农业生产为主的地区，适合的移民安置方式应该是"大农业模式"[7]，也就是保证每个移民拥有一份基本口粮田的"有土"安置，如黄河小浪底工程的移民。但是，宁强县的移民无论是集中安置还是分散安置，移民在新的安置点都没有分到土地。对于那些有一技之长的移民，他们可以在新的安置点找到就业门路，或者自己创业。而对于那些除了务农以外别无所长的移民来说，虽然搬迁后房子新了、道路宽了、生活条件改善了，但是却陷入种粮无土地、创业无资金、致富无门路的困境。在实地调研中，不少受访者抱怨由于没有土地，他们吃啥都要买，生活成本比以前大大增加了，他们真不知道该干什么、能干什么？加上，大部分移民安置点的房子是楼房，没有一技之长的移民搬进楼房后，一方面觉得生活上不如以前住平房方便，另一方面也觉得不能像以前可以养猪养鸡补贴家用。在这种情况下，在移民中出现抱怨情绪是正常的，甚至出现回迁现象也属无奈之举。

三、促进宁强县移民后续产业发展的对策建议

（一）大力培育与移民相配套的后续产业

移民工作的要求是产业要先行，只有相关配套的后续产业发展起来了，才能真正稳得住移民区群众，也才能使他们走上致富之路。针对目前宁强县移民后续产业发展相对滞后的状况，应当大力培育与移民相配套的后续产业，

促进移民创业就业。要充分利用当地资源优势、因地制宜、突出特色，按照"一点一策、一户一法"要求，对移民搬迁集中安置点逐点规划配套产业[8]。第一，依托移民安置地区现有的特色产业来带动移民后续产业的发展。比如：安置点在玉带河流域的移民可以依托在此已经形成的茶叶产业带发展茶叶产业；安置点在青木川片区的移民可以发展"农家乐"、羌族特色小吃和羌绣等手工艺品；安置点在嘉陵江沿岸的移民可以依托在汉源、铁锁关、大安、阳平关、燕子砭等镇已经建成的专业精细蔬菜生产基地，发展精细蔬菜产业；安置点在高山片区的移民可以依托巴山、二郎坝等已经形成的高山蔬菜生产区，发展甘蓝、辣椒、萝卜等高山有机蔬菜。第二，可以依托宁强县已经组建的38个生猪养殖专业合作社，来发展生猪养殖业。第三，加大招商引资力度，积极引进劳动密集型企业。如：舒家坝镇宝珠观村引进的袋料香菇加工企业；子龙新区建成的1100平方米农贸市场；天台山村建成的烤烟基地；江林建成的核桃基地及加工企业等。通过大力发展与移民相配套的后续产业来就近解决移民的务工增收问题，改变他们对土地的过度依赖，真正实现"稳得住、能致富"的目标。第四，与爱心企业达成用工协议，以解决移民就业问题。目前，已经有一批爱心企业参与进来了，如：陕西秦巴生态食品开发有限责任公司安置60人；西安好蔬商贸有限公司截至2012年年底安置陕南移民300人；西安中环再生资源开发有限公司安置120人；西安雄峰印务有限公司安置120人；西安钟楼企业营销管理有限公司安置20人；汉中珑城建材有限责任公司安置30人。爱心企业的数字还在继续增加中[9]。

（二）加强移民的技能培训，促进移民就业和创业

针对目前宁强县在移民专业技能培训方面存在的种种问题，应该采取切实可行的措施加强移民的专业技能培训，以促进移民就业和创业。第一，坚持按需培训的原则，增强培训的针对性。根据社会需求，对农产品加工业、农村服务业、羌族特色手工业、羌族特色餐饮业、建筑业、机械制造业、现代服务业等吸纳就业能力强、市场容量大的热门工种和行业对移民开展技能培训，使参加培训的移民能有一技之长。第二，坚持理论知识与实践操作相结合的原则，提高培训的质量和效果。根据移民文化程度低、接受能力差的实际情况，因材施教，可以采取"边学习、边操作、边实践、边总结"的方式进行培训。结合培训，对有技能鉴定需求且符合条件的培训人员统一实施技能鉴定考核，合格者颁发国家认证的职业资格证书，进一步增强参训移民的就业竞争力。第三，积极开展移民的创业培训，"鼓励部分有一技之长、有

一定经济基础的移民自谋出路、自主创业"[10]。在创业培训方面,宁强县已经积累了一些成功的经验。

如:2014年宁强县劳动服务局组织人员深入到各镇开展调研,了解务工人员的基本情况和所需所盼,有针对性地在青木川镇、阳平关镇、汉源镇、大安镇、广坪镇等10个镇开展了10期19个创业培训班,对475名有创业意愿的城乡劳动者进行了免费创业培训,培训合格率达94.95%[11]。这些成功的经验对于移民的创业培训无疑具有重要的借鉴意义,通过培训使移民掌握创业常识,选准创业项目,提高创业成功率。总之,只有在针对移民这一群体的特殊性,并充分考虑社会需求的基础上,多开展一些行之有效的专业技能培训"授之以渔",才能更加有效地促进移民后续产业的发展。

(三)多管齐下,破解移民后续产业发展"资金难"问题

宁强县的移民大多来自地质灾害多发的山区,他们本来生活就很贫困。移民搬迁后,虽然他们的生活条件和生活环境大有改善,但是经过重建家园后,大部分移民家庭经济上已经是捉襟见肘了。在这种情况下,要发展后续产业,资金缺乏是首要问题。为了破解移民后续产业发展"资金难"问题,必须采取多种措施来解决这一难题。第一,加大财政投入,通过设立创业专项资金来扶持移民的致富项目。如:宁强县舒家坝镇宝珠观村,2014年争取到了陕西省农业综合开发项目130万元,建成了356亩标准化食用菌示范园,带动了71户菇农脱贫致富[12]。第二,结合实际情况制定相关优惠政策,鼓励农村合作金融等机构积极支持移民后续产业的发展。比如:移民在申请创业贷款时,在授信额度内享受同期同档次利率下浮10%以上的优惠。第三,通过贴息补助商业银行的办法,切实解决移民后续产业发展中"贷款贵"的问题。第四,建立"扶贫互助资金协会"来帮助移民解决后续产业发展"资金难"问题,在这方面可以向舒家坝镇宝珠观村学习。宝珠观村早在2009年7月就成立了"扶贫互助资金协会",现有会员301户,占全村总户数的96.8%。协会共有资金32.3万元,其中上级财政拨付的扶贫资金20万元,会员缴纳的互助资金12.3万元,通过这种筹资方式有效地解决会员发展香菇、魔芋、茶叶、丹参、柴胡等产业缺乏资金的难题[13]。

(四)把"大农业模式"和"小城镇模式"结合起来,更好地促进移民后续产业的发展

"大农业模式",就是对于那些社会经济发展水平不高、商品经济欠发达、人口密度不大、以农业生产为主的地区,坚持以土为本,以农为主,保证每

个移民拥有一份基本口粮田。"小城镇模式"，就是通过开发、建设小城镇，实行集中安置移民，并大力发展二、三产业辅以优质、高产、高效农业的生产方式来解决移民的就业问题[7]。至于选择哪种安置方式，应该在调查研究的基础上，根据移民的意愿来选择。

第一，对于那些以农业为主的移民来说，"大农业模式"应该是适合的安置方式。这样的安置方式可以有效地缩短移民对于新环境的适应时间，并且有效地解决移民的生存问题。而只有在解决了移民的基本生存问题之后，才能更好地引导和帮助他们发展其他后续产业。当然，与"大农业模式"相适应，移民安置点的房子应该是平房，而不是楼房，这样才更有利于他们的农业生产、更利于他们从事家庭养殖业。

第二，对于那些有一技之长、能够在小城镇站稳脚跟的移民来说，"小城镇模式"应该是适合的安置方式。这部分移民可以在小城镇里凭借自己的一技之长，或者就近就业或者自己创业。此外，对于这部分移民，还可以通过制定相应的优惠政策来让他们"稳得住""能致富"。首先，让每个移民享受一份国家扶持补助。其次，由迁入地负责衔接落实移民的独生子女费、农村养老保险、新型合作医疗、最低生活保障等。最后，鼓励移民依法、自愿、有偿转让以前承包的土地、林地等，这样一方面可以增加他们的收入，另一方面，也可以推动土地适度规模经营，防止土地抛荒。

【参考文献】

[1] 张国栋，李玲，谭静池. 陕南移民搬迁稳步推进百姓致富仍需配套措施——陕南移民搬迁调查报告[EB/OL].（2013-08-22）[2015-03-30]. http://www.sei.gov.cn/ShowArticle2008.asp?ArticleID=232893.

[2] 宁强县经科委. 关于全县陕南移民搬迁工作情况的视察报告[EB/OL].（2014-05-23）[2015-03-30]. http://www.zxnq.gov.cn/ViewInfo.asp?id=495.

[3] 宁强县政府办. 宁强县"三抓"扎实推进陕南移民搬迁工程[EB/OL].（2015-01-26）[2015-03-30]. http://www.nq.gov.cn/xwzx/jrnq/11358.htm.

[4] 马生林. 三江源区生态移民后续产业发展研究[J]. 鄱阳湖学刊，2011（3）.

[5] 刘小鹏，王亚娟. 我国生态移民与环境关系研究进展[J]. 宁夏大学学报，2013（6）.

[6] 瑜措珍嘎. 浅议三江源区生态移民生存发展问题[J]. 青海师范大学民族师范学院学报，2012（5）.

[7] 石永红，朱旭东. 中国向世界推荐四种成功的水库移民安置方式[EB/OL].

（2014-05-18）[2015-03-30].http：//www.js.xinhuanet.com/htm4/2051809.htm.

[8] 汉中市移民办发展扶持科.宁强县大力实施移民搬迁助推城镇化快速推进[EB/OL].（2014-11-04）[2015-03-30].http：//snymbq.net/xwdt/gxdt/351.htm.

[9] 代泽均,戴吉坤.宁强开创"政企民三赢"陕南移民搬迁新模式[EB/OL].（2012-09-04）[2015-03-30].http：//www.sxdaily.com.cn/data/sqxsy/20120904_85628544_0.htm.

[10] 赵宏利,陈修文,等.生态移民后续产业发展模式研究[J].生态经济,2009（7）.

[11] 刘炳林,张玮.宁强八万余农民工去年挣回十八亿元[N].汉中日报,2015-01-07.

[12] 记者.宁强舒家坝宝珠观村建成180万袋标准化香菇示范园[EB/OL].（2014-11-24）[2015-03-30].http：//sx.sina.com.cn/hanzhong/economy/.

[13] 刘炳林,刘兴鹏.扶贫互助资金助宁强县宝珠观村群众致富[N].汉中日报,2012-10-03.

（杨 欣）

陕南优势特色产业发展的 SWOT 分析
——以汉中市为例

[摘　要]　主导产业、优势产业的发展水平决定着区域经济的发展程度，竞争实力、成长潜力关系着经济社会的稳定和发展。本文以汉中市为例，针对其优势特色产业发展做深入的 SWOT 分析，在此基础上，提出促进陕南优势主导产业发展的对策措施：以三大循环经济园区为重点，促进优势产业聚集发展，按照绿色发展的要求，支持各地壮大"一县一产业"；进一步做大做强陕南农业特色产业；创新工作方式方法，不断优化陕南发展环境等。

[关键词]　优势特色产业；陕南；SWOT

　　一个国家、地区经济社会发展的程度受制于当地主导产业的发展。主导产业、优势产业的发展水平决定着区域经济的发展程度，竞争实力、成长潜力关系着经济社会的稳定和发展。因此，陕南区域经济发展的关键，就在于做大产业规模、做优产业结构、做强产业实力。汉中市在陕南地区有一定的代表性，下面以汉中市为例针对优势特色产业发展做深入的 SWOT 分析。

一、汉中市产业发展的现状和特点

　　2012 年，全市实现地区生产总值 772.26 亿元，在 1978 年的基础上增加了 91 倍，年均增长 14%。人均 GDP 由 1978 年的 257 元增加到 2012 年的 22 602 元，增长了 88 倍，年均增长 14%。近年来，全市上下积极实施"工业强市"发展战略，做大做强优势产业，改造提升传统产业，培育壮大新兴产业，工业经济在结构调整中不断壮大，逐步形成轻重比例协调发展、产品门类比较齐全的大工业体系和以冶金建材、装备制造、医药化工、烟酒食品为支柱的现代工业格局。2012 年，全市实现工业增加值 263.4 亿元，占 GDP 的 34.1%，规模以上工业实现税金 38.6 亿元，占当年财政总收入的 50.8%。县域主导产业形成以有色冶金、建材建筑、烟酒食品、医药化工为重点的县域工业，以"猪、药、茶、菜、渔"和优质粮油、水果为重点的农业主导产业，以生态旅游为龙头的服务业，成为县域经济的重要增长点。

二、汉中优势主导产业发展优劣势分析

（一）优势分析

1. 资源优势

汉中生物资源丰富，有高等植物 4000 余种，药用植物 1300 多种，林地 2500 万亩，全市森林覆盖率 58.18%，生态环境良好；境内有野生动物 280 多种，其中列入国家和省级保护的珍稀动物 42 种，大熊猫、朱鹮、羚牛、金丝猴被列入国家一类保护动物。水资源丰盈，境内有汉江、嘉陵江两大水系，总量占全省三分之一，人均水资源远远高于全国平均水平，主要河流水质达到二类标准，是国家南水北调水源涵养地。矿产资源富集，勉略宁三县"金三角"地带，是全国五大黄金生产基地之一，铁、锰、钒、镍、钛、石膏、石棉等 18 种矿储量居全国全省前列。旅游资源独特，汉中是国家历史文化名城和国家生态示范建设试点，两汉三国文化底蕴深厚，自然风光独特秀丽，先后获得"中国最佳历史文化魅力城市""中国优秀旅游城市""中国最美油菜花海"等称号。

2. 市场比较优势

产品市场竞争力方面，以制造业为主的军工企业设备水平和科技实力在全国同行业中处于领先地位，其产品如飞行参数记录仪、数控系列机床、"运八"飞机、光学仪器、精密刀具等在全国占据重要地位；全市拥有无公害、绿色和有机食品认证产品 100 多个，洋县获得国家认监委授予的首批"全国有机产品认证示范创建县"称号，有机农业逐渐步入规模化、集约化、标准化、效益化轨道；以黎坪、华阳精品景区为代表的生态旅游带动效应明显。科技创新和能力创新方面，骨干企业培养了一批高素质的企业管理团队和科技人才队伍，建立了比较完善的科技创新体系，涌现出了汉川机床、汉江机床、中航电测、汉王制药等一批快速成长型企业。产业发展环境方面，具有"北依南托"和"三圈交汇"的区位优势，即北依新亚欧大陆桥经济带、丝绸之路经济带，南托长江经济带，处在关天、成渝、汉江经济圈的交汇地带。汉中独特的区位特征有利于其接受西安、成都、重庆等大中城市的辐射带动，且具备建设区域物流中心和旅游集散地的区位条件。

3. 循环经济发展优势

2009 年，汉中被列入国家级循环经济聚集区后，可持续发展能力和水平实现新的提升。首先，循环发展项目效应彰显。围绕现有产业下功夫谋划重大项目，500 万吨钢技改、汉川机床高新技术产业基地等工业项目建成投用，

汉中茶城、柑橘生产基地等农业产业化龙头项目加快建设，黎坪、华阳等精品景区建设项目先后运行，有效地拓展和完善了产业链，有力地提升了循环产业发展的特色和优势。其次，循环发展产业增势强劲。围绕"装备制造、有色冶金、新型材料、生物医药、油气石化、有机农业、生态旅游、资源回收综合利用"等八大产业，整合提升现有产业结构，初步形成了以航空、数控机床为主体的装备制造产业基地，以钢铁、锌冶炼为主体的冶金有色产业基地，以中药材深加工为主的生物医药产业基地，以"猪、药、茶、菜"为特色的有机农业基地，以秦巴山区农产品资源为主的食品生产加工基地，以生态和两汉三国文化为主的新兴区域性旅游目的地。汉中经济开发区升格为国家级经济技术开发区，汉中航空产业园成为国家级新型工业化示范基地，勉县冶金循环经济科技工业园被列入陕西省13115科技创新重点园区。

（二）劣势分析

1. 产业规模仍然较小

2012年，汉中常住人口占全省的9.1%，生产总值仅占全省的5.3%，人均GDP水平只相当于全省平均水平的58.6%，地方财政收入只占全省的1.1%。经济总量较小的根源在于产业规模不大，2012年，汉中市农业、工业增加值分别只占全省的11.6%、3.8%，旅游总收入只占全省的4.8%。与人口规模相当的宝鸡市相比，汉中市工业增加值只是宝鸡市的34.2%，旅游总收入只是宝鸡市的46.6%。

2. 产业结构不尽合理

2012年，汉中三次产业比例为20.6∶43.8∶35.6，三次产业协同拉动经济增长格局尚未形成。第一产业占比比全省高11.1个百分点，第二产业占比比全省低12.1个百分点。现代服务业的比重较低，批发零售业、住宿餐饮业、交通运输、仓储及邮政等传统服务业增加值占全部服务业的比重达38%，而金融业的份额仅为7.4%。钢铁、建材等高耗能工业企业仍然是汉中市经济增长的支柱之一，改造提升的任务十分艰巨。

3. 核心竞争力不强

企业管理、技术、市场开发创新不够，发展策划、市场经营、科技研发实力不强，自主创新能力较弱，企业初级产品和中间产品占比较大。信息化、工业化、农业产业化、城镇化四化互动、融合发展不够，生产型服务业相对滞后，劳动密集型、资金密集型产业占比较大，高新技术产业、创意产业规模很小。全市产业园区多数立足于县区局部发展，缺少大局眼光，资源深加

工集聚规模小、先进研制能力集成难、专业化分工布局水平低、雷同发展重复建设多，造成产业集群和大集团企业难以形成、集中优质资源要素和大规模投资的大项目缺乏，整体发展水平不高、核心竞争力不强。

三、汉中优势主导产业发展面临的机遇与挑战

（一）存在的机遇

1. 西部大开发的战略地位不断强化

国家新一轮西部大开发的重点，由基础设施投资为主逐步转到基础设施与特色产业发展并重。在新一轮西部大开发中，汉中的基础设施建设将跃上新台阶，形成高速公路（西汉、十天、宝汉）、铁路（西成高铁、阳安铁路、阳安复线）、机场（汉中柳林机场）组成的立体交通运输体系，使汉中成为区域性交通枢纽节点城市，经济社会发展环境将得到显著改善。同时，秦巴山区扶贫开发得到国家高度重视，汉中被国务院确定为秦巴山片区中心城市，必将更加有力地促进汉中市加快基础设施建设、承接东部产业转移、吸引聚集更多的生产要素。

2. 国家宏观政策的实施带来新的机遇

从发展政策上看，国家继续实施积极的财政政策和稳健的货币政策，实行中小企业结构性减税、收入分配改革等一系列新举措，加之陕南移民搬迁、"三线"老工业基地建设等政策的加快实施，更加有利于争取中省的政策和项目支持。

3. 陕南循环发展的政策效应更加显现

党的十八大把生态文明建设纳入"五位一体"总布局，陕西省把"生态美"作为建设西部强省的重要目标，汉中作为南水北调重要的水源涵养地，对其中省必将进一步完善生态资源补偿和生态功能区建设的扶持政策，这样更加有利于汉中市发挥生态优势、加快循环发展。

（二）面对的挑战

1. 产业升级压力加大

陕西省主体功能区规划将汉中大部分地区划为生态功能区，明确提出汉中的发展定位是"建设重要的装备制造业基地、循环经济产业集聚区和重要的物流中心，建成生态宜居城市"。这必将进一步对汉中市按照循环发展理念、加快产业结构调整提出新的要求。在这个过程当中，存量优化提升很可能对

增长速度产生不利影响，如果增量优选再导致增速放缓，短期内将可能使产业规模的增长步伐放缓。

2. 土地环境难题形成较大约束

汉江沿岸平川地带虽然具备发展产业经济的基本条件，但面对当前综合开发利用层次不高的局面，如果总体规划水平不实现突破，将难以承载全市资源要素加速集聚和接转发达地区产业转移的需求。如何科学分配农业、工业、居住、城镇建设等各类用地，能不能集约、节约用好土地，也是汉江沿岸循环经济产业带必须破解的难题。

3. 短期内基础设施硬约束明显

长远来看汉中将形成立体交通网络，但短期内全线贯通的高速公路只有西汉高速一条，阳安铁路扩能改造完成以前铁路运力十分紧张，与周边及国内主要城市和经济核心区通达水平低，发展大产业所需的运输保障能力明显不足。水资源丰盈，但工程性开发利用和保护程度低，可持续利用和防灾水平较低，加之全市收支矛盾突出，维护稳定和保障民生的压力依然较大。

4. 产业配套和技术创新水平偏低

产业集群整体上处于市场自发状态，引导和推动力度不够。产品同质化严重，档次不高，产业集群内的分工协作水平低，配套能力不够，特别是龙头企业孤岛现象明显，产业带动能力不强。据不完全统计，陕钢汉中公司、汉中锌业、陕飞公司、汉川机床、汉江机床等企业，在市内的平均配套率不到 40%，大量的配套在省外。产业化基础较为薄弱，研究设备陈旧老化，且缺乏技术骨干，企业间信息交流少，专业化技术水平较低，循环经济的共性和关键技术不高，主要产业的创新动力不足。目前全市没有一家国家级企业技术中心，省级企业技术中心只有 14 个。

四、促进陕南优势主导产业发展的对策措施

（一）以三大循环经济园区为重点，促进优势产业聚集发展

1. 要把在重点园区集中布局，作为推进陕南工业化的基本路径

陕南有 20 个县被列入限制开发区域，有 13 个县区内的国家级自然保护区和森林公园被列入禁止开发区域，汉丹江流域是南水北调中线工程的水源地，加之陕南建设空间有限，只有工业集中布局、循环发展，才能实现资源利用最大化和污染排放最小化。三大循环经济园是集群化的载体和循环发展的平台，一定要推动工业企业和项目向其中聚集。在这个问题上务必严格把

关,绝不能搞一哄而上、遍地开花、到处上工业项目,避免走先污染、后治理的老路。

2. 要围绕优势主导产业,构建较为完整的产业链条

对重要产业进行集中布局和链条式发展,是循环经济的重要标志。从陕西省产业结构来看,除能源化工产业外,其他产业尚不能成为支柱产业的根本原因,就是主导产业还不强,配套产业难以形成。而三星项目一落地,就有一大批配套企业前来投资,充分显示了主导产业的集聚效应。所以,陕南要进一步明确三大园区的定位,围绕主导产业和龙头企业,统筹产业发展及关联项目,切实加强招商引资工作,积极构建同类行业集聚、配套企业完备、上下游产业齐全的循环链条。对此,要科学论证,避免盲目上马与循环经济无关的项目。

3. 要立足完善产业链和促进循环发展,进一步强化园区的硬件、软件建设

发展循环产业必须按照资源、产品、再生资源的循环往复流程,尽可能做到减量化、再利用、再循环。各园区要高度重视建设共享平台和资源集约高效利用的基础设施,加大废气、余热、废水循环使用等设施建设力度,扎实抓好尾矿、废渣和共生、伴生资源综合利用,支持企业广泛采用新技术、新工艺和新设备,减少能耗、物耗、水耗,实现资源高效利用和无污染、零排放。陕南地区发展工业的成本高于关中地区,集中在园区发展工业,就能对垃圾、污水集中集约处理,降低生产成本,提升企业竞争力。

(二)按照绿色发展的要求,支持各地壮大"一县一产业"

1. 深刻认识推动"一县一产业"的必要性,进一步坚定发展壮大的信心

沿海发达地区基本上都是从"一县一产业"发展起来的。陕南的资源条件、产业水平和环境状况,决定了其必须首先改善发展环境和强化产业基础,才能加快富民强县步伐,为整个产业经济的腾飞创造条件。

2. 根据主体功能区规划和资源禀赋,进一步明确各地的产业定位

"一县一产业"目的在于在一个区域内形成比较有竞争力的特色鲜明的产业,相对于"一村一品",有"举旗抓纲"的作用。各县区要充分发挥资源、文化、区位、交通、人才等优势,找准方向,明确定位,宜果则果,宜茶则茶,宜旅游则旅游,宜物流则物流。陕南的茶叶、中药材、生态旅游、饮食等产业已有一定的基础和规模,但大多数特色还不够鲜明、产品还不够精致、品牌还不够响亮,必须在做大做精做特上下功夫,加大品牌宣传力度,使汉

中仙毫、红香米、富硒茶、谢村黄酒、商洛豆腐干、秦岭中草药等产品像"苏州阳澄湖大闸蟹""重庆涪陵榨菜"一样全国知名。

3. 在做精做特产业的基础上突破行政区划限制，主动接受周边经济圈的辐射

产业发展既要靠产品，也要靠市场。发展"一县一产业"要在做好产品的同时，充分调动各种市场要素。陕南连接关天、成渝和江汉经济区，很多县都被相关经济圈所囊括或辐射，三个市交界的一些县在产业发展上也有许多共性和互补之处。因此，要进一步解放思想，在尊重经济规律的基础上主动对接，最大限度地调动和吸引相关生产要素为我所用，促进主导产业做大做强。如白河县利用距离全国重要汽车生产基地湖北十堰较近的优势，引进了几家汽车企业，规模和效益都不错。

（三）进一步做大做强陕南农业特色产业

1. 突出标准化生产，做大产业基地

创新理念，积极推进标准化生产，高标准建设产业基地。加快建立健全农产品生产操作规范和流程，推广标准化生产技术，实现优质原料基地清洁化生产。推进规模养殖场设施改造，建设标准化养殖圈舍。加强农产品质量安全监管和农业建设项目环境管理，推进节能减排，减少农业面源、点源污染，建设平安农业。有计划地建成覆盖所有镇、产业园区、主要基地、产业大户、农产品主要集散地、大中型超市的农产品质量安全监管体系，高标准创建国家级、省级农产品质量安全监管示范区域。

2. 突出提等升级，做强龙头企业

按照"扶优、扶强、扶大"的思路，重点扶持产业关联度高、成长性好、带动增收能力强的龙头企业。每年新发展几个市级重点龙头企业，力争多创建省级龙头企业，多引进区域外龙头企业。积极推进龙头企业管理创新。加快推进企业资本社会化、管理专业化和公司治理结构规范化，提升其适应现代化生产与管理的水平。推行"公司+合作社+农户"利益联结模式，充分调动各方积极性。

3. 突出模式创新，加快园区建设

以陕南农业特色产业为核心，合理布局产业板块，最大限度发挥区域资源优势，积极引导优势产品、优势产业向优势产区和现代农业园区集中。坚持把现代农业园区建设与工业化、城镇化建设紧密结合，在小城镇移民集中安置点优先建设现代农业园区。按照"政府统筹、项目捆绑、集约投入、形

成合力"的原则，积极整合涉农项目和资金，倾斜支持现代农业园区建设。通过园区发展，加快形成新的经营理念，构建新的发展模式，打造一批理念超前、要素富聚、产业聚集、技术先进、管理科学、效益显著的现代农业示范园区，引领现代农业发展。

4. 突出新型主体培育，增强农业发展活力

按照集约化、专业化、组织化、社会化发展的要求，积极培育多元化适度规模经营主体，突出发展专业大户、家庭农场和农民专业合作社。鼓励有一定规模的种养大户成立家庭农场；按照"规范、提高、增效"的原则，推动农民专业合作社向更高水平迈进。大力培育农业专业技术协会、农民经纪人、农业经营性服务组织，引导经营性服务组织大力开展病虫害统防统治、动物疫病防控、农田灌排、地膜覆盖和回收等生产性服务。

5. 突出科技推动，加快培育优势品牌

鼓励和支持科技创新，努力提高产业科技含量。鼓励和支持企业、合作社、家庭农场和产业大户，加大农业新品种、新技术的引进开发力度；鼓励和支持各种经营主体与科研院所组建科技示范基地和技术研发平台，领办农产品加工企业；深化基层农技推广体系改革与建设，完善农业技术服务体系，全面推进农业科技进村入户工程，深入推进科技特派员制度；加强龙头企业、合作社负责人培训，开展职业农民培育试点，结合主导产业，建立县级实训基地，年培训不少于一定人（次），其中年培训职业农民要占相当比例，地方财政补助每个实训基地一定资金。实施商标战略，打响"山地农产品"品牌。建立健全商标储备体系，鼓励和引导企业、合作社、家庭农场做好商标注册、认定工作。加大农产品地理标志和商标保护力度。加大品牌整合力度，推动同类品牌向优势品牌集聚，每个主导产业集中培育1~2个骨干品牌。加快优势品牌向知名品牌迈进，争创一批省级著名商标、中国驰名商标。完善农产品物流设施，健全农产品物流服务体系。优化县城农产品交易市场布局，完善功能，提升档次。实施万村千镇市场工程、新农村现代流通网络工程，规划建设一批农资仓储物流设施和区域农资配送中心，启动农产品现代流通综合示范区创建；支持供销合作社、大型商贸集团、邮政系统发展农产品流通业务。鼓励龙头企业建立网上展示交易平台，发展农产品电子商务交易。大力推行"农超对接""农校对接""农企对接""农销对接"等直供直销模式，提高农产品物流配送的组织化、规模化程度，千方百计扩大销售。

6. 突出依法治农，优化发展环境

加强执法队伍建设，严格农业执法，严厉打击销售假劣农资、种子、农业投入品和违禁剧毒农药等不法行为。加强动植物调运检疫，认真执行鲜活农产品运输绿色通道政策，全力为农产品营销流通保驾护航。实行农业产业化重大项目领导包抓、挂牌保护制度。推行龙头企业、合作社、家庭农场申报项目、办理审批业务一次性告知、一站式服务、限时办结制度，提高行政效能。通过招商引资（智）、举办展销会、银企对接等形式，及时为龙头企业提供信息、技术、产品销售和金融等服务。强化财政扶持资金监管，严格执行项目资金审计和督查制度。严肃查处挪用、拖欠、挤占、改变农业产业化资金用途和对企业的乱收费、乱摊派、乱罚款、乱检查等行为。

（四）创新工作方式方法，不断优化陕南发展环境

1. 以策划项目为切入点，发挥政策优势

目前陕南的发展，已形成利好叠加的政策优势。省级层面有陕南循环发展意见和避灾移民搬迁、汉江治理等重大工程；国家层面有秦巴山片区扶贫攻坚规划、丹江口库区及上游地区经济社会发展规划，以及正在制定的"丝绸之路经济带"规划和正在研究争取的川陕革命老区振兴规划等。能否充分利用这些政策优势，关键是要在谋划项目上做到三个转变。一是要从只看重单个项目向系统性谋划转变，形成一批相互衔接、相互支撑、成龙配套的项目；二是要从局部视觉向全局视野转变，谋划一些对实现国家规划目标有举足轻重作用的项目；三是要从被动地服从相关规划向主动地"以我为主"谋划项目转变。只有这样，才能获得更多支持，更有利于陕南发展。

2. 以创新投入方式为突破点，强化财力支撑

除转移支付资金外，陕西省对陕南的资金投入还有 6 亿元的专项支持资金，以及科技、中小企业、农业等部门的资金，力度相当大。目前关键是通过将投入变为投资的方式，尽可能提高资金使用效率。一是把针对项目撒胡椒面式的支持，变为对有迫切需要的企业的支持，待企业经营好转后再收回重新滚动使用；二是考虑用部分专项资金建立融资平台，通过银行贷款方式放大资金规模，使陕南发展拥有更多资金；三是通过发行陕南中小企业集合债、设立陕南发展基金等方式，建立市县产融合作信用体系，撬动更多社会资本和金融资本投入。

3. 以继续改善交通为重点，提升保障能力

加快高速公路、高铁等大通道建设，抓好高速公路连接线建设，积极构

筑迅捷的交通网络。做好各级公路的养护工作,确保道路畅通。

【参考文献】

[1] 朱云飞. 新型工业化过程中河北主导产业的选择、转型与升级研究[J]. 经济研究参考,2014(44).

[2] 刘勇. 区域经济发展与地区主导产业[M]. 北京:商务印书馆,2006.

(张　震　冯明放)

对策篇

陕南秦巴山区产业扶贫路径探析

精准扶贫视域下中西部地区生态移民可持续发展的路径选择

吕梁山区移民搬迁后续产业发展问题初探
　　——以吉县和隰县为例

陕南秦巴山区产业扶贫路径探析

[摘　要] 产业扶贫在陕南秦巴山区精准扶贫和脱贫攻坚中有着极其重要的地位和作用。当前，产业扶贫存在的主要问题在项目选择、项目瞄准对象、项目实施管理、项目利益分配等方面均有表现。"十三五"期间，陕南秦巴山区产业扶贫的路径选择应当是：提高对产业扶贫地位作用的认识；转变产业扶贫的方式方法；完善产业扶贫的体制机制；加强产业扶贫的基础设施建设。

[关键词] 产业扶贫；路径；秦巴山区

2013年以来，习近平总书记提出精准扶贫的思想，我国脱贫攻坚的步伐明显加快，与此同时，"六个精准""五个一批"的脱贫攻坚的思路逐步清晰。按照"十三五"规划全面建成小康社会目标的要求，到2020年，我国现有贫困县要全部摘帽，现行标准下的贫困人口将要全部实现脱贫。而目前贫困人口尚有近6000万[1]，因此脱贫攻坚的任务仍然艰巨。作为秦巴连片特困地区腹地的陕南，贫困人口相对数量较大，贫困程度也比较深，怎样加快陕南精准扶贫和脱贫攻坚的步伐，尤其是如何通过产业扶贫实现脱贫目标，是一个很值得深入研究的问题，本文拟结合陕南地区产业扶贫的实际作一些探讨。

一、产业扶贫在精准扶贫中的地位和作用

2010年以来，陕西在扶贫攻坚方面迈出了较大的步伐，某些方面甚至为全国脱贫攻坚作出了表率，树立了样板，尤其是陕南60万户、240万人口的移民搬迁，被看作中华人民共和国成立以来甚至是我国有史以来规模最大的一次移民搬迁。目前，移民搬迁顺利开展，在许多方面已经达到了预期的效果，对实现2020年的脱贫目标做出了贡献。但是，按照中央脱贫攻坚"五个一批"的思路，剩下的贫困人口，更多的将要通过产业扶贫最终实现脱贫。由此可见，产业扶贫在我国今后几年脱贫攻坚中扮演着极为重要的角色。

（一）产业扶贫是精准扶贫的主要实现形式

从我国脱贫攻坚的任务来看，最终要使现有的贫困人口实现脱贫很大程度上还得依靠产业扶贫。因为只有在产业发展之后，贫困人口才能够长久脱

贫，并且能够阻止返贫。改革开放以来，我国扶贫开发的历史也证明，凡是产业扶贫做得好的地方，减贫效果就好，返贫率就低。我国东部地区在快速发展中贫困人口迅速减少就说明了这一点，尤其是东部地区的江苏、浙江等省已经不存在严格意义上的绝对贫困人口。正是因为产业扶贫的效果显著，所以，国家对于剩下的贫困人口，首先提出通过产业扶贫帮助其实现脱贫目标。

（二）产业扶贫是精准扶贫的核心和主要依靠

2015年11月3日，习近平总书记在《中共中央关于制定国民经济和社会发展第十三个五年规划的建议》的说明中，对脱贫攻坚和精准扶贫讲得更加具体，他指出："通过实施脱贫攻坚工程，实施精准扶贫、精准脱贫，7017万农村贫困人口脱贫目标是可以实现的。2011年至2014年，每年农村脱贫人口分别为4329万、2339万、1650万、1232万。因此，通过采取过硬的、管用的举措，今后每年减贫1000万人的任务是可以完成的。具体讲，到2020年，通过产业扶持，可以解决3000万人脱贫；通过转移就业，可以解决1000万人脱贫；通过易地搬迁，可以解决1000万人脱贫，总计5000万人左右。还有2000多万完全或部分丧失劳动能力的贫困人口，可以通过全部纳入低保覆盖范围，实现社保政策兜底脱贫。"[2]从习近平总书记的分析说明中，我们不难看出产业扶贫是精准扶贫的主渠道、主阵地。

（三）精准扶贫的效果最终要靠产业扶贫的效果来检验

尽管我国的精准扶贫今后不再单纯地考核当地的GDP，而主要看贫困人口是否真正地实现了脱贫致富，但是要使贫困人口真正实现致富，最根本的途径还是产业的发展，特别是适合于当地实际和劳动力状况的特色产业，这是区域经济发展的规律。缺少了产业支撑的扶贫无异于空中楼阁，所以就从这一点来讲，一个地方扶贫的效果最终还要靠产业发展的状况来检验，如果我们不能采取过去那种急功近利、杀鸡取卵的做法，不仅要谋求增长，更要谋求发展。我国贫困人口主要集中在中西部地区，很重要的一个原因就在于这些地区的产业发展滞后或者说是因为特色产业没有发展起来。

二、当前产业扶贫面临的困难和问题

20世纪80年代以来，陕南作为贫困地区，国家和省上在产业扶贫方面给予了很大的支持，使得一批贫困人口得以脱贫，就整个陕南农村来看，群众的生活条件和居住条件也得到了很大的改善。但是，按照国家精准扶贫、精准脱贫的要求，陕南在产业扶贫方面还存在一些亟待解决的问题。

（一）在产业项目选择上，未能因地制宜，致使有的项目流产

陕南属于亚热带地区，山清水秀，自然条件比较好，农业发展也有着良好的基础。应该说，在扶贫产业项目的选择上，有成功的经验，如汉中城固县的柑橘，西乡县的樱桃，安康的绞股蓝在有关部门的大力扶持下，已经实现了产业化，并享誉省内外，使当地群众实现了脱贫致富。但是有的产业项目选择如部分中药材的栽培由于对市场调研把握不到位，项目建成后与原来预想的出入较大，经济效益和社会效益都受到了质疑，尤其是未能达到带动贫困人口脱贫的目的。还有，早在20世纪80年代，陕南就属于陕西甚至西北地区的蔬菜产业基地，但是随着大棚蔬菜的普及，陕南未能抓住机遇，选择好相关的项目，使得本来的优势目前基本丧失。

（二）在产业项目瞄准人群上，未能瞄准真正的贫困人口

扶贫开发产业项目设置的目的就在于吸收贫困地区更多贫困人口参与，带动贫困人口脱贫，但是，在当前产业扶贫过程中陕南各地不同程度地存在"精英捕获"现象。有的地方虽然项目建起来了，也取得了良好的经济效益，但只是少数人获利，或者说只是给一些村干部及其亲属带来了利益，并未达到带动更多群众脱贫的目标，很多贫困户依然贫困。有的地方当地农民人均收入并不低，但实际情况是，多数贫困人口被平均化了，农村贫富的分化更加严峻。课题组曾在陕南部分山区调研过程中发现，大多数农户在产业发展中只获得了土地流转费和短期的进园务工的机会，而少数的"精英"获得了产业发展带来的绝大部分利益。有的产业项目资源属于垄断性资源，少数人使用或占有后，后来的贫困户将不再有新的机会。这种现象的出现也从一个侧面说明了实施精准扶贫的必要性和迫切性。

（三）在产业项目实施中，重视项目申报，轻视项目管理

国家不同渠道的扶贫开发资金，各地和各个项目的申报者都想分得一杯羹，在项目申报时，有的申报者更是用尽了招数，但是，项目资金得到后，在实施过程中往往捉襟见肘，项目的管理水平也难以适应项目的要求，在技术方面也受到专业技术人员缺乏的困扰和劳动力素质不达标的限制，因此项目实施的效果也难以满足当初承诺的相关要求，甚至导致产业项目的流产和国家资金的浪费，也使实现脱贫目标成为一句空话。课题组成员曾参与过有关项目的评审，对这种现象也是深感忧虑。近几年，在实施精准扶贫过程中，由于各户的情况和产业发展需求不同，基层政府在引导方面没有针对一户一

策、因户制宜、因地制宜，使得个别农户对扶持项目不感兴趣，参与的积极性不高、产业项目推进落实困难，而且对项目的管理也带来困难。同时，县域涉农龙头企业较少，龙头企业对产业发展的带动辐射作用不明显，农民专业合作社大多是空架子，吸纳带动贫困户作用不明显。

（四）产业扶贫利益机制不够健全，存在"公地悲剧"现象

目前，国家不同渠道的产业扶贫项目基本上都采取项目申报的方式，现实情况是农村中只有少数人知情或参与，有的地方的贫困户因为外出务工或当地宣传不到位，压根就不知情。有的项目因为多种原因，名义上贫困户参与进去了，而实际上在利益分享上又与他们毫无关系，因此他们也就漠不关心。加之实行联产承包责任制后，很多地方农业集体经济已经名存实亡，而真正的新的合作经济形式并未建立起来，因此也很难将分散的农民统一起来从事扶贫产业开发。因为没有真正调动起贫苦户参与的积极性，扶贫产业与扶贫目标之间产生较大偏离。

从现有贫困户自身来看，有的贫困户主观脱贫意识较差，产业发展意识不强。原因在于：其一，多数贫困人口文化素质低，思想观念陈旧落后，依然停留在自给自足的自然经济时期，安于现状，没有发展动力；其二，部分贫困户不愿积极就业，不谋求发展思路，一心想吃低保，享受国家救助，"等、靠、要"依赖思想严重；其三，受自然条件限制和农产品、畜产品市场价格波动大等因素影响，部分贫困户主动发展产业的积极性不高。

（五）陕南移民搬迁后产业扶贫项目也遇到劳动力短缺的瓶颈

近年来在陕南移民搬迁过程中，移民搬迁应该和产业扶贫很好地结合起来，但现实情况是，各个移民安置社区不同程度地都出现了"人居分离"现象。由于经济基础薄弱，很多地方的移民搬迁后，虽然买下了新居，但却欠下了大量的债务，为了偿还债务，不得不外出务工，因此出现了空置的移民社区，这也是移民无奈的选择，因为当地缺乏能够带动其就业的产业。但同时，大量年轻精壮劳动力的外出，给新的产业扶贫项目实施所需要的劳动力供给带来的困扰，有的地方劳动力成本大幅度上升，但仍然招不到所需的劳动力。有调查表明，越是贫穷的地区越有更多的外出流动的动力。由于陕南地区产业发展缓慢，无法解决大量剩余劳动力的就业问题，所以陕南外出务工农民相对于关中和陕北而言比例最高，达到 33.1%[3]。陕南很多地方农村基本上都成了"三留"人员。

除上述问题外，陕南地区产业扶贫因为国家生态功能分区和南水北调水源涵养地的限制，产业扶贫的项目选择也受到了严格的限制，尤其不能发展有可能带来污染的项目。陕西省对陕南的定位也是循环发展，为此，在陕南地区也建立了一些产业园区，但现实情况是，循环经济也好、生态经济或绿色经济也罢，尚未真正发展壮大。这对陕南而言，对脱贫攻坚也有一定的影响。

三、"十三五"期间陕南产业扶贫路径的选择

针对当前产业扶贫存在的困难和问题，"十三五"期间，要加快脱贫攻坚的步伐，提高扶贫的精准度，就陕南地区来讲，应该认真审慎地选择好产业扶贫的路径。

（一）提高对产业扶贫地位作用的认识

产业扶贫的实质，就是坚持开发式扶贫方针，引导和激励贫困地区干部群众发扬自力更生、艰苦奋斗的精神，合理开发利用当地资源，积极培育特色优势产业，着力增强贫困地区自我积累、自我发展的能力，走出一条靠自己力量增产增收、脱贫致富的路子。产业化扶贫存在着较为明显的优势，它促使政府、企业和农户组成利益共同体，通过各自的优势和一系列的产业化扶贫手段，促使企业在短期内形成大规模的生产并获得相应的规模化经济效益，实现了共赢。同时，产业扶贫通过产业化组织的构建，农户的生产风险得到了降低，农业生产水平也得到了相应的提升。在此过程中，农村特色产业也可得到迅速发展，在国家产业扶持下，贫困地区优势产业形成规模，促使龙头企业逐步发展壮大，从而促使参与经营的贫困农户的收入明显增加。

产业扶贫作为精准扶贫的一个组成部分有利于精准扶贫目标的早日实现，精准扶贫对全面小康目标的实现有着重要的作用。由于扶贫工作时间紧、任务重，因此陕南地区的干部和群众应实实在在地对待精准扶贫工作，正像习总书记说的要"真扶贫、扶真贫"，坚决杜绝各种形式主义。而目前的数据资料显示，某些地方仍在应付，搞形式主义，这是极其可悲的。鉴于产业扶贫在我国精准扶贫和脱贫攻坚中有着不可替代的作用，必须高度重视。要帮助农村基层干部和贫困户真正认识到产业扶贫的重要性，要结合创业就业，激发和培养贫困户创造新生活的激情。同时，要做好产业扶贫资金在精准扶贫中的规划，选择好精准扶贫的产业项目。驻村帮扶的干部，一定要请专家、农户、村干部一起论证，调动农户的积极性。虽然不能保证每个项目都成功，但应最大限度地降低失败的概率。

（二）转变产业扶贫的方式方法

"十三五"期间，陕南地区农村实施精准扶贫在产业选择上，面临新的挑战和机遇，必须实现新的转变：在产业项目选择上，要突破农业本身即第一产业的限制，应在现有基础上，选择有条件、能使贫困户脱贫致富的二、三产业项目，因为随着我国城镇化步伐的加快和人口的集中，农村二、三产业必然会有一个较快的发展；在产业项目组织上，要避免单家独户单打独斗的现象和对"一户一策"的片面理解，尽可能选择产业化和专业合作的模式，以获得规模效益；在产业扶贫重点上，要改变过去遇到重大节日单纯为贫困户提供生产资料或其他财物的扶贫方式，要帮助贫困户谋划项目、分析市场，以提高抵御市场风险的能力；在产业发展动力上，要注重激发贫困户自身的内在活力，通过贫困农户参与的方式调动其积极性、主动性，克服"等、靠、要"的思想；在产业资金来源上，除国家扶贫资金外，还应考虑多元化筹集资金，发挥社会力量在产业扶贫中的作用，并解决好融资问题；在产业扶贫资金监督上，要在现有"建账立卡"的基础上利用现代化信息手段严格监督管理，并引入第三方监督。

（三）完善产业扶贫的体制机制

产业扶贫中特别强调规模化经营，需要新的体制机制与之适应。当前尤其要重视建立产供销一体化的服务体系，通过抱团取暖来防范市场风险，帮助贫困户参与到市场中，坚决杜绝"等、靠、要"的思想。事实证明，过去单家独户的联产承包责任制发挥了很大作用，在一段时间里确实调动了广大农村劳动者的积极性，解放了生产力。但是随着时间的推移，它的能量和作用已得到充分发挥，下一步要真正实现农户脱贫，必须要走发展合作经济的道路，必须要和市场化、产业化、专业化相联系，帮助农民共同应对市场风险，同时解决产、供、销的问题。但是，在组建各种形式的农村合作经济组织过程中，应充分考虑农户的意愿，尽可能通过示范引导，汲取解放初期合作化的教训。还应注意，在产业扶贫过程中，各种合作组织都应当坚决杜绝搞形式主义、做表面文章的恶习。

（四）加强产业扶贫的基础设施建设

在产业扶贫的基础设施建设上，一是建议对各贫困村确需解决的基础建设项目由县级职能部门统一规划，编报项目进行上报，分轻重缓急逐步实施；二是建议县级财政每年捆绑、调剂一定的资金用于贫困村改善基础设施条件。同时，项目和资金主管部门要对项目和资金审批进行严格监管，防止重复投

资和资金浪费。当前，在贫困地区农村基础设施建设中，要注重运用现代科技成果，推进"互联网+"，大力开展电商扶贫。资料显示，国内一些电商扶贫走在前列的地区，已经实现了农民"购物不出村"和"农产品进城"双向流通，以更加便捷的方式解决了农民买难卖难的问题，为增收致富增添了新途径。"互联网+"作为产业扶贫基础设施建设的一个重要内容，对未来农村产业发展将产生深远的影响。

【参考文献】

[1] 国家统计局.2015年国民经济和社会发展统计公报[EB/OL].（2016-02-29）http://www.stats.gov.cn/tisi/zxsb/201602/t20160229-1323997.

[2] 习近平.关于《中共中央关于选定国民经济和社会发展第十三个五年规划的建议》的说明[EB/OL].（2015-11-03）http://news.xinhuanet.com/fortune/2015-11/03/c.117029621-3.htm.

[3] 张美珍，等.提高人力资源质量是新农村建设的关键——陕西省农村人力资源现状与开发调查[J].农村经营管理，2014，4（31）.

（冯明放　王　敏）

精准扶贫视域下中西部地区生态移民可持续发展的路径选择

[摘　要]　"精准扶贫"方略的实施，对我国中西部地区生态移民可持续发展提出了新的要求。中西部地区生态移民在移民对象的确定、移民迁入地规划、基础设施建设、后续产业发展以及移民社会适应等方面尚存在一些亟待解决的问题。文章根据中西部地区实际，在调查研究的基础上，从四个方面指出了中西部地区生态移民可持续发展的路径选择。

[关键词]　精准扶贫；生态移民；可持续发展；路径选择；中西部

2015年11月，《中共中央国务院关于打赢脱贫攻坚战的决定》明确了打赢脱贫攻坚战的总体目标是："到2020年，稳定实现农村贫困人口不愁吃、不愁穿，义务教育、基本医疗和住房安全有保障。实现贫困地区农民人均可支配收入增长幅度高于全国平均水平，基本公共服务主要领域指标接近全国平均水平。确保我国现行标准下农村贫困人口实现脱贫，贫困县全部摘帽，解决区域性整体贫困。"[1]在2016年全国两会期间，习近平总书记强调，"十三五"时期是脱贫攻坚啃硬骨头、攻城拔寨的时期，必须横下一条心，加大力度，加快速度，加紧进度，齐心协力打赢脱贫攻坚战。[2]与此同时，中央精准扶贫的思路也逐步清晰，这就是："通过扶持生产和就业发展一批，通过易地搬迁安置一批，通过生态保护脱贫一批，通过教育扶贫脱贫一批，通过低保政策兜底一批。"[3]可见，生态移民（易地搬迁）无疑也是精准扶贫的一条重要途径。本文主要对精准扶贫背景下我国生态移民可持续发展的问题作一些探讨。

一、生态移民在精准扶贫中的地位与作用

（一）精准扶贫方略的提出

改革开放以来，随着我国经济的快速发展，我国在扶贫和减贫方面取得了巨大的成就，全国贫困人口减少了6.78亿，成为全球最早实现联合国千年发展目标中减贫目标的发展中国家[4]。但也应看到，由于过去贫困人口众多，

我国很长时间扶贫开发缺乏精细化的理念，甚至出现目标偏离的情况，目前脱贫攻坚的任务依然艰巨。自20世纪80年代中期开始，我国政府扶贫瞄准对象是县级贫困区域即贫困县；2001年在原有贫困县的基础上，转向村级贫困区域，也叫作"整村推进"；2011年划定了14个集中连片特困地区进行重点扶贫。目前全国尚有592个贫困县、14.8万个贫困村和5575万贫困人口[5]。多年来，我国扶贫的主要特点是区域瞄准，没有识别到户和个人。这种扶贫模式在短期内集中了政策和资金资源，能够切实帮助部分贫困人口脱贫，也创造了部分贫困群体脱贫的硬性基础设施条件。但"大水漫灌"后，贫困地区依然存在着未实现脱贫的群体和一度脱贫后又返贫的群体。这种现象的存在，客观上也要求扶贫瞄准更加精确。2010年后，精准扶贫的问题逐渐提上议事日程。

精准扶贫的重要思想最早是2013年11月习近平总书记到湖南湘西考察时提出的[6]。所谓精准扶贫，就是针对不同贫困区域环境、不同贫困农户状况，运用科学有效程序对扶贫对象实施精确识别、精确帮扶、精确管理的治贫方式。精准扶贫是和过去粗放式扶贫方式相对而言的，同时也是粗放式扶贫方式发展到一定阶段的必然产物。2015年6月18日，习近平总书记在贵州调研时对精准扶贫的重要思想作了进一步的阐述，他强调："在扶贫攻坚上进一步理清思路、强化责任，采取力度更大、针对性更强、作用更直接、效果更可持续的措施，特别要在精准扶贫、精准脱贫上下更大功夫。"[7] "扶贫开发贵在精准，重在精准，成败之举在于精准。"[8] 同时，明确要求各地在精准扶贫问题上要想办法、出实招、见真效。"要坚持因人因地施策，因贫困原因施策，因贫困类型施策，区别不同情况，做到对症下药、精准滴灌、靶向治疗，不搞大水漫灌、走马观花、大而化之。"[9] 在2015减贫与发展高层论坛上，习近平又指出，"在扶贫攻坚工作中实施精准扶贫方略，坚持中国制度的优势，注重扶持对象精准、项目安排精准、资金使用精准、措施到户精准、因村派人精准、脱贫成效精准等六个精准，坚持分类施策，广泛动员全社会力量。"[10]

2015年11月3日，在《中共中央关于制定国民经济和社会发展第十三个五年规划的建议》的说明中，习近平总书记将脱贫攻坚和精准扶贫讲得更加具体，他指出："通过实施脱贫攻坚工程，实施精准扶贫、精准脱贫，7017万农村贫困人口脱贫目标是可以实现的。2011年至2014年，每年农村脱贫人口分别为4329万、2339万、1650万、1232万。因此，通过采取过硬的、管用的举措，今后每年减贫1000万人的任务是可以完成的。具体讲，到2020年，通过产业扶持，可以解决3000万人脱贫；通过转移就业，可以解决1000万人脱贫；通过易地搬迁，可以解决1000万人脱贫，总计5000万人左右。

还有 2000 多万完全或部分丧失劳动能力的贫困人口,可以通过全部纳入低保覆盖范围,实现社保政策兜底脱贫。"[11]之后,《中共中央国务院关于打赢脱贫攻坚战的决定》更进一步明确了脱贫攻坚的总体目标和要求。

(二)生态移民是实施精准扶贫的重要途径

首先,生态移民是精准扶贫的实现形式。我国多年扶贫实践也已经证明,单纯的扶贫工作往往事倍功半,甚至更多的扶贫投入也难以实现稳定的脱贫。"与其扬汤止沸,不如釜底抽薪","与其"愚公移山",不如移民搬迁[12]。通过移民搬迁的方式,首先解决移民的生命安全问题,其次通过集中安置和产业开发,形成产业聚集区,并且以产业带动就业,让大量的移民具备一技之长,通过良好的技能脱贫致富。中西部地区生态移民的实践已经证明,农民下山进城入镇到社区,使他们市场经济的意识得到增强,思维眼界也不断拓宽,创业就业途径更加宽泛。一些地方移民后分工分业步伐明显加快,移民群众正在由传统农民向新型农民、职业农民、产业工人转变。这些转变本身就体现了精准扶贫的要求。

其次,生态移民是精准扶贫的必由之路。我国 14 个集中连片特困地区,至少有 11 个处于中西部地区。中西部地区不仅贫困面大,而且贫困程度也深。过去人们更多地把注意力放在扶贫救济和减灾防灾上,每年政府都要为此拨出专款实施扶贫救灾,或者发动群众向灾区捐款捐物,但贫困和灾难总是重复出现,因此,简单的扶贫和减灾防灾这种方法,不能从根本上解决问题。虽然国家扶贫开发政策已经实施了多年,但是由于贫困山区基础条件太差,甚至不适宜于人类生存,因此传统的以钱物救济为主的方式,只能在短期内发挥作用,不可能从根本上改变人们的生存环境和贫困状况,也很难提高贫困人口的素质和能力,因此扶贫效果也不够明显。另外,从经济的角度看,比起"年年扶贫,年年贫困""年年受灾,年年救灾"的恶性循环来,移民反倒是最经济和最有效的办法。

再次,生态移民是精准脱贫的治本之策。以陕南地区为例,移民搬迁工程实施五年来,使得 110 多万山区群众告别危险恶劣的生存环境,并逐渐摆脱因灾致贫和致富无门的困境,50 多万贫困人口实现脱贫。移民搬迁的实施,带动了移民迁入地建材、物流、劳务中介、餐饮服务、家居装修等相关行业的发展,促进了区域经济社会的发展。移民进城入镇,也加速了农村土地流转和规模经营,催生了现代农业园区、家庭农场、产业大户等适度规模经营的蓬勃兴起,加快了农业现代化的进程。集中安置促进了人口集聚,加速了城镇化进程,带动了资源要素进一步优化配置,推动了现代农业、新型工业、

生态旅游业等相关产业的较快发展，拉动社会消费大幅上升，促进了经济社会的协调发展。因此，在当前经济进入新常态后，陕南经济仍然保持了较快增长率。

二、当前中西部地区生态移民面临的主要问题

生态移民搬迁是国家多年来扶贫开发的一个重要举措，依靠这项惠民举措，不少贫困群众得以远离穷山恶水，梦圆宜居家园。但是，按照精准扶贫的要求来审视目前的生态移民状况，从中也可以发现一些问题。

（一）移民对象的精准问题

中西部地区各地在移民对象身份的确定上，当地政府都有一定的程序和要求，以确保移民对象不发生偏差。但是，各地在现实的移民过程中因为各种各样的原因，不同程度地出现过"搬富不搬穷"的情况。以重庆黔江区的生态移民为例，尽管政府对移民搬迁户都有户均3万元左右的搬迁补助，但有部分贫困户仍然没有能力补足其余部分，有的即便砸锅卖铁也断然筹不到搬迁所需费用。此外，部分贫困人口原本就是老弱病残，即便政府全额出资，他们也缺乏独立请人建房的能力。由于搬迁需要自行垫付新房建房费用，待整个搬迁完毕之后才能找政府"报账"，政府补贴对于那些深度贫困人口而言也就成了一张"空头支票"。陕南移民搬迁也存在类似情况，早期搬迁的往往是"村庄精英"，真正受自然灾害威胁而无安全保障农户和因贫困无力搬迁的农户大部分还没搬出[13]。还需指出的是，有的地方还存在非移民搬迁对象冒名顶替套取移民搬迁补助款的案例，这不仅干扰了精准扶贫，而且也触犯了法律。

（二）生态移民规划问题

生态移民工程是一项系统工程，不是简单的人口搬迁过程。从中西部地区移民迁入地的情况看，有的地方在移民过程中由于缺乏科学规划和严密的论证，仍然依靠拍脑袋办事，甚至出于某种不正当利益的考虑，工程规划缺乏严格科学的论证，项目仓促上马，结果给移民安居造成障碍和负面影响，也影响了移民入住。在中西部地区，适合安置移民的土地和水等自然资源十分有限，特别是水资源，这是让移民摆脱贫困走向小康社会的最重要的生产要素，在西部干旱地区尤其如此。但在实践中，有的地方却往往把"五通"（通水、通电、通路、通电话、通有线电视）的地方确定为移民安置点或移民社

区的选址，而对地下水的储量、人口承载能力以及是否符合未来的城镇化布局则欠考虑。这种忽略迁入地的自然承载力的决策，最终将导致移民的失败。部分地方政府对生态移民的政策及其深远影响仍然认识不足，把生态移民当作完成上级领导下达的任务，搞"过场式"的生态移民，在移民搬迁之前，尚未形成完善的硬件设备，移民搬迁后生产生活条件并未改善，结果非但没有达到使群众脱贫致富奔小康的目的，反而使迁入地的生态环境也迅速恶化了。

（三）基础设施建设问题

从中西部各地生态移民的情况看，有的地方在移民过程中，由于地方政府配套资金投入不足，造成移民迁入地配套设施不够完善，以至于影响了移民搬迁的效果。移民迁入安置区后，要采取相应措施加快基本生产和生活条件的建设，对中西部地区有土安置的农业移民，迁入区农业生产条件应该得到有效的改善，农田水利配套、道路、供电等基础设施建设也应配套完备，这样，才能切实保证移民生活的改善。此外，各地移民普遍反映，安家落户后农业生产投入、生活费用、教育费用等远远高于原居住地，加上搬迁初期土地产出率低等因素，移民群众往往会再次陷入贫困。比较普遍的情况是，有土安置的移民搬迁后，相比原住地移民的住房、用电、出行等基本不存在问题。但依靠人均有限的土地和限量供水的耕地奔小康远远不够，而移民其他增收的途径还较窄。从目前看，"搬得出"相对容易，而如何"稳得住""能致富"则面临着严峻挑战。还应指出的是，生态移民的目的是解决处于生态贫困区农牧民的脱贫问题，阻止生态脆弱地区的生态环境继续恶化，缓解人口与资源环境的矛盾。但目前一些地方政府在移民项目实施中，简单地把生态移民看作单纯的人口搬迁，从而忽视了对迁出区生态环境的治理，移民与治理并未同步开展，这在很大程度上也违背了生态移民的初衷。

（四）后续产业发展问题

后续产业发展是实现移民群众能致富的重要支撑，是关系到移民群众长远发展、增加收入的重要保障。以陕南移民搬迁为例，许多移民社区存在着"人居分离"的现象，缺乏应有的"人气"。有的移民购房后，不仅所有积蓄全部花光，而且还背负了一定的债务，而移民地并没有像样的企业能够吸纳他们就业，苦于本地打工无门，不得不去外地打工还债，而留守在移民社区的人很少，多属于老人或留守儿童。这种现象的存在，与移民地后续产业发展滞后有着很大的关系。各地调研反映，有的县移民的种植业还没有走出传

统种植的路子，节水农业、设施农业只是零星的"小盆景"，在大部分移民还没有掌握栽培技术的情况下，便急急匆匆安排移民户运用设施农业，尽管政府投资修建小拱棚的愿望是很好的，但移民种植经营水平并不高，效益也不理想，与原先预想的结果尚有较大差距。移民从事养殖业如养牛、养羊、养鸡等，这些也属劳动密集型行业，可吸纳更多移民就业，但目前面临的突出问题是量少质差，远未达到规模化程度，不但没有在市场上出售的商品，而且移民自给自足都不够。由于移民过去生活就有困难，积蓄较少，自有资金不足，移民后在满足基本生活支出后，难以形成资金积累，偿还能力弱，金融部门不敢放贷。部分移民虽有发展产业的愿望，但苦于缺乏资金支持，使发展受阻。宁夏回族自治区平罗县红崖子乡红瑞村移民马世明说："现在外出打工不好找工作，我想开个小商店，可是没有钱，又贷不到款，只能成为空想。"移民搬迁后，即便是外出打工，劳务输出人员基本上都是体能型、低收入，技能型、高收入的少之又少。陕南生态移民搬迁后，也同样存在这种情况。

（五）移民社会适应问题

从迁出地到迁入地，生活环境和生活方式的转换会使有的移民在社会心理上产生较大的落差，会感觉不适应。有的移民迁入地的移民来自不同地域，生活方式、风俗习惯、宗教信仰各不相同，甚至在同一地区也有较大差别，这必然带来如何适应的问题。这一问题也是影响移民迁入地长治久安的大问题，不可等闲视之。有的移民由于故土难离的乡土情结过重，而不能客观地评价新迁入区的状况，甚至会得出移民区还不如老家的结论，从而重返迁出地，对移民新政策产生消极抵触情绪。这些都很容易使移民疏离社会网络，封闭自己，陷入"再社会化"的窘境，社会不安全感的上升很容易使移民人口重新陷入贫困[14]。相当多的山区移民移入城镇后，由于习惯了山区节奏慢、缺少时间观念的生活，到了城镇感觉难以适应。有的人年纪虽不大，但不善于学习，不愿意改变自身，使得自己成了被社会淘汰的对象。

三、中西部地区生态移民可持续发展的路径选择

生态移民最关键的是不但要使移民"搬得出"，而且要"稳得住、能致富"，增强移民可持续发展能力，真正实现安居乐业。事实一再证明，生态移民是一个复杂的系统工程，不仅仅是一个经济过程，同时也是一个社会过程和价值转型过程。"十三五"期间，我国还有 1000 万贫困人口需要通过生态移民脱贫，这些人口主要集中在中西部地区。因此，我们必须高度重视移民的可持续发展问题。

对策篇

（一）按照精准扶贫的要求，完善好生态移民规划

生态移民由迁出地到迁入地的过程不仅是贫困人口的输出过程，还是生态环境承载力和经济压力的输出过程。因此，在选择迁入地之前必须进行系统、科学、缜密的实证研究与测算，认真做好生态移民的规划，以避免生态移民对迁入地造成新的生态破坏以及带来二次移民。需要说明的是，我国14个集中连片特困区大多位于中西部地区，这些地区生态本来就极度脆弱，而就当前情况看，移民方式均属省域内移民，更多的是县域内的移民。这种移民无论移到哪里，在减轻迁出地生态压力的同时，也将会给迁入地带来新的生态压力，尤其是对土地资源利用不合理时，其负面效果更是不言而喻。以宁夏为例，"十二五"时期大约有35万生态移民，而宁夏北部地区是接收宁夏六盘山集中连片贫困区生态移民的主战场，这在一定程度上会带来移民地过度垦荒和过度抽取地下水，进而导致地下水位下降、土地沙化、草原退化、生态环境逐步恶化等问题。因此，"十三五"期间的生态移民，移民迁入地的选择必须进行全面的可行性分析和严格的科学论证，尤其要对迁入地的资源环境承载力进行科学评估，以确定可接受新移民的最大值。这样就可以进行相应的住房、道路、水电等基本生活设施的建设以及教育、培训医疗、文化等基本公共服务的保障工作；否则极易引发"二次生态移民"问题。

（二）按照"稳得住、能致富"的要求，科学谋划好后续产业发展

实践证明，生态移民成功的关键在于后续产业能否得到很好的发展。因此，政府必须高度重视移民迁入地后续产业的发展，拓宽就业渠道，以解移民后顾之忧。在有土安置的移民迁入地，一方面，政府以提高移民收入水平为出发点和落脚点，注重水利设施、农业温棚等配套基础设施建设，大力发展精细化农业，同时，要加大政府对农业信息服务、产品销售、动植物防疫及种植结构调整的力度，帮助移民迁入地实现经济结构的调整和经济发展方式的转型，以此推动生态移民可持续发展目标的实现。另一方面，政府应根据移民自身的需要，按照新型城镇化对产业发展的需求，加大对生态移民迁入地的生产技能培训，帮助移民选择好符合自身发展的项目。同时，要按照"精准扶贫、一户一策"的原则，对移民户中的贫困人口给予重点关注。目前，由于后续产业发展相对滞后，一些地方的移民搬迁户过度依赖外出务工获得收入，有的地方"人居分离"的情况比较严重，这也从一个侧面反映了当地无业可就的问题，长此以往，很可能给后续"稳得住"目标的实现带来消极影响，尤其是当外出务工人员遭遇失业时，会对非农转型中的移民搬迁户造

成很大冲击，极易使其再度陷入贫困。因此，当地政府必须在移民迁入地建设之时，就应事先谋划后续产业发展的问题，尽量避免移民后"人居分离"和"人气不旺"现象的出现。

（三）加强移民培训，着眼于其发展能力的提高

由于移民文化知识水平普遍不高，技能素质总体偏低，消化吸收现代生产方式和技术的能力弱，发展意识、求知欲望不强，移民区经济社会发展面临很大挑战。中西部地区移民普遍存在发展经济的意识较差，市场观念淡薄，对改造传统落后生产方式的迫切性不强的现象，而通过深层次培训，使其掌握一定专业技能以适应就业市场是非常有必要的。许多有移民项目的县市，近年来，也建立了不同类型的农民技能培训学校，在农机具修理、汽车摩托车修理、暖棚蔬菜生产、奶牛养殖、土建技术等方面对农民进行了技能培训，但从目前的培训效果看，还不能令人满意。其主要原因是培训时间太短，掌握的技术有限，难以适应工作需求。如农机具修理、汽车摩托车修理、土建技术等，不是通过短期培训就可以上岗的。另外，一些市场需要的技术性强的技能，目前又没有能力提供培训。因此要创新移民培训教育方法和机制，把普及职业教育、社区教育和全面提高移民文化科技素质的教育结合起来，培养有专业技能的各类高素质劳动者、创业者。要加快推进、实现免费的农村职业教育，让未上普高和大学的农村青少年普遍接受中高等职业技术教育，从根本上消除低素质农民工产生的条件，铲除农民贫困落后的根源，阻断贫困的"代际传递"。农村劳动力技能培训也要朝着专业化、职业化培训的方向发展。

在移民过程中，一方面要适应我国城镇化的需要，把移民转化为新一代的产业工人；另一方面，对于有土安置的移民，要适应我国农业现代化的需要，通过教育培训，使他们成为新一代职业农民。同时，要提升移民的创业创富和就业致富的本领，提高移民的综合素质和文明素养，培育有文化、懂技术、会经营的高素质新型农民。这应该作为当前生态移民建设的根本性举措。只有突出移民教育的针对性、实用性和移民子女教育的义务性，才能从根本上提高移民的文化层次和谋生能力，使移民安居乐业，最终摆脱贫困。此外，还要看到加强对移民的思想文化道德教育的重要性和必要性，应采取教育、培训和典型示范等手段，不断提升移民群众的整体素质，努力把移民群众培育成为有文化、懂技术、会经营、讲文明的新一代创业者。

（四）加快移民迁入地社会保障制度的改革和完善的步伐

移民是一个非常脆弱的群体，搬迁后他们的生活、生产将面临巨大的风

对策篇

险和困难,如何解决移民安置中存在的问题,保证移民目标的顺利实现,除了有关部门的移民安置政策外,要从根本上长久地解决移民的安居乐业问题,就必须为移民设置一道"安全网"。因此,构建和运行移民社会保障制度,对保持社会稳定有重大的现实意义。根据当前生态移民的具体现状,移民社会保障制度的具体项目可包括移民社会养老保险、移民医疗保险、移民社会救济以及移民社会互助,积极创造条件,提高保障水平。同时注意尊重农民群众的意愿,保护好移民群众的主体性、积极性和创造性。只有解除了移民的后顾之忧,才有利于移民的安居乐业。

(冯 亮 韩 锦)

吕梁山区移民搬迁后续产业发展问题初探
——以吉县和隰县为例

[摘　要]　2015年暑期,"中西部连片特困地区移民搬迁后续产业发展对策研究"课题组通过对吕梁山区的吉县和隰县移民搬迁后续产业发展情况进行调研,发现这两县移民搬迁后续产业发展成效显著,搬迁后移民不仅顺利进行了产业转型,实现了增收致富,而且通过发展"畜—沼—果"循环经济,促进了山区生态文明建设。吉县和隰县移民搬迁后续产业发展的成功经验也为其他地方移民搬迁后续产业的发展留下了启示。

[关键词]　吕梁山区;移民;后续产业;发展;启示

2015年暑期"中西部连片特困地区移民搬迁后续产业发展对策研究"课题组深入吕梁山区对吉县和隰县的移民搬迁后续产业发展情况进行了调研,我们重点去了吉县东城乡的社堤村和柏东村,隰县陡坡乡的陡坡村,采用访谈和问卷的方式了解到了当地移民搬迁后续产业发展的一些情况,现就此作一分析。

一、吕梁山区吉县和隰县的基本情况

吕梁山区是国家重点扶持的11个集中连片特殊困难地区之一,这里沟壑纵横,山峦起伏,平均年降水量仅502.5毫米,十年九旱,沟壑、光秃、干旱成为鲜明的地理特征。吕梁山区,包括山西的临汾市、吕梁市、忻州市和陕西的榆林市。对于吕梁山区,多年来国家曾采取过扶贫开发的措施,但是没有收到应有的效果,时至今日,吕梁山区仍有31个国家级贫困县,其中吕梁市5个,临汾市5个,忻州市11个,榆林市10个。

吉县,位于临汾市西南边隅,地处黄河中游东岸、吕梁山南端。东西长62千米,南北宽48千米,总面积1777.26平方公里。地理坐标为东经110°30′～110°43′,北纬36°10′～36°19′30″。三面环山,一面滨水,东高西低,海拔从1820米的高天山至450米的黄河畔,高差大,县境内山峦起伏、沟壑纵横、地形复杂。隰县,位于临汾市西北边缘,晋西吕梁山南麓,属典型的黄土高原残塬沟壑区。东临汾西,西连永和,南与蒲县、大宁接壤,北与石楼、交

口毗邻，东西宽 45 千米，南北长 52 千米，总面积 1415.3 平方千米（2008 年），人口 10 多万人。隰县主要有三川、七垣、八大沟，地势东北高、西南低。海拔大部分在 950 米至 1300 米之间，最高处黄土镇紫荆山 1955 米，最低处午城镇上胡城村 770 米。吉县和隰县同属于全国扶贫开发工作的重点县，也是国家级的贫困县。为了从根本上解决居住在土窑洞里的贫困群众的脱贫致富问题，吉县和隰县通过采取城镇安置、建设移民新村、小村并入大村、分散自主购房等多种形式搬迁安置移民。其中，吉县从 2002 年到 2014 年底，共搬迁移民 3151 户，13 832 人；隰县，从 2007 年到 2015 年，共搬迁移民 11 081 人[①]。

在吉县和隰县，我们重点调研了吉县东城乡的社堤村和柏东村、隰县陡坡乡的陡坡村。社堤村，位于吉县县城以西 12 公里，全村共辖上下社堤两个自然村，353 户，1024 人。以苹果和养殖为主导产业。柏东村，位于吉县县城以西 15 公里，是乡政府所在地，该村辖柏东、拐窑、沟东三个自然村，252 户，1200 人，2800 亩耕地，其中，果园面积 2730 亩（1 亩约合 666.67 平方米，下同），人均 2.3 亩，生猪年存栏 1200 头，是 2006 年全省新农村建设试点之一，2007 年被授予市级"文明和谐村"和"平安村"称号。陡坡村，位于隰县八大塬面之一的陡坡塬，距县城 37 公里。全村共有 167 户，784 人，大牲畜 85 头，猪 310 头，羊 920 只。总耕地面积 2540 亩，其中，果树面积 610 亩，烟草面积 300 亩，农民收入主要靠果树、烟草、玉米种植和养殖业。

社堤村、柏东村和陡坡村的移民搬迁比较早，在移民搬迁中属于近距离移民搬迁，其中社堤村和柏东村采取村内移民搬迁方式，大部分村民于 2008~2009 年从原来居住的土窑洞搬到统规自建的移民新村；陡坡村采取了"小村并大村"的移民搬迁方式，21 户村民于 2007—2009 年分别从河家山、下陡坡等地方搬迁到陡坡移民新村。这几个移民新村的房子规划布局统一，面积为 80~120 平方米的砖混结构的小院子，院子前后有可以通车的水泥路，房子里面厨房、客厅、卧室、卫生间等一应俱全，水、电、沼气全通。总之，搬迁后移民不仅居住条件大有改善，生活质量大有提高，而且其后续产业的发展也成效显著。

二、吉县和隰县移民搬迁后续产业发展成效显著

（一）移民搬迁后农民顺利实现了产业转型

吉县和隰县是典型的山区农业县，工矿企业不发达。然而，吉县和隰县

---

① 考虑到农村计量单位使用的实际情况，本书保留了亩、公顷、吨、斤、等非法定计量单位，特此说明。

拥有特殊的气候地理条件，十分适宜培育优质的苹果和梨。20世纪80年代初，根据自身的气候地理条件，吉县和隰县政府认为自己的特色在于发展果业，优势和出路也在果业，从此在战略上坚持不懈，分别以苹果和梨为主导产业，一干就是30年。在移民搬迁后续产业发展中，吉县和隰县县委、县政府积极引导移民实现产业转型，让搬迁移民放弃传统的农业种植改种果树，通过免费提供果树苗、派技术人员下乡指导、提供资金帮助、领导干部典型示范、实行保护价收购果子等方式积极鼓励和引导移民进行产业转型，几年后，当移民从果业的发展中得到收益时，更坚定了他们实现产业转型的决心。

目前，吉县苹果种植的总面积突破了1.87万公顷，总产量达到16万吨，产值达4亿元。苹果产业在吉县实现了4个80%，即全县超过80%的耕地栽植苹果，80%的村是"一村一品"苹果专业村，80%的农民是果农，农民收入的80%来自苹果[1]。隰县，果树面积占到全县耕地总面积的70%以上；果树从业人员达到7万人，占到全县农业人口的80%以上。梨果产业已真正成为隰县农村经济发展的主导产业，成为农民的摇钱树。可以说，隰县农业发展已经成功转型，为实施"一县一业"基地县建设，推进跨越发展奠定了坚实的基础[2]。

在移民搬迁后续产业发展方面，吉县和隰县一方面大力推进苹果和梨产业的发展，另一方面又积极鼓励有条件的移民发展畜牧业。截至2014年年末，吉县有万头猪场2个、千头猪场5个、500头以上养猪场10个；5万只鸡场一个、3000只以上鸡场12个；500只以上羊场10个[3]，规模养殖量占到全县饲养量的40%以上，出现了天丰生态养殖有限公司、东城乡东旭养殖有限公司、辛村养殖专业合作社等一大批标准化规模养殖场[4]。隰县，有千头以上的猪场达10个、万头以上的鸡场达16个、畜牧养殖专业户达到3000余户[5]。在畜牧业大发展的同时，产生的大量有机肥追施果树又促进了果业的发展，从而实现了畜牧业与果业的协同发展，形成了良性的生态果业循环经济。

（二）移民搬迁后农民的收入大幅度增加

在移民搬迁之前，当地群众以务农为主，大部分农民的家庭年收入在一万元以下；移民搬迁以后，81.8%的农民家庭年收入有所增加，2014年家庭年收入在1万元及以上的占61.5%，5000～10 000元的占15.38%，5000元以下的占23.07%。特别值得一提的是柏东村和社堤村，现在果业收入已经占到农户家庭年收入的80%以上，可以说苹果产业的发展取得了显著成效。例如，社堤村农民刘维家，在移民搬迁前，他们家有12亩地，种植小麦和玉米，每亩地仅能挣200多元，一年收入2000多元，他们过着"收了麦子种棒子，年

年都是老样子"的生活。自从移民搬迁后，他们家种上了苹果树，日子越来越红火。现在，刘维家的果园每亩地能产 2000 多公斤的苹果，每亩地能卖到 1.5 万元，年收入近 20 万元。2012 年，刘维家花费 12 万元购买了一辆尼桑轿车，终于实现了他的购车梦，他感慨地说："都是扶贫移民政策好，才敢做以前根本不敢想的事儿。"再比如，现任社堤村村支书的张建龙一家，原来住在一座土窑洞里，四口人挤在一张土炕上，做饭得生火，洗衣得靠手。移民搬迁后，他家原有的 7 亩多地全种上了苹果树，每亩地平均收入达到 1 万多元。2013 年，张建龙花了 27 万元在吉县城中心的东关小区买了一套 120 平方米三室一厅的商品房。电视机、洗衣机、冰箱等现代化设备应有尽有。"以前大冬天洗衣服多受罪啊，现在只要把衣服扔到全自动洗衣机里，摁下按钮，什么都不用管了。"张建龙说，像他这样的果农，在村里很多[6]。总之，苹果产业不仅是柏东村和社堤村的富民产业，而且也是整个吉县的龙头产业。

（三）移民搬迁后发展"畜—沼—果"循环经济成效显著

在移民后续产业的发展中，吉县和隰县一方面积极引导农民实现产业转型种植果树，另一方面，鼓励农民在果园中养鸡、养猪，并大力推进各家各户沼气池的建设，利用畜粪产气，沼渣、沼液追施果树，形成了"畜—沼—果"的良性循环经济。通过"畜—沼—果"的综合利用，有效减少了化肥的施用量，改善了果园土壤，促进了果树生长，提高了果品的产量和质量。

在这一方面，吉县的具体做法有四个：一是依托果园重点片区，按照一亩果园一头猪的要求，建设标准化养猪场，形成果园—规模养殖场—小型沼气池的循环经济发展模式；二是依据地形地势地貌，建设标准化羊场，发展舍饲养羊，充分利用果园、坡耕地、退耕还林地开展人工种草，发展生态畜牧业；三是围绕城市郊区，建设大中型标准化养鸡场，发展城郊低碳畜牧业经济；四是政策导向，融资拉动，鼓励和支持企业建设有机肥加工厂，为有机水果基地建设提供物质支持[7]。隰县也非常重视"畜—沼—果"循环经济的发展，正在全力打造无鲁垣万亩玉露香及万只畜禽养殖循环经济园区、黄土村万头种猪养殖示范园区、桑梓村设施农业科技示范园区、陡坡垣林下循环经济示范园区、唐户垣—北庄垣"公司+合作社+农户"种养循环经济示范园区等现代化示范工程，通过这些示范园区的带动，争取使相关搬迁移民家家有增收产业、户户有创收项目，生产生活条件得到极大改善[8]。

通过推广"畜—沼—果"循环经济，不仅提升了果品质量，改善了农村人居环境和农业生态环境，而且拓宽了就业途径，使得直接从事沼气事业的人不断增加，推动了农村剩余劳动力就地就近转移。此外，通过推广"畜—

沼—果"循环经济，提高了农业效益，实现了果子丰收农民增收，每亩果园因此减少农药化肥投资 500 元，商品果经济效益提高了 10%左右，亩产平均增产 300 公斤，增收 1500～2000 元，经济效益十分可观[9]。

（四）移民搬迁促进了山区生态文明建设

吉县和隰县通过实施移民搬迁工程，不仅使原来居住在"山庄窝铺"的群众走出了大山，改变了他们出行难、生产难、吃水难、就医难、上学难的生活困境，而且其移民搬迁后续产业的发展还促进了山区生态文明的建设。吉县和隰县在实施移民搬迁工程的同时，结合退耕还林、退牧还草等重点项目，狠抓山区生态文明建设。一方面，移民搬迁后原有土地用于恢复生态、封山育林、涵养水源，营造"小气候"。另一方面，严禁在移民迁出地进行工业建设和任何破坏生态环境的开发活动，使原有的林地、草地得到有效保护，遏制了水土流失，保护了原本脆弱的山区生态系统。另外，吉县和隰县在移民搬迁后续产业发展中积极推广"畜—沼—果"循环经济，一方面使得人、畜、禽粪便进入沼气池密闭发酵处理，净化了环境，改变了农村粪水四流、苍蝇乱飞的状况，彻底改善了农村人居环境；另一方面，用沼渣沼液追施果树，减少了化肥的施用，提高了果园土壤有机质的含量，促进了生态环境的改善。"畜—沼—果"生态循环经济，以沼气池建设为纽带，上连养殖业快速发展，下连果业优质高效，从而使果业发展步入了"植物生产—动物转化—微生物分解—果树吸收—人类利用"的良性循环发展轨道，有效地促进了山区生态文明建设。

三、吉县和隰县移民搬迁后续产业发展留给我们的启示

吉县和隰县的移民搬迁后续产业发展成效显著，其成功经验为其他地方移民搬迁后续产业的发展提供了以下几点启示。

（一）移民安置方式应该与移民后续产业的发展紧密相联

移民安置方式与移民后续产业的发展紧密相联，到底采取哪种安置方式应该从实际出发，要在充分了解移民具体情况和尊重移民个人意愿的情况下来决定。在这方面山西省做得比较好，早在 2012 年山西省人民政府办公厅发出的 45 号文件《山西省人民政府办公厅关于加快推进全省易地扶贫搬迁工作的意见》中就指出，移民搬迁要根据搬迁对象和经济能力分类规划安排。经济条件较好，具备城市就业、生活条件的可选择迁入县城；从事种植、养殖等职业的搬迁进入中心镇（乡）；没有生产能力、无经济来源的老龄特困群众，

采取建设养老院、敬老院的方式搬迁。无论选择哪种搬迁方式，应该遵循：移民搬迁与产业开发相结合、与城镇化建设相结合、与旧村开发相结合以及与社会保障相结合的原则。特别注意应该把移民搬迁与移民后续产业开发相结合，在县城建设移民新区，要与当地规划发展劳动密集型工业园区相结合，与发展二、三产业相结合，统筹考虑安排户数与就业岗位；在中心镇（乡）建设移民新区，建设工程与产业开发项目同步安排实施，使搬迁贫困户有事可做。不具备安排产业项目资源和没有安排产业开发项目，以及不具备就业条件的镇（乡），不安排易地扶贫搬迁任务，比如，吉县东城乡的社堤村和柏东村就属于这种情况，所以这两个村采取了不离土不离乡的村内搬迁，搬迁后村民顺利实现了产业转型，大部分村民走上了脱贫致富之路。

其他地方在移民搬迁中也应该把移民安置方式与移民后续产业的发展紧密联系起来，只有把产业发展、文化教育、医疗保障等统筹好，让移民群众看到发展的希望，才能真正搬得出、留得住、能致富。

（二）移民后续产业的发展应该以原有的产业发展作为基础

吉县的移民搬迁后续产业之所以选择苹果种植作为主导产业，是因为苹果在吉县早有发展基础。早在 20 世纪 80 年代初，吉县政府就根据其地理状况和气候条件，认定苹果种植是他们发展的主导产业，从此历届县委、县政府紧抓苹果种植不放松，使得苹果种植在吉县从无到有、从小到大迅猛发展起来，目前吉县苹果种植总面积达到 28 万亩，年产苹果 15 万吨，产值达 6.27 亿元。如今，苹果不仅成为吉县除壶口瀑布外的又一靓丽名片，而且还成为一条特色富民之路。

隰县移民搬迁后续产业之所以选择梨作为主导产业，是因为隰县栽种梨的历史超过 2500 年，也正因如此，所以在 20 世纪 70 年代末 80 年代初，隰县政府就根据其地理状况、气候条件以及历史传统鼓励农民大面积栽种梨树，目前，隰县梨果总面积达到 35 万亩，产值 4.2 亿元人民币，其中玉露香梨已发展到 10 万亩，以玉露香梨为龙头的梨果产业，已经成为当地农民增收致富奔小康的支柱产业[10]。因此，虽然吉县和隰县在移民搬迁前，大多数人居住在土窑洞里，以种植麦子和玉米等粮食作物为主。但是，在县政府的积极引导和邻村村民的示范带动下，搬迁移民很快实现了产业转型，由原来种植粮食作物转向大力发展苹果和梨果产业。可见，移民搬迁后续产业的发展如果能以当地原有的特色产业为依托就能顺利实现转型并取得大发展。

（三）在移民后续产业发展中应该重视现代科技的运用

吉县和隰县移民搬迁后续产业之所以能取得长足的大发展，是因为他们

在果业发展和畜牧业发展中非常重视现代科技的运用。比如，吉县在功能保健苹果的开发过程中引进了SOD（超氧化物歧化酶）栽培技术，去年以来吉县在蔡家川森林公园实施了山西省星火计划超氧化物歧化酶导入苹果栽培项目，对SOD苹果进行产业化开发并获得成功，SOD苹果的市场售价是普通苹果的一倍。同时，吉县引进无害化园艺栽培新技术，在各乡镇筛选了施用有机肥的壮势果园作基地，优选优秀园主进行强化培训，统一技术方案，专人跟踪指导，实行订单生产，成功开发了富硒、富锌、SOD等品种的功能保健苹果26.6公顷（1公顷=10 000平方米，下同），2011年在山西省政府召开的山西特色农产品北京展销周总结表彰会上，吉县开发生产的"功能保健苹果"喜获金奖[11]。

另外，吉县规模化养殖业的发展也离不开科学技术的跟进，该县组织多层次技术培训，邀请猪病防治专家对规模养殖场户进行专场培训；邀请省繁改站专家进行了羊的人工授精技术培训；邀请山西农大教授举办了畜牧技术培训班、畜产品质量安全培训班，规模养殖科技贡献率得到极大提高。其中天丰生态养殖责任有限公司实行全方位电子监控，并且猪场成功推行猪的人工授精技术，其精液可供周边50余户养殖场（户）使用，成为我省首屈一指的标准化养殖场；春娥养殖专业合作社设计存栏蛋鸡50 000只，现存栏15 000只，该场引进先进成熟的生产管理技术，上料、收蛋、除粪实现了自动化、智能化，成为现代畜牧业的典型特征[12]。

（四）在移民后续产业的发展中应该充分发挥领导干部"领头羊"的作用

吉县和隰县在移民搬迁后续产业的发展中，尤其是果业发展中除了县委县政府积极扶持、引导之外，一些责任心强、工作能力强、组织协调能力强的基层干部在其中发挥了"领头羊"的作用，就像一些基层群众说的那样"有了一个好书记，老百姓就有了主心骨，再大的困难也不怕了。"比如，隰县午城镇习礼村梨果业的发展就与原村支书闫云海的带领是分不开的。话从1984年说起。当时，闫云海当选为600多口人110户的习礼村村委会主任，当时这个村是"穷得不能再穷了"的地方，闫云海提出发展梨果业，靠山吃山，靠水吃水，自己示范引领，把自家的11亩好地和14亩坡沟地都栽上了梨树。看到他赚了钱，村民们都跟他学种梨，习礼村的梨园很快就发展到1000多亩。到2008年，全村梨果收入达到140万元，人均2300元，梨树成为习礼村的摇钱树[13]。闫云海和习礼村种梨致富的事迹就是隰县大力推广梨果富民发展战略的一个缩影。再比如，吉县东城乡的葛副乡长在带领村民栽种果树和新

技术的推广中都充分发挥了"领头羊"的作用。2003年11月，县里鼓励种植果树时，尽管乡里免费提供树苗，但是一些村民觉得种粮食年年有收成，而果树要在四五年后才能挂果，能不能挣钱根本没保证，所以对种果树没有信心，在这种情况下，葛副乡长首先在自家的承包地里种上果树，经过几年的精心管理，苹果大获丰收，使得一些动摇不定的村民开始种果树，从此走上了致富之路。另外，在新技术的推广中葛副乡长也发挥了"领头羊"的作用。2006年，葛副乡长想学别的地方搞"畜—沼—果"的发展模式，号召农户养猪，用猪的粪便发酵沼液，再用沼液给果树施肥。结果，他游说了好多户却没有人愿意搞，于是老葛就在自己家里开始了试验，最终试验成功，使得每年每亩果园能节约肥料费400多元，节约燃料费1000多元，而且施用有机肥苹果的品质也提高了。葛副乡长的成功试验引得乡亲们纷纷效仿。"畜—沼—果"循环经济模式，不仅提高了农产品的附加值，而且带动了附近一大批农民从事养殖业和果业循环生产，有效增加了农民收入，调动了农民的生产积极性，促进各项产业持续、高效、快速、健康发展，加快实现农业现代化和新农村建设步伐。

【参考文献】

[1] 毛益民.吉县积极构筑金字塔结构产业体系先行先试走转型跨越富民强县道路[J].品牌，2012（5）.

[2] 赵玉山.对隰县梨果产业发展新变化的调查[J].北方果树，2015（3）.

[3] 吉县统计局.2014年国民经济和社会发展统计公报[EB/OL].2015-04-29.

[4][12] 佚名.山西吉县形成良性生态农业发展格局[EB/OL].2015-04-28.

[5] 张羽，王淳峰.隰县果业发展情况调研报告[EB/OL].2012-09-11.

[6] 佚名.吉县扶贫：小苹果做成了大产业[EB/OL].2014-10-13.

[7][9] 李琳."畜—沼—果"创新模式促山西吉县畜牧业发展[EB/OL].2014-03-26.

[8] 佚名.隰县扶贫开发惠民生[EB/OL].2015-01-16.

[10] 任丽娜，邓仲玖.中国梨乡山西隰县梨花绽放[EB/OL].2014-04-14.

[11] 王秋萍，白彩章.苹果成为吉县农民"致富果"[J].果农之友，2011（7）.

[13] 佚名.山西隰县种梨人：梨树成为摇钱树[EB/OL].2015-05-25.

（杨　欣）

案例篇

生态移民后续产业发展的重要模式
　　——宁强县舒家坝镇宝珠观村移民后续产业发展的调查与分析
内蒙古清水河县生态移民搬迁"3+2"模式
西部贫困地区县域生态工业园绿色发展的经验与启示
　　——以陕西安康市旬阳县生态工业园为例

生态移民后续产业发展的重要模式
——宁强县舒家坝镇宝珠观村移民后续产业发展的调查与分析

[摘　要]　宁强县舒家坝镇宝珠观村作为陕南生态移民搬迁的安置点，在后续产业发展上把袋料香菇生产作为主要项目，并实现了产业化经营，走出了一条独具特色的"搬得出，稳得住，能致富"的发展之路。宝珠观移民后续产业之所以能够获得成功，其原因在于能因地制宜选准产业项目，拥有开拓创新的致富带头人，采用先进的产业组织解决销售问题，重视发挥互助资金协会的作用，学习和推广现代农业科技以及争取当地政府的大力支持。

[关键词]　后续产业；移民；宝珠观；模式

　　后续产业发展历来是生态移民能否成功的关键问题。围绕这个问题近年来各地都进行了不同形式的探索，也涌现出了有价值的模式。宁强县舒家坝镇宝珠观村，在生态移民后续产业发展方面结合本地实际，依托当地气候条件和资源优势，大力发展袋料香菇生产，取得了显著的成效，不仅为当地移民群众找到了生产的门路，也带动了当地贫困群众的脱贫致富，在精准扶贫方面做了有益的探索，因此，宝珠观的经验也受到了中省市有关部门和领导的高度重视。本文拟将宝珠观移民后续产业发展作为一个个案，对其做法、经验作一些分析，以资借鉴。

一、宝珠观村及移民点的基本情况

（一）宝珠观村基本情况

　　宁强县舒家坝镇宝珠观村，位于宁强县城西南15千米处，地处秦岭巴山交汇地带，山大沟深，地势险要，是宁强县贫困人口比较集中的地区，2008年，该村农民人均收入仅2000多元。

　　全村现有耕地2847亩，主要为山坡地，另有林地2.9万亩。全村有5个村民小组，311户、1084人，其中贫困人口就有196户、655人。2006年被确定为陕西省扶贫开发工作重点村，2011年被列为扶贫连片开发整村推进村。近年来，宝珠观村农民的人均收入连年增长，2013年，该村实现农民人均纯

收入 8560 元。

宝珠观村原是宁强县沙河子乡政府所在地，随着 1996 年乡镇机构改革，沙河子乡被撤销，并入到现舒家坝镇。2010 年以来，宁强县依据陕西省陕南移民搬迁安置规划的要求，有针对性地对部分生活在地质灾害点、生活资源贫乏、生态环境恶劣地区的贫困人口实施移民搬迁，易地安置。舒家坝镇宝珠观村作为宁强县的贫困村，由于偏僻的地理位置和恶劣的气候条件，加之人口居住分散，附近的一些村民长期遭受贫困和自然灾害的困扰，难以实现脱贫致富。有的村民从前住在高山上，不通水不通电也不通路，吃水要去半公里以外的河边自己挑，生活十分不便。2008 年，汶川大地震，这一带由于距离震中较近，也属于受灾比较严重的地区，不少房屋倒塌，且常常受到洪涝灾害和滑坡等地质灾害的袭扰，正是基于这种情况，当地政府在靠近宁青公路的地方选择了移民安置点，易地安置了部分山上的群众。

（二）宝珠观移民安置点的情况

宝珠观村移民搬迁安置点是 2010 年陕西省实施的千村扶贫移民搬迁项目之一，在交通条件便利的舒家坝镇宝珠观村新建安置点一处。截至 2013 年年底，该安置点已集中安置居住在高山条件恶劣和地质灾害点的贫困户达 60 多户 156 人，加上分散安置的，全村有 103 户群众都住上宽敞明亮的小洋楼。

宝珠观移民安置点建在交通便利的宁青公路旁，为了使移民搬入新家后能够有收入来源，实现就业、创业，宁强县创新移民模式，移民办与农业、林业、扶贫等部门共同参与，捆绑项目、整合资金，做到了移民生活生产设施同规划、同布局，新家园与新产业同建设、同发展。目前，移民新村水、电、路、卫生室、文化室等公共服务设施一应俱全，做到了统筹规划、统筹建设。

宝珠观村作为陕西省扶贫重点村，村容村貌建设也富有成效，一排排民居整齐地排列在公路两边，最显眼最漂亮最有气势的就是那座由天津援建、有 3 层楼高的小学教学楼；路边地里还种植着大片的香菇，上面盖着遮阳网，规模较大，一派繁荣景象。

二、宝珠观移民安置点后续产业的发展

对于山区的贫困群众，从山上搬迁到条件较好的地方安居，无疑是其祖祖辈辈梦寐以求的愿望。这种愿望在千村扶贫移民搬迁项目和后来的陕南移民搬迁工程实施中变成了现实，移民迁入新居，其乔迁之喜是难以用语言形容的。但是，接下来面临的则是如何解决生计的问题，这也是移民能否"留

得住、能致富"的关键。

宝珠观村支书孙大勤和安置点的移民群众一样，也一直在思考和探索移民后续产业发展的问题。在对当地自然条件和资源特点认真分析的基础上，他决定把发展食用菌种植、劳务输出、生猪养殖当作全村的主导产业来抓。孙大勤早年曾办过菌种厂，了解食用菌生产的技术，为了证实选择的正确性，他首先在自己家的两亩多田里搞起了2万多袋袋料香菇，结果很快就取得了成功。在他的示范带动下，村委会主任、村计生专干、组干部和一些有胆识的农户也纷纷搞起了袋料香菇生产。为了解决袋料香菇生产规模扩大后的销售问题，孙大勤还引进了外地的香菇种植大户和收购商前来宝珠观发展香菇产业，开展联合合作，并在土地、住房等方面给予一定的优惠。

开始，有的人对于香菇生产还在怀疑、观望，等到孙大勤和一批人袋料香菇生产取得了成功并获得了可观的经济效益后，大家原有的顾虑很快就解除了。现任村主任毛友福曾算过一笔账：2012年年初，他投资15万元发展反季节地栽香菇3万袋，每袋能卖8.5到9元钱的样子，除过成本1袋能赚3到3.5元，今后，他打算继续扩大袋料香菇生产的规模。

瞅准了香菇生产的目标后，村上决定通过申报省农业综合开发项目，进一步扩大香菇生产规模，实现产业化经营。2012年，在当地政府及有关部门的支持下，村上建设了100亩反季节地栽袋料香菇的生产项目，参与农户均获得了满意的经济效益，尝到了袋料香菇生产的甜头，也期望能够进一步扩大生产规模。

2014年，在村上原有100亩反季节地栽袋料香菇生产项目的基础上，宝珠观村又申报了香菇生产标准化示范园项目，并得以获批。该示范园于2014年4月开工建设，争取到省农业综合开发项目资金130万元，拟建成标准化食用菌大棚52座，建机井1眼，安装灌溉管道3300余米，购置生产设备23台，引进食用菌新品种6个，计划种植食用菌180万袋，培训食用菌种植技术人员700人次。与此同时，宝珠观村71户菇农投资近800万元，集中流转土地356亩，在标准化食用菌示范园里，按计划发展了反季节地栽袋料香菇180万袋，当年实现产值1800万元，纯收入1000万元。同时也获得了当年改扩建示范效应。该示范园建成后，当地51户农户及周边镇20户农户入园种植香菇，使当地移民群众和农村剩余劳动力在家门口实现就业，拓宽了群众增收的渠道，让农户在土地流转、进园务工、生产香菇三方面都获得了收益。示范园项目的建成也结束了本地区夏天不产香菇的历史，丰富了夏季蔬菜市场。

在标准化食用菌示范园区的带动下，宁强县大安镇、胡家坝镇也相继建成百亩反季节食用菌产业园，推动了全县食用菌产业的长足发展。有资料表

明，1999宁强县全县食用菌种植仅有100万袋，到2013年已达到3004万余袋，袋均效益由1.2元提升到7元，产业覆盖面由原来的7个镇扩大到18个镇，覆盖率达到85.7%，年产鲜香菇3万吨，其他鲜品菇类2600余吨，年实现产值2.34亿元，全县农户人均增收780元。2014年，宁强县发展食用菌3780万袋，产业覆盖18个镇159个村3975户，年产值达到2.5亿元。

这些数据，见证了宝珠观食用菌示范园区对移民后续产业发展的示范作用，也见证了宁强县尤其是宝珠观村干部群众致力于发展富民产业的不懈努力。

三、宝珠观移民安置点后续产业发展成功的原因

宝珠观村移民搬迁安置点通过发展特色农产品，即香菇的袋料栽培，使得当地移民群众真正实现了"搬得出、留得住、能致富"的目标。宝珠观的成功是实实在在的，不仅移民和当地群众从中受惠，也辐射到邻近村镇以至于整个宁强县，带动了全县香菇产业的发展。近年来外地前来宝珠观学习取经的团体和个人也不少，中省市有关领导也对宝珠观的做法及经验给予了肯定。那么，宝珠观村移民后续产业的发展为什么能取得成功，主要原因有哪些呢？

（一）因地制宜，选准产业

从本地自然状况和资源特点出发选择后续产业，这是宝珠观村移民后续产业的发展成功的首要原因。陕南一直有发展香菇、木耳等食用菌的传统，特别是20世纪80年代，陕南汉中有的地方就在发展香菇袋料栽培技术方面取得了很大的成功，留坝县袋料香菇一度也上了规模。实践证明，袋料香菇生产，不仅节约了资源，而且成为了农民脱贫致富的一条重要途径。宝珠观正是结合本地实际，从本地资源特点和发展传统出发，选择了反季节地栽袋料香菇生产，在原有基础上也有一定程度的创新，实现了"地栽"和"反季节"。

宝珠观村现有林地面积2.9万亩，其中栎类资源占72%，山林资源丰富，发展袋料香菇等食用菌所需的栎类资源也很丰富。从市场前景来看，袋料香菇等食用菌市场需求量大，也属短、平、快项目，对农村精准扶贫和移民后续产业发展来讲，都是非常适合的项目。镇上和村里把袋料香菇食用菌作为主导产业，建立了食用菌产业示范园，推动食用菌规模化、专业化、标准化生产，产业化经营，这样一个选择是正确的，也符合现代农业发展的方向。

就整个宁强县来看，境内气候温和，雨量充沛，全县林木资源丰富，有树种282种，属于国家重点保护的树种有连香、杜仲等7种。林业用地316万亩，森林覆盖率49.8%，活立木总蓄量达419.8万立方米，有五丁关、红石

梁两大林场。已初步形成以杜仲、天麻、西洋参为主的中药材，以木耳、香菇为主的食用菌，以核桃、柿饼为主的干鲜果等七大生产基地。而袋料香菇等食用菌完全有条件在全县范围内形成前景广阔的特色产业。

（二）有一个好的致富带头人

"火车跑得快，全靠车头带"，在市场经济条件下，这一顺口溜依然是适用的。年近50岁的村支书孙大勤过去曾打过工，也有过经商办厂的经历，1999年当选为宝珠观村村主任，2008年当选为该村党支部书记。当时的宝珠观村，农民人均纯收入只有2000多元，大部分村民居住在条件恶劣、土地贫瘠、交通不便的山上，山洪年年泛滥，群众出行十分困难，长期处于封闭状态；加之照明线路远、电压低、电费高，群众生活也受到影响。孙大勤下定决心，一定要带领全村群众改变落后面貌，下大工夫解决群众"出行难、用电难、致富难"等难题。宝珠观袋料香菇等食用菌产业的发展与这样一位富有开拓创新精神的致富带头人的带领也是分不开的。

在扶贫开发和移民后续产业的发展问题上，村组干部是具体组织者和实施者，一方面，他们要搞好群众的发动组织工作，能够说服群众；另一方面，他们必须自己带头扎实苦干，这样才能真正发挥示范带动作用。在对宁强县宝珠观村调查过程中，我们发现，村组干部确实发挥了很好的带头示范作用，正是因为有人带头，袋料香菇等食用菌产业才得以发展起来。在发展袋料香菇等食用菌项目之初，大多数村民从未接触过袋料食用菌，等待观望情绪严重，在这种情况下，由于村支书孙大勤、村主任毛有福、计生专干毛燕德三人带头发展，群众对发展袋料香菇才有了信心和决心。他们每人带头发展袋料香菇等食用菌2万袋，群众的积极性一下子就被调动起来，特别是看到经济效益后，群众的参与热情就高涨起来。全村袋料食用菌从2012年初的10万袋迅速发展到2015年的100多万袋（不含外村在园区的部分）。宝珠观村的成功，不仅带动了本村群众的脱贫致富，对周围村镇也产生了示范效应。

（三）采用先进的产业组织解决销售问题

无论是扶贫产业还是移民后续产业发展，还是涉及规模化、产业化经营，都离不开先进的产业组织形式。为此，宁强县舒家坝镇与河南省西峡县万信食用菌公司采取"公司+基地+农户"的形式，进行食用菌产业示范，为宝珠观袋料香菇生产产业化奠定了基础。为了弥补夏季香菇市场空缺，宁强县农业局2012年积极引进反季节袋料香菇地栽新技术，按照"公司+农户"的模式，投资400余万元，在舒家坝镇宝珠观建成示范园100亩，发展地栽香菇

80万袋，示范园区建设实行"六统一"，即：统一土地流转连片租用，统一规划、统一建设标准、统一生产技术标准、统一设备购置和使用，统一主料加工。在此基础上规模逐年扩大，一直发展到目前的180万袋的规模。

随着袋料香菇生产规模的扩大，销售的问题逐渐凸显，为了确保销路畅通，宝珠观村通过外引内联与大的公司签订销售合同，解决了袋料香菇的出路问题，建立了自己的销售渠道。合作单位河南省西峡县万信食用菌公司，不仅为入园贫困户提供优质菌种和技术服务，也按合同回收产品，为食用菌产业发展搭建了良好平台，保证了袋料香菇产业化的健康发展。

（四）重视发挥扶贫互助资金协会的作用

山区经济发展的基础比较薄弱，当地群众维持日常生活的温饱之外很难有更多的积蓄，因此，要脱贫致富搞产业发展，资金的短缺始终是一个瓶颈。2009年7月，宝珠观村通过选举成立了扶贫互助资金协会，互助协会的资金由财政扶贫资金、村民自愿交纳人的互助金、社会各界以扶贫为宗旨的捐赠资金三部分组成。加入协会的农户仅需交纳500元入会互助金，就能成为协会的会员，会员每年最高可贷款10 000元用于发展产业。2012年会员达到301户，占全村总户数的96.8%。截止2012年年底协会共有资金32.6万元，其中上级拨付的财政扶贫资金20万元，会员缴纳的互助金12.6万元。互助协会逐年增加资金规模，实现滚动式发展，对于村里的55户贫困户，每户赠送1份500元的股金，让他们直接加入协会，方便他们随时所需。为有效解决会员想发展产业却缺乏资金的难题，协会累计向105户会员发放借款47.6万元。村里的扶贫互助协会贷款利率仅为6‰，为村民发展产业起到了助推作用。因为互助协会借款方便并且利息低，就像身边的银行一样，使很多农户从中受益，2013年就有9户农户利用借款发展袋料香菇15万袋。

为防止互助资金出现不安全周转的现象，村上从资金申请、信用担保以及考核奖惩上都有严格规定。互助资金必须是用于贫困户发展种养殖业、加工业和服务业等生产项目，增加贫困户家庭收入，不准用于基本建设和非生产性项目。

（五）注重学习和推广现代农业科技

山区贫苦群众要脱贫致富，同样也离不开对现代农业科学技术的学习和推广。袋料香菇生产也有着较严格的技术要求，如果不认真学习和掌握，也难以获取好的效益。改革开放后，改变了过去"以粮为纲"，这样单一的农业生产模式，客观上要求农民必须转变观念，与时俱进，根据市场需要不断调

整农产品生产结构，无论是种植业还是养殖业，都需要突破传统农业的模式，开展多种经营，宝珠观村选择的投资少、见效快的袋料香菇栽培，不仅符合现代农业发展的方向，也符合我国农业产业结构调整的要求，在袋料香菇栽培中，他们注重学习，采取请进来、派出去的办法学习外边的先进技术。短期内就掌握了这一先进技术。宝珠观村对食用菌种植户开展的食用菌新技术培训活动，不仅使种植户掌握了更加科学合理的种植技术，更让他们对整个食用菌产业的市场有了进一步了解，为种植户增产增收提供了有力支持。

从引进反季节地栽香菇技术以来，截止2013年年底，县农业局已组织技术员深入生产基地进行技术指导10余次，发放地栽香菇技术资料600多份，为示范基地和菇农解决生产实际问题10多次，真正把食用菌高效安全生产技术送到生产一线，交到菇农手中，切实为宁强县反季节地栽香菇丰产丰收提供技术保证和支持。技术员在宝珠观村的园区内建有9万袋6个品种的试验示范香菇棚，同时还开展技术指导。

为了对袋料香菇栽培提供技术支持，宁强县有关部门坚持把新品种改良、新技术推广普及作为重要工作内容，先后在18个镇开展理论与实际操作相结合的培训262期，新技术入户率达到90%以上。通过开展培训，全县袋料香菇成活率由90%提升到95%，菌袋成本由2.9元/袋降至2.5元/袋。

（六）争取政府的大力支持

为了把食用菌产业做大做强，舒家坝镇政府筹资80余万元扶持农户产业发展，接通了示范园的自来水和农用电线路，硬化了路面，修建了排水沟和便民桥，为菇农提供生活生产用房，农业部门为基地提供生产所需设备，供菇农免费使用。镇村在食用菌产业示范园建桥一座，修园区道路1条，硬化示范园场地1500平方米，架设输变电线路1800米，建设管护用房560平方米，达到了"三通一平"要求，在引进河南省西峡县万信食用菌公司过程中，政府出面帮助解决了一系列实际困难和问题，这为袋料香菇等食用菌产业的发展铺平了道路，尽到了政府的职责。尤其是为入园贫困户提供优质菌种和技术服务，按合同回收产品，为食用菌产业发展搭建了良好的平台。这也是宝珠观扶贫产业和移民后续产业发展取得成功的不可忽视的原因。

（王　敏　冯明放）

内蒙古清水河县生态移民搬迁"3+2"模式

一、清水河县基本情况

呼和浩特市清水河县位于内蒙古自治区中部，处于农牧交错地带的生态脆弱地区，地质构造复杂，自然条件较差，境内千沟万壑，90%以上的耕地为坡梁旱地。1978年，全县粮食总产量4531万斤（1斤=500克，下同），农畜总头数为26万头只，农民人均纯收入仅为42元，列全区倒数第一，属于典型的"老、少、边、穷"地区。从20世纪90年代开始，为了减轻生态脆弱区的人口压力，让老百姓从根本意义上脱贫，内蒙古自治区开始进行实施生态移民工程。第一期生态移民工程从1998年开始，主要是为了缓解阴山北区的生态脆弱区人口对生态环境的压力，按照《实施生态移民和异地移民扶贫移民试点工程的意见》，从2001年开始在自治区实施了大规模的生态移民，对荒漠化、草原退化和水土流失严重的生态脆弱地区实施生态移民。贫困人口从2000年的6.3万人下降到2014年的3.01万人，县域经济达到自治区的中游水平。

然而，由于受历史因素和自然条件的限制，作为国家级贫困县，清水河县贫困人口的规模仍然量大面广。2014年，清水河县常住人口为8.9万人，按照自治区年人均纯收入低于2600元（2010年不变价）的贫困标准，建档立卡的贫困人口为10 407人，贫困面达到了12.4%。如果按照呼和浩特市年人均纯收入低于3500元的贫困标准来计算，贫困人口为3.01万人，贫困面为35.86%。农民人均纯收入7499元，较全自治区、呼和浩特市平均数分别低2477元和6515元，贫困问题仍然较为突出。

二、生态移民搬迁"3+2"模式

对于国家级贫困县来说，生态移民搬迁是一个庞大的系统工程。近年来，清水河县在实施移民搬迁工程中，适应环境变化要求，深入贯彻落实党的十八届三中、四中、五中全会和习近平总书记视察内蒙古时的重要讲话精神，紧紧围绕自治区"8337"发展思路，不断创新工作方法，在扶贫攻坚工作上确定了"3+2"工作模式。使移民搬迁工作取得了显著的成效，不仅解决了"移得出"的问题，同时也为进一步解决"留得住、能致富"问题奠定了良好的基础。

清水河县按照精准扶贫的要求，在精准化调查摸底基础上，进一步分析贫困户致贫的原因，针对性地创立了"3+2"的扶贫工作模式。"3"是指 3 种移民搬迁方式，即对生产生活条件恶劣的村庄，采取"一步进城建设新社区"的做法；对生产生活条件相对较好，而且具有一定产业基础的村庄，采取"就地集中建设新农村"或者"小村并大村"的做法；对 60 岁以上的没有劳动能力、有生活自理能力的农村空巢老人，动员其入住"互助养老幸福院"。通过这 3 种搬迁方式，针对性地解决不同移民村和移民户的实际问题。"2"是指两种扶持方式，即对有劳动能力的贫困户，因地制宜地发展特色产业；对丧失劳动能力的贫困户，政府通过多元支持，保障其基本的生活条件。

在"3+2"扶贫模式的指导下，通过产业开发式扶贫、转移式扶贫、救助式扶贫等多种途径，改善了移民的生产条件和生活条件，提高其自我发展能力，促进贫困人口增加收入，实现脱贫致富。2014 年实现 3500 人稳定脱贫；2015 年，清水河县全力推进"3+2"扶贫开发模式，实现了让 2400 名贫困人口脱贫的目标。

三、移民后续产业的发展

移民后续产业开发是移民搬迁成功与否的关键。移民之后能否"稳得住、能致富"，重点就是要发展符合当地条件、因地制宜、具有地方优势的特色产业。清水河县以建设特色小杂粮种植基地、增加贫困户收入为目标，大力推广张杂谷的种植。张杂谷是张家口市农科院从 1969 年开始选育的新品种，到目前已有 6 个品种，通过一系列技术使谷子具有了根系发达、抗旱性强、适应性广、优质高产等特点。经评估后，联合国粮农组织的雅克·迪乌夫表示，鉴于张杂谷具有高产、节水、耐贫瘠、耐旱等诸多优点，对世界粮食安全将起到非常重要的作用，决定在全球推广张杂谷种植。清水河县以籽种每斤补贴 50 元的标准，在全县有种植条件的 43 个项目村，推广种植了 3.3 万亩张杂谷，涉及农户 3903 户。按户均种植 8 亩，亩产 1000 斤计算，仅张杂谷一项，2015 年农户直接补贴资金每户可达 400 元，当年收入可达 2.4 万元。宏河镇生态移民工程配套产业为蔬菜温室大棚，以户均 1 亩蔬菜温室大棚计算，年产值可达 4 万元，纯收入 3 万元左右，人均纯收入 7900 元。武川县耗赖山乡迁入区以食用菌种植和畜牧养殖为主要产业，移民通过进场区务工，增加工资性收入，实现增收致富。其中，已建成的食用菌大棚用工在 500 人左右，人均月工资收入可达 2500～3000 元；草原伊佳肉牛肉羊养殖场用工在 100 人左右，每人月工资收入可达 2800 元左右。同时，移民的耕地还可以继续种植，实行土地流转，享受惠农种粮补贴、退耕还林补贴等各项补助，进一步促进

农民增收。对于年老体弱的移民,可以进幸福院或享受其他社会保障。

在产业发展思路上,清水河县政府主张推动传统产业向规模化发展。对于肉牛、肉羊等传统产业,政府出台了相关政策文件,明确新购进的基础母羊每只补贴 200 元,优质种公羊每只补贴 5000 元,基础母牛每只补贴 1000 元。对于革命老区韭菜庄乡的补贴政策更为优惠,按照新建每座牛棚补贴 5.5 万元、羊棚补贴 1 万元的标准,为贫困移民户建成牛棚 28 座(150 平米/座)、羊棚 48 座(48 平米/座);结合金融扶贫富民工程,农户通过联保每户贷款 5 万元,按新购进每头基础母牛补贴 1000 元的标准,购进良种肉牛 260 头,农户散养规模扩大后将建立肉牛养殖基地,实现统一饲养、统一经营,标准化养殖。这种发展思路,使移民户在养殖投资上少了后顾之忧,规模化养殖提升了移民户的抗风险能力。

创新扶贫模式,通过合作社带动,助推村集体经济发展壮大。以"党支部+合作社+农户"的发展模式,培育支柱产业,构建扶贫联动机制,使扶贫工作与村集体经济建设同步协调发展。宏河镇范四窑村按照"党支部+合作社+农户"模式,采取"牲畜轮养、帮扶轮茬"的滚动发展机制,由党支部牵头,合作社为有养殖意愿的贫困农户每户提供 20~30 只基础母羊,进行分户饲养,并在第二年归还同等数量的健康母羊,再次投入第二轮帮扶,由此模式不断进行滚动式发展。这种扶贫模式的优点在于,一方面,稳定解决了移民的脱贫问题,另一方面,发展壮大了农村集体经济,更重要的是加强了基层党组织的建设。

总之,通过"3+2"扶贫开发模式,清水河县实现了开发式、转移式、救助式等多种扶贫模式的有效结合,形成了政府、社会、市场协同推进的大扶贫格局,贫困地区的基础设施建设不断完善,移民后续产业不断发展,移民的生产和生活有了保障,实现了推进生态移民建设和产业开发的有机融合,做到了启动建设一片、带动发展一片、脱贫致富一片。清水河县计划用 5 年的时间,采取"小村并大村"就近移民搬迁的方式,将 165 个贫困村 2324 户 9318 人逐步迁往地势相对平坦、土地资源丰富、水源条件良好、交通便利的地区,同时按照"生产发展、生活宽裕、乡风文明、村容整洁、管理民主"的新农村建设要求,集中建设设施农业和收缩转移相结合的新农村示范点,切实改善贫困人口的生存环境,实现农民脱贫致富达小康的目标。这种"3+2"模式也为其他地区的生态移民工作提供了宝贵的经验。

(冯明放)

西部贫困地区县域生态工业园绿色发展的经验与启示
——以陕西安康市旬阳县生态工业园为例

[摘　要]　区域生态工业园区,既是区域经济发展的主要力量,也是大力推进生态文明建设的主要载体和重要途径,对建设"两型"社会,实现美丽中国意义重大。本文以西部贫困地区县域生态工业园绿色发展中,成绩比较突出的陕西安康市旬阳县生态工业园为先进典型,根据调研总结出其主要做法和经验:注重生态工业园发展的理论基础,科学制定绿色发展规划;创建园区绿色循环产业链,建设绿色循环发展示范企业,积极运用与创新企业清洁生产技术;建设园区"三废"利用平台,园区实施严格监管等。

[关键词]　西部;贫困地区;县域;生态工业园;绿色发展;旬阳

改革开放以来,我国的经济社会快速发展,但与此同时,资源、能源约束趋紧,生态环境恶化,经济发展与资源环境的矛盾日益突出。各地的生态工业园区,既是区域经济发展的主要力量,也是大力推进生态文明建设的主要载体和重要途径,对建设"两型"社会,实现美丽中国意义重大。本文选取了在西部贫困地区县域生态工业园绿色发展中,把比较突出的陕西安康市旬阳县生态工业园为研究对象,希望能为西部贫困地区县域生态工业园绿色发展提供借鉴。

一、生态工业园发展的理论基础

工业园区是实现企业聚集、产业集群和项目建设的重要载体,是区域经济发展的重要增长极。生态工业园是继经济技术开发区和高新技术开发区为代表的传统工业园后的第三代工业园,是工业园未来发展的趋势。陕西安康市旬阳县在生态工业园的实践中非常注重科学理论的指导作用,涉及的理论主要有:

(一)工业生态学

工业生态学(Industrial Ecology,简称 IE)又称产业生态学,是研究人类工业系统和自然环境之间相互关系的学科,是仿照自然界生态系统物质循环

的方式来规划人类工业生态系统。它借鉴生态学的基本原理,模拟自然生态系统中各部分的功能作用,建立由不同产业和企业组成的,能实现主副产品和废弃物上下衔接、横向耦合、纵向闭合,使各种物质、能量在循环转化中得到充分利用,达到无或尽量少的废物排出,形成像自然生态系统一样的产业生态系统的运行机制,建立起生产者、消费者、分解者的产业生态链。这样,既能节约资源、能源,又能保护生态环境,实现可持续发展。[1]

(二) 循环经济学

循环经济是英国环境经济学家 R. K. Turner 和 D. Pearcezai 在《自然资源和环境经济学》一书中首先提出来的理念。它强调在人类社会发展中,充分有效地利用资源和保护环境,具体表现为"资源——产品——再生资源"的循环过程,追求"废弃物资源化和无害化,污染物排放最小化"的目标,从而实现经济效益和环境效益的统一,是对人类社会传统经济发展模式"大规模生产、大规模消费、大规模废弃"的根本性变革。循环经济要求遵循"3R 原则",即减量化、再利用和再循环原则。减量化原则要求企业在生产过程中,通过技术或管理上的改进,尽量减少各种资源和能量的使用,这是从源头上,既输入端方面实施的方法。再利用原则是指要尽可能多次或尽可能以多种方式使用产品,这属于过程性方法。再循环原则是指尽量通过对生产过程中各种"废弃物"的加工处理(再生),使其成为制造其他产品的原始资源,进入再生产或消费环节,从而减少垃圾产生。

(三) 区域可持续发展理论

1987 年,世界环境与发展委员会提出了一个获得普遍认可的可持续发展理念:既要满足当代人的发展需求,又要顾及后代人的发展需求。它追求世代伦理、人类与自然环境的共同进化和效率与公平目标兼容等方面的思想。它改变了人类社会传统理念中资源和环境无限的观念,是人类"自然环境哲学"的重大变革。其战略目标是:持续保持人类社会经济增长,尤其是发展中国家的经济增长;经济发展要以资源、环境为前提,同环境承载能力相协调;可持续发展要求公平与效率的统一;区域可持续发展系统是由人口、资源、环境、经济和社会五要素组成的有机联系、相互依存、客观存在的统一整体。

二、陕西安康市旬阳县生态工业园绿色发展的实践经验与启示

(一) 旬阳县生态工业园区概况

旬阳县生态工业园区成立于 2009 年,位于县城以北,规划总面积 17.8

平方公里，可建设面积 10 平方千米，是陕西省政府确定的全省首批重点县域工业集中区。工业园成立以来，在旬阳县"生态立县、工业强县"战略实施中，始终坚持生态工业、绿色发展理念，以创建县域生态工业园为目标，追求经济快速发展和环境保护的统一。多年来的努力取得了可喜成绩，实现了园区经济和县域经济又好又快发展、经济发展和生态环保双赢局面。2014 年，旬阳工业园累计入园企业 645 户，其中规模企业 21 户，新增投资 1000 万元以上入园企业 10 家；完成工业总产值 120.6 亿元，增长 42.6%；其中规模工业产值 69.1 亿元，增长 16.9%；实现税收 12.7 亿元，就业 10 503 人。在经济快速发展的同时，工业园高度重视绿色发展，园区企业单位工业增加值综合能耗 0.69 吨标煤/万元，年均下降 21.96%，工业用水重复率在 88% 以上；单位工业增加值二氧化硫排放量为 1.732 千克/万元，年均下降 21.5%，单位工业增加值二氧化碳排放量为 0.19 千克/万元，年均下降 18.54%。短短 5 年多时间，园区已形成 8 个各具特色的小工业园区，"三废"循环利用实现年节约标煤 34.6 万吨，减排二氧化硫 6.5 万吨，绿色经济效益达 7 亿多元。

旬阳县生态工业园区 2013、2014 年连续两年被陕西省政府授予"县域工业集中区发展先进单位"、陕西省发改委授予"循环经济示范园区"和"省级服务业综合改革试点园区"、省科技厅授予"13115 科技创新工程重点科技产业园区"、省工信厅授予"新型工业化产业示范基地"。2013 年，陕西省县域工业集中区建设座谈会在旬阳县召开，园区经验在全省宣传推广。

（二）陕西旬阳县生态工业园绿色发展的实践经验与启示

工业园区自成立以来，始终坚持生态工业理念建设园区，按照清洁生产方式组织企业生产，着力实现园区企业上下游匹配、产品互为转换、资源和能源相互利用、工艺上下对接、设施企业共享，并实施严格监控，具体做法如下：

1. 科学编制绿色发展规划

旬阳生态工业园区先后聘请多名省内外知名专家，并联合 6 个科研院所进行深入、系统研究，在编制规划时首先体现绿色发展新理念、新要求，并结合旬阳县的资源特色优势、区位优势、发展基础条件等方面，完成了《旬阳县生态工业园区循环经济发展规划》《旬阳县生态工业园区主导产业选择与产业布局规划》《旬阳县生态工业园区控制性详细规划》等七项规划。通过规划，明确了园区绿色循环产业布局、设计构建了园区绿色循环产业模型，科学确定了园区环境目标与控制指标及环境承载能力。依托各项系统规划，科

学指导绿色发展。

2. 创建园区绿色循环产业链,建设绿色循环发展示范企业

在工业园区发展布局上,首先细分为8个小区,每个小区分配一个产业,由一个龙头企业引领、相关企业配套,从而形成完整绿色循环产业链条的发展模式。并在园区中分别选择鲁家坝、柳村、草坪作为三个发展重点,分别建设锌材料、新型材料、烟草加工三个绿色循环产业示范小区。在创建绿色循环产业链中,通过企业整合、相互参股、资产重组、土地置换等有效形式,先后对16家企业进行整合归位,实现了上下游企业资源综合利用、产业绿色循环的发展模式。依托陕西有色旬阳大地复肥公司、西部尧柏水泥公司、陕汽集团公司、陕西中烟公司旬阳烟厂和中电投西北公司五大龙头企业,建设园区新型材料、水泥建材、装备制造、烟草食品、清洁能源和生物制品等六大绿色循环产业,形成一批新建、技改、扩建项目,引领产业链条延伸、扩展与配套。通过龙头企业带来投资,提供技术,开拓市场,为中小企业发展提供项目、技术、市场支撑,完善配套园区产业链条,实现由办企业向建产业链提升。例如,2009年工业园成立时,积极引进陕汽集团公司,和当地企业合资建立宝通公司,形成年产3000辆汽车生产线,并组成一条由宝利汽车配件、亨通铸件、宝利汽车销售与修理和长江汽车培训构成的完整产业链,推动县域工业由矿产开发向装备制造产业升级。依托旬阳县丰富的铅锌矿产资源,利用资产重组等方式,促进陕西中科纳米材料有限公司充分利用上游陕西旬阳大地复肥公司生产的硫酸、锌焙砂作为原料,并利用大地复肥公司生产中余热发电后的低压热气($300\,^\circ\mathrm{C} \sim 500\,^\circ\mathrm{C}$)作为能源,生产纳米氧化锌,形成绿色循环锌产业链。围绕龙头企业西部尧柏水泥公司年产200万吨水泥生产线,形成矿石资源开采、原料供应、水泥生产与水泥制品、运输与销售等10多个企业组成的水泥建材产业链。目前,旬阳大地复肥有限公司和西部尧柏水泥有限公司已被确定为陕西省绿色循环示范企业,成为全省同行业资源综合利用和节能降耗的典范。

3. 积极运用与创新企业清洁生产技术

园区大力鼓励企业引进清洁生产技术,积极组织企业主动和相关高校、科研院所联系,先后与陕西科技大学、西安建筑科技大学等8个院校签订"县校合作框架协议",解决企业清洁生产技术难题。在黄姜综合利用清洁生产技术研发上,园区与旬阳县恒源生化有限公司经过四年多的努力,取得国家发明专利2项;陕西中科纳米材料股份有限公司、陕西旬阳大地复肥有限公司与中科院联合攻关,成为国家最大的新材料纳米氧化锌生产基地,获得专利7

项；西部尧柏水泥有限公司与南京大学合作，成功研发利用铅锌尾矿生产水泥综合利用技术，年可利用铅锌矿尾渣约40万吨，利用固体废渣率达32%；针对旬阳县丰富的中药材资源，新森林生态农业有限责任公司与陕西师范大学合作建立了中药材研究基地。截止2014年年末，园区内共有4家企业被授予高新技术企业，获得8项国家发明专利，26项国家级或省级科技奖项。一批先进实用技术的引进与创新，促进了园区企业清洁生产水平提升，推动了园区绿色循环发展。

4. 建立生态园区"三废"利用平台

为降低废弃污染物排放，实现绿色循环发展，园区管委会结合旬阳县长远规划，建立了县城区域与园区企业共用的生活垃圾处理厂、污水处理厂、废气余热发电站等设施，实现综合利用、配套建设。投资6915万元在草坪工业小区建成生活垃圾处理厂，日均处理生活垃圾115吨；投资1.4亿元在老龙沟工业小区建设1.5万立方米/天的污水处理厂。投资6000多万元在园区西部尧柏水泥有限公司和陕西旬阳大地复肥有限公司建成2座废气余热发电站，年发电量达5300万千瓦，年可节约标煤6500余吨。通过对"三废"的综合处理、绿色循环利用，使"三废"的处理率达90%以上，达到国家生态工业园区环境排放标准。

5. 园区实施严格监管

（1）坚持总量控制。园区始终围绕环评确定的排放总量，坚持首先从入园项目准入入手，并在生产过程中严控精管用能减排，确保园区在发展过程中环境质量不下降。在陕西省环保厅审批的《旬阳县生态工业园区规划环境影响报告书》中，核定的旬阳县生态工业园区主要污染物排放总量为：粉尘2689.2吨、COD 1347.8吨、SO_2 1406.4吨、NH_3-N 286.1吨、NOX 2385.2吨。到2013年年末，园区规模企业年排放粉尘113.9吨、COD 50.3吨、SO_2 459.06吨、NH_3-N 10.8吨、NOX 1707.4吨，分别占总量的4.4%、3.7%、32.6%、3.8%和71.6%

（2）加强对企业精准化监管。一是建立由发改委、统计、环保、园区构成的"四位一体"监测监管平台，加强对数据的科学系统分析，为精细化管理提供科学依据。运营中不断完善园区企业能耗与污染物排放的月报、季报表统计。二是在检测地点上，实施企业监测和部门监测相结合，完善污染源在线监控平台建设。通过在线监测、数据共享，形成日常管理制度化、科学化。目前，园区列入中省重点用能监测企业3家，其中：尧柏水泥公司为全国万户重点用能企业，旬阳卷烟厂和中科纳米公司为省级用能监测企业。三

是实施全过程监控。首先从企业项目源头入手，把绿色循环落实到项目设计之中，将各项能耗、排放落实到企业生产过程中，将节能减排落实到企业技改之上。定期评估、经常督查，坚决杜绝企业生产过程中乱排、偷排等行为。积极支持企业争取国家和省上专项扶持资金，进行以绿色循环为主要内容的技改扩建，应用新技术，开发新产品。

（3）以企业清洁生产标准实施对标监管。积极按照行业清洁生产标准，对企业生产工艺中的关键控制点、原料、能耗、副产品或废弃物进行对标监管，帮助和促进企业开展清洁生产技术改造，实现达标生产、达标排放。例如，目前尧柏水泥公司达到水泥工业清洁生产标准中一级标准16项，二级标准13项，企业清洁生产水平已超过国内先进水平。旬阳卷烟厂在能源、原料选择、生产设备方面达到行业清洁生产二级标准。通过对企业清洁生产环节对照管理，及时发现问题、采取对策，不断提升企业清洁生产水平。

这些做法取得了良好的效果，据统计结果显示：园区六大绿色循环产业年节约标煤10742.2吨，减排SO_2 81.99吨，余热发电5300万度，实现绿色循环效益7亿多元。

【参考文献】

[1] 郭莉,苏敬勤.生态工业系统研究述评与展望[J].中国地质大学学报（社会科学版），2004（3）.

[2] 冯之浚.循环经济导论[M].北京：人民出版社，2004：4-5.

[3] COHEN-ROSENTHAL, EDWARD. Designing eco-industrial parks: the US experience[J]. Industry and Environment, 1996, 19 (4).

（张 震）

专题篇

打造川陕革命老区红色旅游带的几点构想

关于汉中循环经济建设的问题与建议

国外移民开发的经验教训及其启示

明清时期陕南移民开发的经验与启示

我国生态移民的发展历程及基本经验

新常态下汉中发展面临的选择

流动性服务视角下我国少数民族地区农村社会保障公共服务的构建

陕南生态移民土地经营权转让意愿及其影响因素研究
  ——以汉中市为例

陕南移民搬迁式城镇化建设绩效评价研究
  ——以汉中市为例

新常态下创新驱动城市发展之路径探析
  ——以汉中市为例

打造川陕革命老区红色旅游带的几点构想

[摘　要]　川陕革命根据地为中国革命胜利做出过巨大贡献，由于自然条件所限，如今仍属于秦巴连片特困地区。这里红色旅游资源丰富且有特色，将其打造成为一个红色旅游带，可作为带动当地扶贫开发和经济社会发展的重要途径和载体。为此，需要建立权威的红色旅游开发协调机构；制定好红色旅游发展规划；整合各种旅游资源实现"红""古""绿"的结合，利用现代科技手段对红色旅游资源进行保护和开发；构建红色旅游资源开发的新模式；加强红色旅游人才的培养。

[关键词]　红色旅游带；川陕革命老区；建议

　　川陕革命根据地，是第二次国内革命战争时期中国共产党领导的重要根据地之一。从1932年12月到1935年3月，仅两年多时间，红四方面军就建立了纵横20余县，面积4.2万平方千米，人口700余万的新根据地，正如毛泽东同志1934年1月在中华苏维埃共和国第二次全国苏维埃代表大会报告中指出的："川陕苏区是中华苏维埃共和国的第二个大区域""川陕苏区是扬子江南北两岸和中国南北两部间苏维埃革命发展的桥梁，川陕苏区在争取苏维埃新中国伟大战斗中具有非常巨大的作用和意义"。[①]

　　川陕革命根据地为中国革命胜利做出过巨大贡献，虽然后来这里作为革命老区，经济社会有了很大的发展，但由于地理环境、自然条件所限，如今仍然属于国家集中连片特困地区之一的秦巴连片特困地区，未能从根本上摆脱贫困。近年来随着国家红色旅游的快速发展，川陕革命老区迎来了新的发展机遇。本文拟结合川陕革命老区红色旅游发展的情况，提出发展红色旅游带的几点构想，并以此来缅怀革命先烈的丰功伟绩，服务革命老区经济社会的发展。

---

① 《中华苏维埃共和国中央政府文件选编》（江西社科编辑部），毛泽东1934年1月《在中华苏维埃共和国第二次全国苏维埃代表大会上的报告》，第97页。

专 题 篇

一、川陕革命老区红色旅游资源分布及其特点

（一）川陕革命老区红色旅游资源分布

1932年秋，红四方面军撤离鄂豫皖根据地，突破敌人围追堵截，于同年12月初，翻越秦岭，之后又由陕南进入川北，进而创建了川陕革命根据地，因此也留下了众多的革命历史遗迹。尽管因多种原因，有的文物遗迹作为旅游资源未能得到很好保护，但至今分布在四川、陕西境内巴中、广元、达州、汉中等地的文物遗迹仍然比较丰富，也十分宝贵。

巴中是川陕革命根据地前期的中心区域，党、政、军、社会团体首脑机关先后设于通江和巴中县城，革命文物遍及全市，是当今进行革命传统教育和发展红色旅游的宝贵资源。经当地政府多年的努力，现已建成3个全国爱国主义教育示范基地，两个省级爱国主义教育基地，已成为巴中独具特色的新亮点。巴中市红色旅游资源和遗迹主要有：巴州区的川陕革命根据地博物馆、川陕苏区将帅碑林，通江县的红四方面军总指挥部旧址纪念馆、王坪烈士陵园以及"赤化全川""平分土地"红军石刻标语，平昌县的刘伯坚烈士纪念碑，南江县的巴山游击队总指挥部旧址。

广元市，特别是旺苍县是川陕革命根据地后期首府，红色旅游资源极其丰富。据初步统计，全市境内共有红色旅游资源156处，红军革命历史文物2403件。革命遗址、革命文物、烈士陵园、主题公园等，广泛分布于所辖区域。这里留有党和国家重要领导人徐向前、李先念、陈昌浩等革命先辈的战斗足迹；留有川陕根据地关系政治、军事、经济全局的木门会议、红四方面军总部会议、王家坝军事干部会议、剑阁会议等重大会议遗址；留有4.7万广元优秀儿女参加红军、为革命英勇斗争的无数英雄事迹；留有世代传承的红军歌谣和老区精神……1935年4月，广元旺苍成为红四方面军北上长征的集结出发地，"红军城"从此载入中国革命史册。

达州也是川陕革命根据地的重要组成部分，徐向前、李先念、许世友、傅钟等老一辈无产阶级革命家曾在此浴血奋战，留下了许多战斗足迹。"反三路围攻"的竹峪关、空山坝战斗，以及营渠战役、宣达战役、万源保卫战都是在达州境内进行的。万源保卫战被认为是红四方面军历史上"规模最大、时间最长、战斗最艰苦、战绩最辉煌"的战役。川陕革命根据地鼎盛时期，共有23个县（市）苏维埃政权，达州就有6个，占1/4多，仅万源保卫战中，就有8万多达州儿女参加红军、赤卫军和游击队，打败了20多万敌人的进攻，歼敌达8万之多。在这片厚重的热土上，红色文化遗产十分丰富。截至2011年年底，第三次全国文物普查调查并登记和录入重要历史事件和重要机构旧

址、重要历史事件纪念地或纪念设施、名人故（旧）居、烈士墓及纪念设施、其他近现代重要史迹及代表性建筑等革命旧址、遗址类文物点 228 处。

　　陕西汉中同样是川陕苏区的重要组成部分，也是红四方面军撤离鄂豫皖革命根据地转战千里后的第一个立足地。红四方面军 1932 年 12 月上旬到达陕西省南部的汉中后，随即发动群众打土豪，分田地，在城固、西乡建立了两支地方游击队和马儿岩区苏维埃政权，之后又在西乡县钟家沟召开了团以上的干部会议，研究部署了军事问题，最终下定了进入川北，建立川陕革命根据地的决心。同时，红四方面军与中共陕南特委在西乡县共同建立了红 29 军。根据 2010 年陕西省革命遗址普查，陕南汉中境内目前留存有革命遗址、遗迹 166 处，其中，重要历史事件和重要机构旧址 86 个，重要历史事件及人物活动纪念地 42 个，革命领导人故居 15 个，烈士墓 13 个，纪念设施 10 个，革命历史文物近 2 万件。重要的有：西乡县红四方面军钟家沟会议旧址、马儿岩红二十九军军部旧址、陈浅沦故居、红色交通线秘密联络点旧址，南郑县红寺湖风景区的川陕革命根据地汉中纪念馆、何挺颖烈士故居及纪念碑，洋县华阳红 25 军军部旧址，镇巴县川陕革命历史陈列馆等。据不完全统计，陕南三市被定为烈属、红属的约 9 万多户。这里有着光荣的革命斗争历史，但由于过去对陕南川陕革命根据地历史的宣传薄弱，外界知之甚少。①多年来，许多人只知道陕北是革命老区，根本不知道陕南也是革命老区。

（二）川陕革命老区红色旅游的特点

　　川陕革命老区红色旅游资源除了在上述地区广泛分布之外，还表现出如下几个特点：

　　一是资源丰富，类型多样。上述川陕几个地市旅游资源的数据已经显示，川陕革命老区的红色旅游资源相当丰富。2005 年年初，国家发改委、中宣部、国家旅游局、文化部等 13 个部委联合推出了《全国红色旅游精品线名录》和《全国红色旅游经典景区名录》，川陕革命老区的相关地市均名列其中。从资源类型看，这里既有重要的会议、战役、战场遗址，又有将帅故居、旧居和活动地。同时还有大量保存比较完好的红军标语以及后来建立的纪念馆、纪念碑等。

　　二是特色鲜明，优势明显。川陕革命老区拥有"川陕苏区""将帅故里"等红色旅游品牌。共和国主席李先念，元帅徐向前、张爱萍、魏传统、杨超、

---

　　① 王国星，梁潇．陕南如何实现旅游产业的成功突围[N]．陕南瞭望，2009-11-18．

王树声、洪学智、李德生、陈锡联、许世友、程子华、徐海东等老一辈无产阶级革命家和高级将领曾在此战斗过，在这片土地上留有他们许许多多可歌可泣的战斗故事。

三是资源组合好，开发潜力大。集中表现在红色旅游资源与历史文化、绿色生态、民族风情有机地结合在一起，形成了有较大影响力、吸引力和开发潜力的综合旅游景区，这既是川陕革命老区红色旅游资源的一大特色，又是其一大优势。由于地处山区，交通不便，一些大山深处的古镇保留了淳朴的民风民俗和完好的民间特色建筑，加上秀美的自然风光、良好的生态环境，这种综合旅游景区发展潜力巨大。

四是资源分布相对分散，比较偏僻。历史上，川陕革命根据地活动范围比较广阔，因此使得如今红色旅游资源分布也比较分散，加之地处秦巴山区，使得分散这一特点表现尤为明显。如红四方面军总部旧址、著名的木门会议遗址、巴山游击队总指挥部旧址、红二十五军司令部遗址、钟家沟红四方面军司令部遗址等，均地处大山深处。由于红色旅游资源分布比较分散且相对偏僻，这在一定程度上增加了其开发的难度。

二、川陕革命老区红色旅游发展面临的主要问题

川陕革命根据地和中国工农红军四方面军对于中国革命的贡献是毛泽东充分肯定的，后来的历史发展也进一步证实了这一点。但是，由于众所周知的原因，过去很长时间，对川陕革命根据地历史的研究乃至文物的保护几乎成为禁区，使得很多珍贵历史文物损毁、灭失。改革开放以后，随着党的实事求是的思想路线的恢复和发扬，川陕革命根据地及红四方面军的历史才逐渐被人们重新认识，并被研究者所重视。

近年来，川陕革命根据地作为革命老区，其红色旅游发展势头很好，已经建立了一批红色旅游的重要场馆，一些重要历史遗迹得到了较好的修葺和恢复，对红色旅游资源的开发也得到了有关方面的重视，前来观光旅游的游客和接受革命传统教育的青少年人数在不断增加。但是，川陕革命老区红色旅游起步较晚，相比井冈山、延安、西柏坡等地红色旅游的发展，明显滞后。目前面临的突出问题主要有：

（一）缺少红色旅游精品，旅游产品单一

目前，川陕革命老区红色旅游资源挖掘深度不够，大部分红色旅游资源尚处于开发的起步阶段，已开发的红色旅游产品单一，没有形成突出的旅游精品。川陕革命老区的红色旅游产品多以旧址、标语、革命文物、纪念馆等

静态的形式出现，加之没有和当地自然风光、风土人情、历史文化等方面的资源进行整合，实现综合开发，红色旅游资源尚未转化为当地的经济优势。从旅游经济收入看，主要来自于门票收入，游览、购物、餐饮，住宿收入极少，很难带动当地其他相关产业的发展。

（二）开发形式单一，没有形成整体优势

自从国家大力倡导发展红色旅游以来，川陕革命老区的县市对红色旅游资源的开发十分重视，也取得了突出成绩，但政府财政资金的投向主要是那些影响力较大、交通条件较好的中心城市的红色旅游资源的保护与开发，而对其他有影响力的红色旅游资源难以顾及。加之缺乏统一的开发规划，各地自行其是，使得各地的纪念场馆内容雷同，表现形式单一，缺乏应有的吸引力。另外，川陕革命老区红色旅游资源绝大多数散落于边远农村，开发难度大，就目前情况看，总体上还没有得到很好开发。

（三）红色旅游资源的配套开发滞后

川陕革命老区的红色旅游资源产品多为革命旧址、革命纪念馆、革命纪念碑等，目前，尚未能通过深入的历史研究，充分挖掘这些静物后面深厚的文化内涵和精神品味，也未能运用现代科技手段活生生地展现当年发生在这里的诸多轰轰烈烈的历史事件，同时也没有充分展示不同旧址的特定精神文化内涵，因而对游客的吸引力较差，客源市场受到很大的限制。

（四）红色文化旅游资源的保护监管不力

总体看来，红色旅游资源所在的当地政府对本地红色旅游资源开发比较重视，但普遍缺乏合理的规划及科学的管理。一些地方采取的措施仅仅只是以文件的形式，确立该处的红色旅游资源的地位，或仅仅作为重点文物保护单位，而缺乏实际的保护和管理措施。相当多的资源因经费问题处于想保护而没有能力保护的尴尬境地。还有些红色旅游资源随着时间的推移逐步被改造、重建甚至拆除，遗留下来的革命遗址大多也因为没有得到专门的保护和重视而自然损毁和人为损毁。保护工作的滞后，致使其深度开发受到很大影响。

（五）红色文化旅游资源的保护与开发机制不健全

现有的红色旅游资源管理体制混乱，存在文化部门、旅游部门、民政部门等部门多头管理的现象，且缺乏统筹协调，尚未建立起适应市场经济的红色旅游资源保护、开发和管理机制。

三、关于打造川陕革命老区红色旅游带的几点建议

川陕革命老区处于秦巴连片特困地区，今后扶贫开发和经济发展任重道远，但通过发展旅游特别是红色旅游，来带动当地经济社会发展、人民生活水平提高以及生态环境的保护，无疑是一条重要的途径。不仅如此，红色旅游的发展，也是加强革命传统教育，增强全国人民特别是青少年的爱国情感，弘扬和培育民族精神、实现中国梦的有效途径。关于如何加快川陕革命老区红色旅游发展，笔者认为，当前尤其需要大手笔、大战略、大动作，必须着手建立川陕革命老区红色旅游带，才能够实现大发展。为此，特提出如下建议：

（一）建立权威的川陕革命老区红色旅游开发协调机构

川陕革命老区涉及多个市县，每个市县在革命根据地建设中都发挥过不同作用，经历了重大牺牲，为中国革命做出了各自的贡献，在红色旅游开发中不应该出现厚此薄彼的现象。因此川陕革命老区红色旅游带的建立，应该涵盖整个革命老区的市县。必须看到，在市场经济日益深化的今天，任何地区、任何产业都不能孤立地谋求发展，而必须与其他地区和其他产业相关联、相渗透、相支持，求同存异，共同发展。川陕革命老区红色旅游带的发展，必须有系统的观点，要联合老区各地市，统一谋划，各有侧重，突出特色，共同发展。同时也要考虑与相关产业的合作，必须放大视野，树立"大旅游、大产业、大地区、大发展"的理念。因此，建议尽快建立一个权威的川陕革命老区红色旅游发展的机构，统一协调发展事宜。同时，结合国家"十三五"规划的制定，争取国家层面对川陕革命老区红色旅游发展的特殊支持。

（二）切实制定好川陕革命老区红色旅游发展规划

在党和国家十分重视并大力倡导发展红色旅游的大背景下，应充分发挥川陕革命老区红色旅游的资源优势，把红色旅游作为地方旅游产业的重要方面加以发展，促进当地经济社会的持续发展。各市县应在川陕革命老区红色旅游带总体规划的基础上，由市县主管部门牵头，组织文化、科技、城建、党史、方志、民政、博物馆等部门和单位的专业人员，对当地红色旅游资源进行一次全面调查论证，在此基础上制定市县红色旅游发展规划实施意见。然后按照规划，统筹安排，先易后难，分期实施，滚动发展。

（三）整合各种旅游资源，实现"红""古""绿"的结合

川陕革命老区的红色旅游资源固然有其优势，但资源分散不仅加大了开

发难度，也影响了游客的可入性。面对这种现状，川陕革命老区的红色旅游带如果单纯以"红"为亮点进行宣传促销的话，必然缺乏吸引力。川陕革命老区除红色旅游资源外，还有丰富多样的绿色生态资源和秀丽动人的自然风光，此外还有大量的历史文化遗存和富有特色的民俗风情。因此，应该用红色旅游的元素来丰富绿色生态旅游线路，巧打"红""古""绿"三色牌，即以红色历史文化为主，以绿色生态资源、古色历史遗存为辅，对三种旅游资源进行有效整合，这样就不仅可以避免旅游产品的单一化，而且能更好地增加其可观性、丰富性和文化性，更多地吸引国内外游客前来旅游，走出一条可持续发展之路。

（四）充分利用现代科技手段，加强对红色旅游资源的保护和开发

对已经得到科学开发的红色旅游资源，要利用现代科技手段加强保护、确认和保存，对红色旅游资源的实物、资料，予以妥善保管。采取有效措施，防止珍贵的实物和资料流失。要运用文字、影像、数字化多媒体等各种方式，对其进行真实、系统和全面的记录，编写名录，建立档案和数据库。对地处偏远山区的红色旅游资源，政府、社会要主动关注，投入资金进行抢救性保护。同时，要充分利用现代科学技术手段，开发出娱乐性强、参与性多、体验性强的旅游产品，比如唱红军歌、住红军屋、模拟影视战争、再现战斗场面、军事迷宫、军事游戏等动态产品，举行"当一天红军"的旅游活动。多角度、多层面、多视角、多媒体展现红色旅游产品，并发挥对游客特别是青少年的教育功能。

（五）构建川陕革命老区红色旅游资源开发的新模式

红色旅游资源的开发以及川陕革命老区红色旅游带的建立，单靠政府资金是不够的，各级政府及相关部门在充分发挥政府主导作用的同时，还要创新管理体制，着力构建"政府主导、市场运作、企业经营、大众参与"的红色旅游发展模式。建立多渠道、多方位的投融资体制，加大红色旅游招商引资和市场化运作的力度；鼓励金融机构积极支持红色旅游业的发展；吸引社会力量，参与红色旅游产业开发，形成全民共推红色旅游的发展格局。川陕革命老区红色旅游带的建立，还要不断加强川陕旅游区域的合作，构建并联合广元、巴中、汉中、达州、南充五市的"川陕红色旅游精品环线"，形成强势红色联盟，打造"川陕苏区"旅游品牌，实现"共赢"目标；同时要和"蜀道申遗""长征申遗"相结合，争取中央政府和相关部门的支持。

（六）加强川陕革命老区红色旅游人才的培养

要使川陕革命老区红色旅游带得以顺利建立，实现红色旅游可持续发展，必须要有大批红色旅游方面的人才参与。红色旅游对导游员、解说员的要求高，不仅要有端庄的仪表，清晰的表达，更要具有丰富的文化内涵和高尚的道德情操。因此川陕革命老区各市县旅游行政管理部门应在做好红色旅游规划、开发建设的统筹工作的同时，加强红色旅游专门人才的培养，开展相关的专业培训，并强化红色旅游景区工作人员、旅导人员的业务培训和职业道德教育，不断提高行业服务水平。

（冯明放　彭　洁）

关于汉中循环经济建设的问题与建议

陕西省确定陕南循环发展,近年来,也制定了陕南循环经济产业发展的相关规划,并出台了相关的政策措施,这对陕南循环经济产业发展起到了很大的指导和促进作用。

汉中市委、市政府近年也提出建设汉江循环经济产业带,深入实施《汉中市汉江循环经济产业带发展规划》,在汉中盆地沿汉江两岸的平川地区,西起勉县,东至洋县,向东南扩展至西乡,东西长约 110 千米,南北宽约 20 千米~30 千米,面积约 2000 平方千米的带状空间,构建以装备制造、航空产业、生物制造、新材料、文化旅游和现代农业为主的现代产业体系。这样一个规划的确实很宏伟的,目前也已经初具雏形。

一、汉中循环经济建设中的主要问题

根据我们初步了解(尚未系统调查)的情况,汉中循环经济产业发展确实取得了可喜的成绩,如汉中锌业、汉钢等工业企业对资源进行一定的循环利用并对污染进行了治理,农业也凸显了自身的特色,但是,就汉中循环经济产业发展总体而言,目前也面临着一些突出的问题亟待解决。这些问题主要有:

(一)"循环"的特色还不够鲜明

循环经济是以资源的高效利用和循环利用为核心,以低消耗、低排放、高效率为特征,以"3R"(Reduce 减量化、Recycle 再循环、Reuse 再利用)原则。汉中现有循环经济产业园区、生态园区基本框架虽然已经形成,有的牌子已经挂出,但无论是工业园区、还是农业园区,普遍缺乏实质性的"循环"。也许循环经济产业发展初期,这样的情况是不可避免的,但我们必须立足于打造鲜明的循环经济产业的特色,并使其真正循环起来。

(二)循环经济工业园区内企业的关联性有待加强

循环经济工业园区是一种建立在多个企业或产业相互关联互动发展基础之上的新型工业组织形态,是发展区域循环经济的有效载体。目前,通过建

立循环工业园区发展循环经济在汉中市已形成共识，在汉中一些县区也出现了循环经济工业园区的雏形，但是突出的问题是工业园区企业还没有真正关联起来。没有形成物料、能源等资源的循环利用网络，生态产业链尚未构建，资源难以共享。园内企业大多各自为战，对节能降耗、减量排污、清洁生产还未变成自觉习惯。

（三）循环经济产业发展的技术瓶颈有待突破

这一问题在全国具有普遍性，因为现有循环产业发展的有关技术往往因为成本过高，企业难以掌握，使循环产业发展难以落实，汉中也存在类似的问题。这一问题的存在，也说明循环经济发展需要强有力的技术支持。

（四）循环经济产业发展尚未形成规模效益

由于发展循环经济的成本较高，尤其是前期投入相对较大，很多企业望而却步，在只有少数企业实施的情况下，就抑制了循环经济的规模效益。企业和地方政府没有尝到发展循环经济的甜头，也在一定程度上降低了发展循环经济产业的积极性。

二、一些建议

针对上述问题，我们提出如下不成熟的建议：

（一）逐步确立绿色GDP核算意识，落实节能减排责任

节能减排是循环经济发展的一个重要方面和标志，因此循环经济产业发展必须重视节能减排。汉中市高耗能工业企业占比较大。在现有企业中，超过70%的企业能耗偏高。其中最主要的高耗能企业有汉中钢铁集团公司、略阳钢铁有限公司、大唐集团略阳发电厂、城固化工有限公司等8家企业。因此，政府主管部门要切实把节能减排工作作为一项重大战略任务来抓，建立健全节能减排管理长效机制，改变传统的GDP核算方式，增加资源效率和环境友好的考核指标，促使经济增长方式转变，推动能耗低、污染少的产业加快发展，遏制高耗能行业过快增长。

（二）加大循环经济技术研发推广应用力度

循环经济产业发展必须以技术创新为支撑。对已有相对成熟的循环经济技术，要加快推广步伐，同时，政府、园区、企业要加大循环经济技术研发和投入，加强与相关科研院所、高等院校的合作交流，建设开放共享的科技

基础设施和平台，建设重点实验室、工程中心和企业技术中心，开展技术创新、技术攻关和技术合作，促进循环经济产业的发展。陕西理工大学也愿为汉中循环经济发展及地方经济文化发展贡献力量。

（三）加强宣传，形成发展循环经济的社会共识

循环经济的发展需要全社会积极广泛的参与，因此，必须加大循环经济的宣传力度，普及循环经济基本知识，要突出宣传国家有关发展循环经济的方针政策、法律法规、标准和主要措施，介绍国内外推动循环经济发展的新机制和有效做法。使企业经营者、政府管理人员和市民深刻认识到节能减排、发展循环经济是企业提升竞争力、实现可持续发展的重要途径与手段。

（四）通过循环经济产业的试点，扩大示范效应

地方政府应认真选择个别循环经济产业园区作为试点单位，给予相关优惠政策，形成政府引导、企业主动参与、社会各界大力支持的良好氛围，推动示范工作顺利展开。加强对示范单位的服务与管理，相关部门要根据示范工作的进展情况，及时总结试点园区的成功经验，寻求循环经济发展模式和规律，为全面推进循环经济建设探索正确路径。通过示范和推广，探索具有汉中特色的示范模式。

（五）加强循环经济产业人才建设

循环经济的发展，离不开相关人才的培养，因此应设立专门的循环经济人才培训基地，政府应建立专项资金用于循环经济专业人才培训和继续教育；积极创造条件吸引专门人才，加快培养与引进发展循环经济产业急需的循环经济科技创新人才和高层次管理人才。

（六）深化对外合作

围绕生态环境保护、清洁生产技术、资源综合利用等内容，在资金、技术、人才、管理等方面积极开展国际交流与合作。通过国内外媒体扩大宣传，积极寻求引资渠道。通过参加国内外兴办的各种洽谈会、招商会、展销会，掌握招商信息，寻求合作机会。

（冯明放）

国外移民开发的经验教训及其启示

[摘　要] 美国、加拿大、俄罗斯（苏联）等国家，历史上都经历过大规模的国内移民开发。由于种种原因，各国移民开发的效果不尽相同。发达国家移民开发既有成功的经验，也有失败的教训。在我国加快脱贫攻坚步伐的背景下，认真研究国外移民开发的经验教训，对我国扶贫攻坚和实现生态移民可持续发展有着重要的启示和借鉴意义。

[关键词] 移民开发；经验教训；启示；国外

从世界发展的历史来看，每一个国家经济的起飞都伴随着大量的人口迁移，除了国际移民之外，往往会出现大规模的国内移民或称之为国内移民开发的现象。美国、加拿大、俄罗斯（苏联）等国家，历史上都经历过大规模的移民开发，但是，由于各种原因，各国移民开发的效果不尽相同。特别是发达国家的移民开发既有成功的经验，也有失败的教训。历史总是一面镜子，在我国实施"精准扶贫"和脱贫攻坚的背景下，研究国外移民开发的经验教训有着十分重要的现实意义。

一、美国对西部地区的移民开发

1784年美国独立战争结束后，其广袤的西部地区亟待开发。为了吸引美国民众开发西部土地、激发国民创造新生活的热情，联邦政府和各州政府纷纷制定了相应的产业、科技和环保政策与法规，开始了长达百年的西部移民拓荒时代（又称"西进时代"）。经过数十代人的努力，如今的美国西部，已经由昔日荒芜的土地变成了新的经济中心，影响着美国国内和国际经济的发展方向和产业走势。美国西部移民拓荒采取的主要措施是：

（一）实行鼓励开垦土地政策

由于19世纪美国很多地方还属于未开垦的处女地，因此1862年通过的《宅地法》规定，每个年满21岁的美国公民或者宣布愿意成为美国公民的人，只需交纳10美元手续费，就可以免费获得无人居住的政府所有土地160英亩（1英亩约合4047平方米，下同）。只要定居和开垦5年，土地就永远归其所

有，并且可以出售；也可以在居住 6 个月之后，按照当时的最低价格每英亩 1.25 美元购买。1873 年通过的《鼓励西部草原植树法》规定，只要在自己的地产上种植 40 英亩树并且保持 10 年以上，就可以获得 160 英亩联邦土地，1878 年又把造林面积降低到 10 英亩。之后，联邦政府还采取了其他优惠措施，目的就在于激发人们到西部创造新生活的热情。

（二）实施对农业的援助政策

1862 年通过的《莫里尔法》，标志着联邦政府援助农业的开始。该法律规定，由国会拨赠公共土地 3 万英亩，以其变卖的资金作为基金，支持、捐赠或维持了 69 所设有农学和农业机构知识的学院，其中包括麻省理工学院、康奈尔大学、伊利诺伊大学、威斯康星大学等美国著名的高校。1887 年，国会立法为州立高校中农业实验站的建立和发展提供资金。1889 年，联邦政府正式设立农业部，开始对农业教育和科研进行了系统地规划和指导。1914 年，国会通过了《斯密—利弗法》，拨款建立了联邦、州、县 3 级农业推广系统，使科学种田的方法、病虫害的防治和良种的选用直接推广到了农场和农户。这些措施对农业科学化的推进起到了很大的作用，也极大地提高了农业集约化生产水平。

（三）基础设施开发政策

美国在西进运动中非常注重基础设施建设，特别重视铁路、公路、水运等交通设施的建设。为此，美国政府采取了"多修铁路多得益"的政策，铁路公司每修 1 英里（1 英里约合 1.61 千米，下同）的铁路，可以得到铁路沿线一定面积的土地；同时，规定铁路公司可以根据修筑铁路的长度和地形的不同，从政府那里获得数量不等的贷款。1830 年第一条铁路投入运营后，美国迎来了"铁路时代"，铁路线的建成使美国的交通运输极为方便，不仅促进了全国性市场的形成，而且在西部催生了众多的"铁路城镇"，为西部开发的成功奠定了良好的基础。1860 年，美国铁路里程便长达 3 万英里，其中大部分修建在西部地区。在公路的建设上，美国政府也是鼓励私人投资。为解决资金不足，收费公路成为美国最早优先发展的事业。从 1792—1794 年修建的第一条公路开始，到 1830 年修筑公路总里程长达 6400 千米。随着蒸汽机船的发明与使用，美国政府又加强了对水运的建设，使美国成为当时世界上水运最为发达的国家。

（四）扶持教育和科技发展的政策

美国西部移民开发中，政府高度重视教育的发展。根据 1785 年的土地法

令，西部地区建立的每个州都可为兴办一所公共学院而获得一片土地，当时杰斐逊还设计和制定了一项宏大的包括初级、中级学校直至州立大学的教育制度。这一时期州立大学先后在南部和西部各州建立，并且实施免费教育。在重视教育的同时，联邦政府也高度重视科学技术的运用和推广。在第一次产业革命的影响下，美国的科学技术也得到了突飞猛进的发展。随着第二次产业革命的兴起，美国开始由农业国向工业国转变。因此，这一时期的西进运动，是以工业为主的综合开发。美国政府为了更好地促进西进运动，采取了更加优惠和更加开放的政策。

（五）建立专门机构和配套法规保障政策

20世纪60年代，美国对西部地区的开发进入到一个新的阶段，先后成立了地区再开发署和经济开发署等专门机构，颁布了一系列重要的法规，负责实施和监管落后地区的开发工作。其中，主要的法规有《地区再开发法》《加速公共工程法》《人力训练与发展法》《经济机会均等法》《公共工程与经济开发法》《阿巴拉契亚地区开发法》及《农村发展法》等，这些机构和法规的出台，为推进美国西部的再开发，起到了非常重要的作用。如今，美国西部地区经济社会发展的状况已经说明了美国西部移民开发的成效。

二、加拿大西部地区的移民开发

加拿大原是英国的殖民地，但最早在这里建立殖民地的是法国人而不是英国人。英国人与法国人争夺对北美的控制权，于1763年打败了法国，占领了魁北克。1867年7月1日，魁北克等东部四个殖民地在渥太华成立联邦式"加拿大自治领"，成为北美第二个独立国家，但最高行政权仍归英王。最早获得开发并处于领先地位的是加拿大的东部地区。"加西四省"即不列颠哥伦比亚省、阿尔伯塔省、萨斯喀彻温省、曼尼托巴省，当时为加拿大曾经的落后四省。

（一）加拿大西部的早期开发

加拿大联邦政府成立以后，为了推动西部和内地的开发，政府采取了一系列政策措施。于1872年颁布的《自治领土地法案》，规定凡交纳10美元注册费的移民，即可领取160英亩公共土地；拨付大量土地用于修筑横贯大陆的太平洋铁路；将西部1/8的土地约400万英亩，拨给学校作办学基金；于1878年开始实行保护性关税，将进口工业品的关税率由15%提高到35%。据统计，到1906年，按1872年土地法领取宅地者达4.1万户，其中不少人来自

英国和美国。不到半个世纪的时间，加拿大的西部基本被占领完毕。

1896年，随着大量居民移民到西部，西部地区也发生了重大的变化，土地占用率明显提高，但人口稀少的问题依旧存在。为此，加拿大政府制定了切实可行的移民政策，把欧洲和美国的居民吸引到西部草原上来，使农业开发得到了所需的劳动力资源。为了使更多的人了解加拿大西部，增强移民对开发西部草原的信心。加拿大西部居民有大约60%居住在农村，从事农业或服务于农业的行业。随着农业中合作经济组织的发展，农作物产量也不断提高。进入20世纪20年代，内燃机得到了推广和使用，拖拉机取代了马匹，卡车取代了马车，联合收割机取代了旧式的农具，大大提高了农业生产力。1928年，加拿大西部草原的小麦出口量已经占到了整个世界小麦出口市场的一半，并得到了"世界粮仓"之美誉。

第二次世界大战之前，自由党领袖W. 洛里埃执政时期，加拿大资本主义经济迅速发展。随着横贯大陆铁路干线的完成，大批移民涌向西部开办农场。西部人口剧增，农业区域不断扩大，谷物产量成倍增长，西部草原区成为世界最大的谷仓之一。近代工业，包括采矿、电力、钢铁、铁路设备、农机制造等工业部门发展迅速。以铁路为主的全国交通运输网开始形成，铁路沿线出现了一批新城市，蒙特利尔和多伦多成为全国经济文化的中心。

（二）新世纪加拿大西部的开发

2000年加拿大联邦政府设立了"供货商发展计划"，主要是帮助西部企业参与政府采购计划的投标，政府采购政策向西部倾斜。政府主导建立了"加西产业联盟"和"西部商务服务网络"，帮助推动西部企业之间结成各种形式的生产联盟、技术合作联盟和营销联盟，帮助西部企业获得成本优势。

20世纪加西地区相对落后的基础设施，已经极大地制约了当地的经济社会发展，进入新的世纪之后，政府资金主要投向重点基础设施建设领域。加拿大联邦政府与省政府合作，采取共同选择投资项目、联合出资的模式发展基础设施。即双方各自研究提出建议，由双方组成的"管理协调委员会"进行论证，选出最应该优先建设的项目，两级政府共同投资建设。政府还采取了各种措施，鼓励私营企业和中小企业的发展。一方面，取消对私人投资的诸多限制，另一方面，在税收等方面予以扶持，将公司税率分为多个等级，企业规模越小，应缴纳的公司税税率越低，目的就是为了避免优惠政策带来的不公，要给私营中小企业以充分的发展机会。政府还通过金融机构，积极帮助中小企业获得优惠借款和融资资助，此外，政府还开展了协助还款担保、借款保险、信用担保等一系列金融服务。

从 2008 年开始，加拿大政府对企业扶持的重点逐步从资金补助转向智力支持，主要是帮助企业吸引和留住人才。比如中小企业雇用理科毕业的大学生就业，政府在 3 年之内为其提供 50%的工资，使到西部就业的大学生与在东部地区的收入水平差距大为缩小，极大地促进了人才向西部地区的转移。

三、苏联及俄罗斯对西伯利亚和远东的移民开发

（一）移民基本走向

俄国十月革命前，伴随着领土扩张，沙皇俄国对广大的西伯利亚和远东地区通过移民进行了一定程度的开发。十月革命以后，俄国便进入到苏联时期。如果说十月革命前 300 年间沙皇时期移民主要是向东、向南迁移，那么，从十月革命以后到 20 世纪 50 年代，移民则是向东、向北迁移，重点向是乌拉尔和西伯利亚南部地区迁移。由于大规模的社会主义建设与劳动力的短缺之间存在着很大的矛盾，为此，向人口稀少而又要重点开发的地区移民势在必行。如这一时期兴建的库兹涅茨煤田，就从顿巴斯等地迁来大批矿工，总数达到 70 万人[1]，使它成为当时仅次于顿巴斯的第二大煤田。移民的到来为当地经济建设做出了巨大贡献，拔地而起的钢城马格尼托哥尔斯克和共青城，都是出自移民之手。1939 年，马格尼托哥尔斯克市已经达到了 14.6 万人。据统计，1926 年至 1939 年间，向乌拉尔、西伯利亚和远东地区的移民达到 500 万人，其中 200 万在乌拉尔地区，70 万在库兹涅茨煤田地区，80 万在远东地区，一批新的城市相继建立起来[2]。

1941 年 6 月 22 日，德国法西斯对苏联不宣而战，迫使苏联在很短时间内从西部向东部疏散了大批的企业和人员。仅 1941 年下半年就迁移了 2539 家工业企业[3]。整个战争期间迁移的人员达到了 2500 万人。这样大规模的迁移虽然说是暂时的，但对于东部地区的人口增长还是产生了一定的影响，尽管战后相当一部分人又迁回原住地，但有一部分人继续留在了战争期间建立起来的 2200 多个企业和其他部门中工作。随着战争创伤的恢复和西部地区生活条件的改善，加之西部也需要大量的劳动力，向东部地区移民也因此几乎停顿下来。

（二）移民待遇优惠

从斯大林到赫鲁晓夫再到勃列日涅夫，苏联政府深知移民对于西伯利亚地区开发的影响之深，对于苏联经济繁荣的作用之大，所以政府一直持续实施了移民开发政策。苏联政府对于到西伯利亚和远东地区以及其他边远地区

工作的人员给予了比较优厚的物质待遇，其中包括：各种补贴（地区工资补贴、北方地区补贴、铁路和石油管道线路补贴等）；每年休假期的时间也比较长，每 3 年可报销一次休假路费；可以享受提前退休的待遇；提供较为宽敞的住房条件等。这些优厚的待遇对于大部分人具有很强的吸引力，在一段时间内对东部开发发挥了积极的促进作用。

（三）基础设施建设

苏联 20 世纪 30 年代就完成了对第一条西伯利亚大铁路进行改建和修建复线的工程，并在一些重要的工矿区新修了铁路线。尽管如此，每年仍然有许多货物运不出去。为了改变铁路运输的落后面貌，战后苏联政府继续对西伯利亚大铁路进行全面的改建，使之电气化，从 1978 年起全程铺设双轨；同时，还修建南西伯利亚铁路东段和中西伯利亚铁路以及勒拿铁路等。这些措施对开发西伯利亚丰富的煤矿、铁矿、石油和森林资源等起到了非常重要的作用。为了加强西伯利亚的铁路运输能力，为进一步开发西伯利亚创造有利条件，并在远东地区建成了一条新的工业带，苏联政府决定修建第二条西伯利亚大铁路——贝阿铁路。这条铁路西起贝加尔湖北岸，东至阿穆尔河畔，全长 3145 千米。该路 1974 年 8 月开始建设，1985 年完工。贝阿铁路的建成，标志着西伯利亚地区的开发进入了新的阶段，也表明苏联已经将西伯利亚的开发列入整个国家经济发展战略。

（四）科技力量东移

在移民东进的同时，苏联政府还作出了科技力量东移的重要决策。1957 年苏联科学院西伯利亚分院的组建，是东部科技开发的重要步骤；到 20 世纪 80 年代末期，西伯利亚分院已经发展成为苏联科学院最大的分支机构，在科学研究、培养各种专业人才、促进西伯利亚生产力发展方面取得了重大的成绩，许多科研成果转化为生产力。苏联正是在东部开发的过程中，完成了科技力量的调整和布局，使新西伯利亚科学城成为与美国硅谷、日本筑波相媲美的科学重地。

（五）苏联解体后的移民开发

1991 年俄罗斯独立以后，在经济转型和地缘政治地位根本改变的条件下，东部地区开发的模式也发生了根本性的转变。表现在：第一，以往"生产力东移"的模式被西伯利亚地区"自我发展"的模式所取代，全国生产力配置的原则，由原来最大限度保证全国的经济效益转变为满足市场需求和提高企

业的竞争力。第二，开发投资主体多元化，由原来的主要靠中央财政支持，转变为中央、地方、企业、个人多元化投资，国家仅对新区的地质勘探和基础设施进行投资，而且尽量吸引外资，建立合资企业。第三，恢复和发展东部地区的经济，主要依靠挖掘地区自身的潜力。

进入新世纪后，俄罗斯历届政府都十分重视西伯利亚地区的移民开发，但是效果并不尽如人意。首先是人口锐减带来的劳动力短缺问题。以远东地区为例，在苏联解体时大约有800万人口，目前600多万平方千米的国土面积上却只有650万左右的人口，人口密度为1人/平方公里。自然减员已经令远东地区的人口难以为继，而人口外流更使其雪上加霜。苏联解体后，远东地区的人口外流一发而不可收，外迁人口以高素质专家、技术骨干和年富力强者为主。人口流失使城市许多专业技术人员断档，使部分乡村空无人烟，也导致一些极北地区不得不放弃人类活动。因此人口和劳动力问题是目前普京政府开发西伯利亚面临的首要难题，由于历史原因，俄政府在吸引外国移民问题上顾虑重重，放不开手脚。其次是资金短缺问题。有资料显示，俄罗斯东部地区100多个大型项目在2015年前需要约2300亿美元的投入，而目前大部分资金问题尚未落实。再次是基础设施严重滞后，由于苏联解体后，俄军事工业每况愈下，导致对西伯利亚地区的基础设施投资欠账过多，加之人口向西部地区的回流，一座座城市被迫废弃，基础设施投资的效益问题也堪忧。俄政府至少需要投资800亿~1000亿美元，才能改善西伯利亚地区基础设施落后的现状。截至目前，俄远东和西伯利亚地区发展尽管取得不小成绩，但整体上仍不容乐观。苏联解体后，这块广袤土地上的GDP总量一度只占全俄的6%，而其生活成本则高出全俄平均水平近40%。

（六）苏联及俄罗斯移民开发的效果

从以上分析中，我们可以发现，无论是苏联时期还是之后的俄罗斯时期，苏联时期高度集中的计划经济体制的弊端，对西伯利亚地区的开发仍然有一定的影响，使其面临更加复杂的结构调整的难题。苏联时期由于过分强调开发的军事、政治目的，重视发展重工业，特别是与军事相关的工业，而忽视了农业、轻工业的均衡发展，这使得苏联原本已经不合理的产业结构和工业部门结构，以及粗放低效的增长方式，在西伯利亚开发过程中不但没有得到改善，反而越来越严重。再者，由于机械设备老化，专业技术人员严重缺乏，所以在开发过程中以初级产品开发占主导；还有生产的专业化方向与本地需要矛盾较大，没有对本地区经济水平整体提升起到应有的作用；忽视生活基础设施的建设与开发，部分地区由于不合理开发，生态平衡遭到破坏，导致

环境污染严重等。最终造成了东西部地区之间，在社会经济发展水平方面的差距在开发后仍没有明显减低，西伯利亚地区没有形成经济持续发展和增长的内在潜力和后劲。与西部相比，工业结构中的重型化、初级化倾向严重，经济军事化程度较高。这些都为西伯利亚的可持续发展带来了不利的影响。

四、国外移民开发的经验及启示

无论是美国、加拿大对其西部地区的开发，还是苏联及俄罗斯对西伯利亚的移民开发，历史地来看，这些不同国度、不同时期、不同方式的移民开发，都有一些共同的东西值得总结，为我们当今的生态移民可持续发展留下了经验和启示。

（一）合理的人口是实现经济开发的重要条件

一定数量和质量的人口，是区域经济发展的前提和基础。作为社会基本生产力和消费力的统一体，人口发展在受到经济发展制约的同时，也会促进或延缓区域经济的发展，从而影响社会发展的进程。美国、加拿大、俄罗斯等国家，在对本国落后地区的开发过程中，都深受劳动力资源短缺的困扰。因此，只有通过向这些地区大量移民，才能实现开发的目的。就美国西部开发而言，人口迁移的基础作用尤为明显。千百万移民涌入西部，既为西部开发提供了大量的劳动者，促进了西部经济的发展；又为东部工业化地区开拓了广阔的商品销售市场，给美国全国经济发展带来的巨大的影响。19世纪美国经济中心不断西移，就是这种大规模人口迁移的直接结果。

各国在移民过程中都采取了一些优惠的措施，以便吸引移民能够安居乐业，美国、加拿大在此方面颇为成功，因而比较充分地实现了开发的目标。应该说，俄罗斯对其东部地区的移民开发也是成功的，但相比较而言，目前仍然面临劳动力短缺的问题。就整体而言，有些国家不是劳动力短缺的问题，而是人口分布不合理的问题，但两者同样会影响到开发的效果。

（二）产业发展定位对移民开发成败有决定性的影响

美国、加拿大在其西部开发过程中，产业发展定位相对明确，也能够与时俱进地实现产业的升级换代，如重视高新技术产业的发展，对传统产业进行技术改造。就俄罗斯来讲，苏联时期的开发已经达到相当的规模和水平，也取得了明显的成就，但开发并没有增强东部地区自我发展的能力。无论是战前还是战后，苏联的东部开发都具有军事目的，战前是为了建立战略后方，战后则是出于与美国的全面抗衡和争夺。与其整体经济发展战略相同，苏联

在东部开发中实行的也是优先发展重工业、特别是军事工业的方针,这使苏联原本不合理的产业结构和工业部门结构,以及粗放低效的增长方式在东部开发过程中,不但没有得到改善,反而更加严重。东西部之间在社会经济发展水平方面仍然存在较大的差距,东部地区没有形成经济持续发展和增长的内在潜力,东部富庶的自然资源并没有带来应有的经济全面发展。与西部相比,东部农、轻、重发展比例和工业内部发展比例失调的问题更为突出和典型,工业结构的重型化、原料化倾向更严重,经济军事化程度更高。

(三) 基础设施建设在移民开发中有着不可替代的地位和作用

按照产业结构演进的一般规律,交通运输业应该是二次产业巨大发展的产物。但是,由于美国的西部开发是在独特的历史、地理条件下进行的,所以,独立伊始,美国政府和人民就致力于交通运输事业的改良与发展,把西部开发置于一个发达的交通运输基础之上。从18世纪末叶兰卡斯特大道建筑开始,到19世纪末叶全国铁路网基本形成,美国的交通运输业发生了革命性的变化。尤其是铁路对西部开发和国民经济的影响之大,使得有人称19世纪的美国内陆运输史,基本上是一部铁路成功史。俄罗斯、加拿大等国的移民开发都伴随着大量的基础设施建设,尤其是铁路交通的大规模建设,这对移民开发的成功发挥了重大的影响。这些举措,对我们今天实现生态移民可持续发展,也提供了有益的启示。

(四) 作为区域经济增长焦点的城市作用不容忽视

所谓增长焦点,是国外经济学家在综合克里斯蒂勒的"中心位置"假说、佩洛克斯的"增长极"假说和弗里德曼恩的"空间发展阶段"假说的基础上,提出的一个区位经济学概念,意指能促进相应区域经济一体化和经济增长的经济中心地区。其基本要点有二:其一,增长焦点是一个分层结构。不同层次的增长焦点在产业构成、作用区域等方面迥异。最高层增长焦点称为增长极,中层增长焦点称为经济中心;其二,区域增长焦点的数目和位置取决于社会经济状况和地理条件,而其大小和功能则由区域需求和区域规模决定。由于城市始终表现为区域的核心,主宰着区域社会经济的发展,所以,所谓增长焦点就是规模不同、大小各异的大小城市组成的城市网络。上述国家在其落后地区的移民开发中,毫无例外地都建立了大大小小的区域经济中心地区——增长焦点,主要表现形式就是大大小小的区域城市,如苏联时期在西北利亚和远东就建立了一批城市。这些城市对带动区域发展发挥了极为重要

的作用，对我们今天仍有借鉴意义。

（五）移民开发过程中应注重迁入地的生态保护

从生态经济学的角度来看，区域开发具有两重性：一是开发利用自然资源的经济发展过程；另一个是适应和打破原有的生态平衡，建立新的生态平衡的生态改造过程。这两个方面又通过生态系统的能量流动和物质循环，有机地结合起来，具体地统一于区域经济开发过程之中。生态环境破坏是区域开发中不可避免的问题，关键在于如何采取措施把这种生态破坏降低到最小的程度，并在尽可能快的情况下重建新的生态平衡。然而，在美国西部开发过程中，由于联邦政府的漠不关心，生态环境破坏不仅规模大，持续时间也长，使森林资源、土壤资源、生物资源等遭到空前的浩劫。大量森林的毁灭，对以后美国经济的发展产生了深刻的影响，生态破坏给美国经济带来了难以弥补的损失。1934年春天，从包括堪萨斯和俄克拉荷马西部、科罗拉多东部的盆地吹起一阵尘暴，席卷美国2/3的地区，一直刮到大西洋。一天之内，3亿多吨肥沃的表土离开了大平原，900万英亩良田完全破坏，受害严重的土地将近8000万英亩。自此以后，尘暴频繁，给美国经济、尤其是中西部经济发展造成了严重的威胁。从某种意义上讲，美国经济的发展包括西部的开发，是以对环境的巨大的、对有些地方来说甚至是不可弥补的损失为代价而取得的。这一点作为教训，也是我们今天实现生态移民可持续发展应该吸取的。

（冯明放　彭　洁）

明清时期陕南移民开发的经验与启示

[摘　要] 陕南是明清时期移民的重要地区，此次移民开发对陕南经济社会发展产生了深刻的影响。其主要经验有：政府主导的移民对人口的合理分布发挥了积极作用；宽松的土地政策实现了移民的安居乐业；优惠的税收保证了移民的休养生息。但是，明清时期陕南移民开发也留下了深刻的教训：宝贵的森林资源受到了毁灭性的破坏；人与动物的冲突导致动物物种的急剧减少；不合理的开发造成了严重的水土流失和自然灾害。这些经验教训都是值得汲取的。

[关键词] 明清时期；陕南移民开发；经济社会发展；经验教训

明清时期的陕南移民与"湖广填四川"的移民大潮紧密相连，除了在移民时间上有先有后之外，从移民来源上看基本上是一致的。这不仅因为历史上陕南曾经归属四川管辖，还因为陕南在地理上与四川有着密不可分的联系。古代人们所说的"蜀道"，其中相当一部分就在陕南，而不在四川。明清时期"湖广填四川"大规模的移民，不仅对四川也对陕南地区经济社会发展带来了深刻的影响，有不少经验教训值得我们今天总结和借鉴。

一、明清时期陕南移民的简要情况

历史上陕南地区经历过多次移民，其中规模、影响较大的是明清时期的移民。

明代是陕南移民的重要历史阶段。由于元末明初的战乱纷争，使得社会生产力受到极大的破坏，人口骤减，据元至正二十七年（1367 年）的统计，整个兴元路（包括今安康地区全部以及汉中地区之南郑、洋县、城固、西乡、褒城、凤县）在册人户 2149 户，人口总计仅 19 378 人[1]。可见，人丁减少、劳动力资源的不足明显地影响到当地的经济发展。面对战乱造成劳力的短缺，朱元璋通过移民垦荒和屯田的办法来加以解决。明代的移民带有很大的强制性，许多南方移民逼迫进入秦巴山区，同时也有大量流民流入。移民到来后，除进行传统的农业生产外，还从事制茶、烧炭、造纸、挖煤等手工业和工业生产，而这些生产活动都与陕南的森林资源的开发有关。于是，当时的生产

活动逐渐向深山老林扩展,且规模浩荡。明代的移民不仅奠定了陕南人口繁衍及社会经济发展的基础,而且为清代大规模向陕南移民开辟了道路[2]。

除了移民外,朱元璋时期还在全国实行军事屯田,陕南也是当时重要的军屯地,根据明朝嘉靖时期的《汉中府志》记载,汉中府设汉中卫,所属的金州(今安康)和勉县分别设千户所各一个,专门对军屯实行管理,从当时的建制推知,汉中府应该有5600人屯田和驻防,安康和勉县各有1120人屯田和驻防。从事屯田的士兵保留军籍,而且世代为军。这些屯田的军队,大部分屯田,小部分驻防,军饷大部分来自屯田的收入,既安置了为创建大明天下而建功立业的将士,又加强了地方治安,可谓一举两得[3]。

到了明末清初,农民起义、空前的瘟疫和灾荒以及清初平定"三藩"的战争,对社会生产力造成了极大的破坏,又一次导致了陕南人口的剧减和土地的荒芜,同时也使得清政府财政陷入困境。因此,在战乱刚刚结束后,清政府即对川陕等省实行了宽松的土地政策和税收政策,鼓励农民承租耕地,垦荒播种,并放宽田赋课征年限,以吸引外地移民及流民进入秦巴山区垦荒就食。顺治六年(1649年),清政府正式颁发垦荒令[4]。康熙和乾隆年间,都对早期制定的垦荒政策进行了修订完善,地方政府积极予以配合,以尽可能优惠的条件安置流民复垦。在优厚条件的吸引下,各省无地流民陆续进入陕南,由此掀开了陕南开发的高潮。大量史料表明,在这次移民浪潮中,江西、福建、广西等十几个省份的居民大量迁入川陕地区,其中以湖广行省人口最多,因此才有了"湖广填四川"之说。

从全国范围来看,清朝初年南方移民之所以选择陕南作为安居地,除了战乱和南方大面积出现自然灾害的原因以外,与陕南相对优越的农业自然环境以及交通条件有着很大关系,加之宽松的土地政策和优惠的税收政策,这就使得陕南成为当时移民的首选之地。

二、明清时期陕南移民的主要原因

明清时期陕南地区之所以出现大规模的移民潮,其主要原因有以下几个方面:

(一)连年不断的战乱

关于"湖广填四川"的原因,民间传说各不相同,其中一种说法是"张献忠剿四川,杀得鸡犬不留"。现有史料表明,这种说法未免有夸大之处,也包含有对农民起义领袖污蔑、丑化、抹黑的因素。退一步讲,如果这种说法

成立,"张献忠剿四川"也只是造成清初四川人口减少的一个因素,并非全部,更不是唯一的原因。紧邻四川的陕南亦如此,有史料记载:由于明末清初战乱频仍,陕南再次出现了明朝初年的凄惨景象,人烟稀少,土地荒芜。明朝末年汉中府在册耕地 13 146.12 顷,清初却只有 6890.10 顷,仅为明末的 52.4%;商州明末在册耕地 7729.02 顷,清初只有 2488.29 顷,仅为明末的 32.19%;兴安州(今安康)明末在册耕地为 18 746.61 顷,清初只有 1460.14 顷,仅为明末的 8%[5]。可见,陕南战后人烟稀少,严重缺少人气,这应该是需要大量移民的主要原因。

(二)频发的灾荒瘟疫

顺治初年,旱灾席卷四川大地,也波及陕南地区。随长期战乱和灾荒之后的是鼠疫肆虐。到了乾隆三十七八年,周边地区自然灾害也导致大量移民进入陕南。史料记载:"川楚间有歉收处所客民就食前来,旋即栖谷依岩,开垦度日。而河南、江西、安徽等处贫民亦多携家室来此认地开荒。络绎不绝,是以近年户口骤增至数十万"[6]。嘉庆初年,"流民之入山者,北则取道西安、凤翔,东则取道商州、郧阳,西则取道重庆、夔府、宜昌,扶老携幼,千百成群,到处络绎不绝。"[7]道光年间,陕南各地客民占总人口的比例大致为 82.7%[8]。清代康熙中期陕南人口在 50 万左右,100 余年后,陕南人口达到了 396 万余,增长率为 697.9%[9]。

(三)激烈的人虎冲突

秦巴山地林莽丛生,四川及陕南地区森林覆盖率占 80%,这里江河纵横,有胥水、沮水、洵河、丹水等河流汇入汉水,适宜的气候为动植物的生长、繁衍提供了良好的条件。陕南自古就是华南虎栖息活动的区域。然而,明清时期这一带虎患猖獗更多的则是长期战乱的产物。根据光绪《镇安县乡土志》记载,这些地方"昔年地广人稀,山深林密,时有虎患",曾经因为虎极多,据(乾隆《汉阴县志》卷六)记载:"虎蹄狼迹交于满山"。康熙五十一年(1712年),西乡县发生虎患,于是知县王穆悬重赏招募打虎将,进山打虎,三年之内射虎 64 只。事后,王穆于康熙五十四年(1715 年)在城外建亭树碑记载了此事,现存于道光《西乡县志》之《古迹》卷附录之《王穆射虎亭记》中。至今《射虎亭碑》犹存于西乡县文化馆。激烈的人虎冲突既是移民涌入陕南的原因,也是移民大量涌入后的一种结果。最终,人虎冲突以人类的胜利而告终。

三、明清移民对陕南经济社会发展的影响

"湖广填四川"这次大规模的移民发生在清朝前期和中期,最初是由清政府主导的,后成发展成为民间的一种自觉行为。从这次移民的结果来看,是中国历史上一次成功的经济性移民。这次移民不仅对陕南地区经济社会发展带来了广泛而深刻的影响,而且也对当时整个国家的经济产生了重大影响。

(一)经济影响

1. 促进了陕南农业的开发

移民不仅为川陕人烟稀少的地区带来了大量的劳动力,为经济开发提供了人力资源条件,同时也带来了南方其他地区先进的农业耕作技术。其中最为突出的是陕南居民所交口赞誉的"楚民善开水田、蜀民善开山地"的技能[10]。陕南农业栽培技术的改进、棉花种植范围的扩大、稻麦两熟制的普及推广、经济作物和经济林木的广泛栽培都与外来移民有着密切的关系。移民、流民大量进入陕南地区,必须以足够的粮食为前提,而在农业耕作技术不发达的条件下,粮食产量的增加主要依赖于耕地面积的扩大。随着移民数量的增加,平川地区的耕地几乎被开发殆尽,要保证粮食供给,唯有向南山老林、巴山老林进发。可见,毁林开荒、广种薄收是当时解决粮食问题的主要方式。

2. 逐步形成了陕南立体的农作物种植结构

陕南的地形特点分为平川、丘陵、高山,丘陵和山地面积占90%以上,而且由于海拔高度不同,不同海拔适合不同的农作物生长。移民进入陕南后,在实践中逐步摸索并认识到了平原—丘陵—高山不同海拔栽培不同农作物的规律,从而形成了陕南立体的农作物种植结构。较为普遍的情况是:平原谷地主要栽培水稻;在丘陵地带主要栽培玉米、大麦、小麦、高粱及豆类等旱地农作物;在高寒地区则主要栽培燕麦、荞麦、马铃薯等耐寒作物。这样,就形成了立体的农业种植结构。①

3. 促进了陕南经济作物和经济林的开发

明末清初,烟草已经传入陕西,嘉道时期,烟草种植在陕南得到了广泛推广,与此同时,陕南原有植棉业随着移民的大批迁入又获得更快的发展,其中湖广棉区人口的迁入对陕南棉花的大量种植起了较大促进作用。烟草和棉花一度成为陕南最主要的经济作物。尽管清代陕南经济作物的种植已有一

---

① 赵常兴,周敏. 移民对清代陕南地区农业经济的开发与制约[J]. 安徽农业大学学报:社会科学版,2004(1).

定的规模,但种植面积还是比较小的,未能形成集中产区。早在明代中叶,汉中府的茶叶生产已有相当规模,成为西北边境茶马贸易的重要基地。陕西茶叶又称"汉茶",汉茶主要产自汉中西乡县。移民大批迁入后,茶叶产区也随之扩大,紫阳县也成为陕南最重要的产茶县,这一变化显然与移民的扩大生产有关。乾隆中期以后,南方移民,包括宝庆府来的移民,将割漆技术传入陕南,使漆树成为陕南山区重要的经济资源。道光年间,平利县就有漆会船帮与漆商家专门从事生漆和漆油的收购与贩运。另外,油桐也成为陕南山区主要的经济林。以上分析可见,清代陕南地区对经济作物和经济林的种植、开发和利用,与外来移民带入当地先进的生产技术息息相关。

4. 促进了陕南手工业和加工业的发展

大规模移民进入秦巴山区以后,除了种植杂粮以维持生计外,还兼营多种手工业,随着农业和林业的发展,与之相联系的加工业也逐步发展起来,在此期间各地开设了许多工厂,有铁厂、木厂、纸厂、炭厂、药厂等。从事这些工业生产的人数从数十人到数百人不等,有的已经发展成为规模较大的手工工场,更多的手工业作坊遍布秦巴山区,聚集了大量外来移民,从而使陕南山区的森林资源和矿产资源也得到了广泛的开发,也使得资本主义的萌芽在陕南山区得到了较早的发展。著名史学家孙达人先生认为,陕南在清朝年间是我国资本主义萌芽较早的地区之一,"到了清前期,这个山区的经济面貌突然在一段时间里发生了相当迅速又巨大的变化。当时,不仅有广阔的荒地和老林得到了开垦,更引人注目的是,甚至还出现了在当时的中国堪称规模最为巨大的手工业工场,从而使这个原先较为落后的山区,一跃而成为我国当时资本主义萌芽的发祥地之一。"①不幸的是,陕南的这种繁荣没有能够维持下去。

5. 促进了陕南水利灌溉业的发展

陕南气候湿润,雨量充沛,但在农作物生长的春夏旺季,却雨水稀少,旱象屡现。为了消除旱灾的威胁,当地居民和外来移民根据陕南山地的特点,逐渐摸索出一种有效的渠堰之法,即沿溪河筑堰蓄水,后顺渠道引水灌田。这种修筑渠堰蓄水灌溉之法与南方移民的贡献是分不开的。当时就有"蜀民善开山地""楚民善开水田"(道光《宁陕厅志》)的记载。嘉庆时期,略阳县、留坝厅等地,川楚徙居之民就溪河两岸地稍平衍者筑堤障水,开作水田。又垒石溪河中,道小渠以资灌溉。据严如熤《三省边防备览》记载:"南人善垦

---

① 孙达人.《湖广移民与陕南开发》序[J]. 汉中师范学院学报:社会科学版,1998(3).

稻田",严如熤在《三省边防备览》中记载他们"用南方渠堰之法,以收水利"。汉阴厅有些地方已"一岁之获,可支数载"(见嘉庆《汉阴厅志》卷九)。水利灌溉业的发展,加速了陕南的农业开发进程。

(二)社会影响

1. 促进了人口的合理分布

由于战乱、自然灾害和瘟疫使得陕南地区人口锐减,直接影响到这些地区的经济社会发展。因此,明末清初这次外来移民的大量迁入,使得人口生存的空间得以合理分布,使长期沦陷于战乱与苦难中的富庶的陕南地区因为人口的增加在经济、文化、社会各方面走向复兴。人口的繁荣是经济社会发展的前提和基础,可以肯定,清代的"康乾盛世"与"湖广填四川"这次移民有着绝大的关系。

2. 改变了汉唐以来由北向南移民的格局

汉唐以来,我国的移民基本的走向是由北方迁移到南方,且与北方匈奴的侵入有关。而被称之为"湖广填四川"的这次移民,改变了以往移民的走向,开创了由东向西(包括由南向北)大移民的先例,实现了由政府强制移民到支持鼓励性政策移民的转变,由被动的政治性移民向自发性经济移民的转变。

3. 促进了陕南社会的开放

移民的来源虽然主要来自于湖广行省,但其他省份也有数量不等的移民迁入。大量外来移民的迁入,使各地的风俗习惯、生活方式得以借鉴、融合,客观上促成了秦巴山区对全国的一次大开放。外来人口的大规模迁入,不仅促进了人口的繁衍,也使人种得到了优化,对迁入地的社会结构和社会面貌产生了强烈的震荡和冲击。

四、明清陕南移民的主要经验

从以上分析中不难看出,历史上的陕南移民应该是"湖广填四川"这次大移民的一个重要组成部分。移民在极其艰苦的自然条件下,披荆斩棘,创业垦荒,在很大程度上医治了战乱、瘟疫和自然灾害所造成的巨大创伤,促进了陕南经济社会的变迁和发展,这是应该充分肯定的。明清陕南移民的主要经验归纳起来主要有:

(一)政府主导的移民对人口的合理分布发挥了积极作用

明清时期的陕南移民从总体上看,属于政府发动的一次大规模的移民,移民问题包括很多政策的实施,都受到清朝几任皇帝的密切关注,地方长官

的奏折也记载了当时的真实状况。作为中央政府,主动向主要因为战乱而导致人口稀少的地方移民,这应该算是很有远见的举措,后来的事实也证明了清朝政府所作出的移民举措的影响是深远的。虽然就目的来讲是为了维护封建统治,但客观效果是促进了全国人口的合理分布,不仅对迁入地经济社会发展产生了积极影响,也对整个国家经济社会发展产生了不可估量的积极影响。除了政府发动大规模的移民之外,这一时期大量自发迁移的流民对陕南经济社会的繁荣和发展也做出了贡献。由此可见,人口的合理分布对于一个区域经济社会发展是至关重要的。

(二)政府宽松的土地政策实现了移民的安居乐业

据《清朝文献统考·田赋一》记载:面对战争对农业所造成的巨大破坏,为了早日恢复生产,增加赋税收入,顺治六年(1649年)清政府颁布"垦荒令""招徕各处逃民,不论原籍别籍,编入保甲开垦荒田,给以印信执照,永准为业",三年之后按亩征粮,不得"预征私派",并以劝垦的多寡作为考核地方官的一个条件。在《清朝文献统考·田赋二》中提到,由于"缘无人承种之地,耕熟之后,往往有人认业,遂起讼端"因此,"垦荒令"的实施遇到了极大的阻力,难以展开。据《清圣祖实录》第一百零八卷记载直至康熙七年(1668年)云南道御史徐旭令还上奏说"垦荒令行之二十余年,而未见成效"。[13]因此,康熙二十二年(1683年)有规定:"凡土地有数年无人耕种完粮者,即系抛荒,以后如已经垦熟,不许原主复问"。这在《清朝文献统考·田赋二》中有所记载,这就为"垦荒令"的推行,排除了一个障碍。可见,"垦荒令"及后来的土地政策,使一部分农民获得小块土地所有权,清政府也在法律上予以承认,这对于社会生产的恢复和发展,起到了促进作用。在这种大背景下,陕西地方也积极采取措施,招民垦荒,恢复生产。

(三)优惠的税收保证了移民的休养生息

土地荒芜,税源不足,造成清政府财政越来越大的亏空。这种入不敷出的情况,直至康熙初年,仍没有好转。据《清朝文献统考·田赋二》记载,为了发展生产,扩大税源,清政府采取种种措施鼓励开荒以增加田赋。同时还一再放宽起课年限,康熙十年规定四年起课,十一年又宽至六年起课,十二年规定"通计十年方行起课"。不准原主"认业"和放宽"起课"年限等措施,不仅对扩大垦荒面积也对扩大税源起了积极作用。到乾隆三十一年(1766年)全国耕地面积,已经达到740余万顷,比顺治十八年增加了34.8%。土地的增加也意味着财源的增加。

五、明清时期陕南移民的教训及启示

明清时期的陕南移民，初期的开发特别是对森林的开发是适当的，但是，到了后期明显地出现了过度开发，这种过度开发是以严重破坏自然生态环境为代价的，不仅仅是生态平衡的破坏，最终也制约了农业生产的持续发展。过度垦荒使耕地的扩张失去控制，使得陕南许多本来不适于开垦的荒地都被不加区别地辟为农田，由此产生了一系列消极影响，也给我们留下了深刻的教训。

（一）主要教训

1. 陕南宝贵的森林资源受到了毁灭性的破坏

陕南一些地志资料中对当时森林资源破坏的情景早有记述。如，位处秦岭南坡的留坝厅（今留坝县）的道光《留坝厅志》卷四《物产》云："木宜松、柏、柳、椿、桑、柘、楸、槐、椵、桐、榆、漆、紫柏、青橺，其他杂木皆所常有，数十年来客民伐之，今已荡然，惟太白河、菜子岭、光化山尚有老林。"时人王志沂的《栈道出田》道："在昔山田未辟时，处处烟峦皆奇幼。伐木焚林数十年，山川顿失真面目。"再以紫阳县为例，民国《紫阳县志》卷六《补遗》中记载："乾隆中，邑境多老林荒林，并未开垦，居民绝少"，但不久老林已被垦尽。大量的荒山被开垦并种植，流民"其日常食以包谷为主，老林中杂以洋芋、苦荞，低山亦种豆麦、高粱"，这在道光《宁陕厅志》卷一《风俗》中有所提及。除了森林之外，不少地方大面积的植被也遭到毁灭性破坏。

2. 引发了人与动物的冲突并导致许多动植物种的减少

明清时期，外来移民的大量涌入，到处开山种地，开矿办厂，使得陕南的生态环境随之发生了剧烈变化，进而破坏了老虎生存、栖息的环境。乾隆元年时期，移民开发把耕地范围扩张到了山地、丘陵，这是农田垦殖突破传统范围的标志，但同时也是生态环境逐渐萎靡的开始。在森林物种资源方面，一些动物群落不断减少，生物数量乃至物种不断消失。当时在川北陕南出没寻常的华南虎消失就是很好的例证，但华南虎的消失只是众多消失或灭绝的动植物中有代表性的物种之一，消失或灭绝的远不止此。乾隆时期，蜀道沿线各府线仍有虎患，但较清初已经锐减。因此随着移民的涌入，物种消失的进程显著加快。

3. 不合理的开发导致了严重的水土流失和自然灾害

植被毁坏、次生林与人工林后续不足，以及玉米在坡地的大面积种植，加之当时人们还缺乏植树造林的意识，对森林植被涵养水分的作用的认识也非常有限，这样，就使得陕南的水土流失、耕地贫瘠化加剧，自然灾害特别

是洪水灾害频繁发生。如道光年间，西乡县重要的水利设施五渠堰经常遭到山洪破坏。西乡县嘉庆二十五年、道光二年、六年接连发生严重水灾。康熙以后四十余年间，由于秦岭一带老林开空，每当大雨之时，山水陡涨，夹沙带石而来，沿河地亩，屡被冲压。可见，移民的大量迁入，垦荒不断向深山老林推进，也为后来的山洪、水灾等自然灾害的频繁发生埋下了严重的隐患。从这个意义上讲，明清时期陕南的移民开发在很大程度上也带有野蛮开垦性质。

（二）几点启示

历史是一面镜子，历史的经验值得注意。明清时期陕南移民开发的历史，不仅给我们留下了诸多的经验教训，同时也为我们今天推进移民开发和实施生态移民提供了不少有益的启示：

1. 合理的人口是实现经济开发的重要条件

一定数量和质量的人口，是区域经济发展的前提和基础。作为社会基本生产力和消费力的统一体，人口发展在受到经济发展制约的同时，也会促进或延缓区域经济的发展，从而影响社会发展的进程。就明清陕南移民而言，开始是因为战乱、灾荒、瘟疫等造成人烟稀少的局面，因而影响社会经济的发展，因此需要移民；继而是人口增长过度，在一定程度上超过了自然的承载力，这时候人口就对社会经济发展起到的促退作用。同时，人口的合理分布，对于一个国家或特定区域经济社会发展的作用也是不容忽视的。这一点也为明清时期陕南移民所证实，比如说，当时陕南很多山区人口分布过多，为以后的贫困埋下了隐患。

2. 政府的主导作用对于移民开发有着至关重要的作用

明清时期，陕南移民包括整个"湖广填四川"的大移民总体上看是一次比较成功的移民，这一点已经被后来出现的"康乾盛世"所证实。此次移民之所以成功，根本原因在于当时清朝政府的重视，为了保证移民的安居乐业，清朝多位皇帝亲自过问移民和垦荒问题，并不断调整土地政策和税收政策，从而保证了移民垦荒目标的实现。诚然，这是在封建集权时期发生的事情，但它同样能够说明政府的作用是至关重要的，没有政府特别是中央政府强有力支持，移民活动是很难成功的。从制度经济学角度来解释这样一种现象，就是说制度的作用是绝对不容忽视的。

3. 移民开发过程中应注重迁入地的生态保护

从生态经济学的角度来看，区域开发具有两重性：一是开发利用自然资源的经济发展过程；另一个是适应和打破原有的生态平衡，建立新的生态平

衡的生态改造过程。这两个方面又通过生态系统的能量流动和物质循环，有机地结合起来，具体地统一于区域经济开发过程之中。生态环境破坏是区域开发中不可避免的问题，关键在于如何采取措施把这种生态破坏降低到最小的程度，并在尽可能快的情况下重建新的生态平衡。明清时期陕南移民在促进陕南区域经济发展的同时，也造成的比较严重的生态问题。这一点，也被当时的一些有识之士所认识，但是如何尽可能减少人类活动对生态环境的破坏，对已经造成的生态环境破坏应采取什么样的补救措施，这是当时被人们所忽视的。今天我们在移民开发中，尽管条件与当年有着很大的不同，但同样应该高度重视生态环境的保护。

【参考文献】

[1] 陈良学．湖广移民与陕南开发[M]．西安：三秦出版社，1998：28．

[2] 陈良学．明代陕南屯田及移民[J]．汉中师范学院学报：社会科学版，1998(1)．

[3] 陈振汉．清实录经济史资料·顺治－嘉庆朝（1644—1820）：农业编·第二分册[M]．北京：北京大学出版社，1989．

[4] 薛平拴．明清时期陕西境内的人口迁移[J]．中国历史地理论丛，2001(3)．

[5] 曹树基．中国移民史（第六卷）[M]．福州：福建人民出版社．1997

[6] 史念海，等．陕西通志·历史地理卷[M]．西安：陕西师范大学出版社，1998：114．

[7] 林一铭，等．道光宁陕厅志（卷一）[M]．物产，道光九年刻本．

（王　敏　冯明放）

我国生态移民的发展历程及基本经验

[摘　要] 我国生态移民已走过30多年的历程。实践证明，生态移民是促进区域经济社会发展和生态环境优化、实现两者双赢的正确选择，也是我国贫困地区脱贫致富的重要途径。生态移民也是一个复杂的系统工程，涉及的方面和问题很多，它不仅仅是一个经济过程，同时也是一个社会适应和价值转型过程。目前，我国生态移民不仅取得了显著的成效，也已经积累了丰富的经验。

[关键词]　生态移民；历程；成效；经验

可持续发展是人类社会不断进步的永恒主题。生态移民是从保护和恢复生态环境、发展经济出发，把原来位于环境脆弱地区高度分散的人口通过移民的方式集中起来，形成新的村镇或移民社区，以达到人口、资源、环境和经济社会协调发展的目的。实践证明，生态移民是促进区域经济社会发展和生态环境优化，实现两者双赢的正确选择，也是我国贫困地区脱贫致富的重要途径。

严格意义上的生态移民是在我国改革开放之后出现的，由于我国中西部地区生态环境面临的矛盾和问题更为突出，因此，我国改革开放以来，中西部地区生态移民不仅起步早、规模大，而且在生态移民安置、后续产业发展、移民社区管理以及迁出地生态环境整治等方面积累了一定的经验，也有一定的教训。认真总结我国生态移民的经验教训，对今后生态移民的可持续发展和"十三五"精准扶贫、精准脱贫目标的实现都有着十分重要的意义。

一、我国生态移民的发展历程

中国人民共和国成立特别是改革开放以来，随着我国经济的快速发展和人口的持续增长，生态环境所面临的压力也相应增大，主要表现在：水资源持续短缺，草原牧场退化，森林植被减少，环境污染加重，水土流失和土地沙漠化面积不断扩大，自然灾害发生的频率在加快。我国西部地区是我国生态环境最脆弱的地区，自然环境恶劣、生态压力巨大。而生态环境问题往往与贫困问题是交织在一起的，且相互影响，在一些地区已经陷入一种恶性循环。20世纪60年代后，我国贫困地区人口超常增长，在过剩的人口压力之下，

人们被迫对自然资源进行掠夺性开发，导致资源的过度利用，从而使本已脆弱的生态环境日益恶化。我国现有贫困人口主要集中分布在自然环境恶劣、干旱缺水、交通不便、地域偏僻的地方，这些地方生产力水平和社会发育程度较低，教育科技文化卫生相对落后。多年的扶贫开发经验表明，在这些地方要原地改变当地群众的生存状况，实现脱贫致富是十分艰难的，生态移民正是在这样一种背景下应运而生的。审视我国生态移民的发展历程，可以发现，到目前为止大体上经历了三个阶段。

（一）生态移民的兴起阶段（1982—2000年）

在我国，最初意义上的生态移民是在20世纪80年代出现的，从1982年开始，宁夏回族自治区南部山区，因生态环境的极端恶化，致使居民无法保障正常生活，被国家定义为"特困地区"。如何使这里的群众能够生存下去，在政府的组织下曾尝试将当地群众迁移至外地生活，这便是我国最早的生态移民。如果从移民的最主要目的仍然是解决"特困地区"居民的生存问题，而不是实现这一地区可持续发展的角度看，这样的移民还算不上真正意义上的生态移民。此后，自治区先后组织实施了"吊庄移民"①"1236工程"②移民、异地扶贫搬迁移民，让数十万贫困群众走出大山，对保护生态环境，推动山区群众脱贫致富，实现可持续发展发挥了重要作用。这应该算是严格意义上最早的生态移民。

甘肃省也是实施生态移民较早的西部省份，据统计，自1983—1999年，甘肃省从中南部贫困地区向河西走廊和沿黄河两岸移民56.92万人③，新疆维吾尔自治区从1994年开始大约10年时间里，先后建成行政村规模的移民搬

---

① "吊庄"一词的原始含义是一家人走出去一两个劳动力，到外地开荒种植，就地再建一个简陋而仅供暂栖的家，这样一户人家住在两处，一个庄子吊两个地方，故称之为"吊庄"。1983年1月，宁夏回族自治区在"三西"地区农业建设的规划会议中，采纳了这一带有地域性的特色的名词，通过这一通俗名称的运用，调动了异地农民迁移的积极性，也使思想动员工作得到了顺利进行，之后，它便被赋予了全新的、超越了原来意义的新内涵。

② "1236"工程即宁夏的扶贫扬黄灌溉工程，是原全国政协副主席钱正英同志于1994年来宁夏视察南部山区时经与自治区党委、政府商量提出的。"1236"这组数字的含义是：解决100万人脱贫、开发200万亩土地、用30亿元投资（其中国家投资20亿元）、花6年时间。这项堪称宁夏有史以来最大工程之一，旨在改变宁夏南部山区干旱贫困面貌而采取的根本大计，一经提出，很快就得到宁夏上下的积极拥护。

③ 何涛. 生态移民的喜与忧[J]. 发展, 2008（3）: 8-10.

迁点120多处，累计搬迁贫困农户4.56万户、20.98万人。同时，国家在1998年长江大洪水发生后，开展了大规模的移民建镇活动，以减少未来可能发生的洪水灾害损失，搬迁约246万人，也取得了较好的效果①。

（二）生态移民快速发展阶段（2000—2010年）

为了保证生态移民健康有序地推进，在局部试点的基础上，从2000年开始，国家为生态移民制定了一系列相关的政策法规及规划。2001年4月，原国家计委发布的《关于易地扶贫搬迁试点工程的实施意见》，明确了试点工作的基本任务，即在西部地区开展易地扶贫搬迁试点，这是在新形势下探索新世纪扶贫工作新途径，也是促进西部地区生态环境改善的一个有益尝试。通过试点，在解决部分贫困群众脱贫问题和恢复改善迁出地生态环境的同时，积极探索、总结开展易地扶贫搬迁工作的主要形式、基本特点、主要方法和经验教训，为今后的推广打好基础。2001年6月，国务院发布实施的《中国农村扶贫开发纲要（2001—2010年）》第十九条规定：稳步推进自愿移民搬迁。对目前极少数居住在生存条件恶劣、自然资源贫乏地区的特困人口，要结合退耕还林还草实行搬迁扶贫。2002年12月14日国务院颁布的《退耕还林条例》直接提到涉及生态移民的有关事宜，其中第四条规定：结合生态移民实施退耕还林；第五十四条规定，国家在退耕还林的过程中，鼓励实施生态移民，对已实施生态移民的农户给予生产、生活方面的补助等。2001至2003年，我国在云南、贵州、内蒙古、宁夏4省（自治区）开展国家组织的易地扶贫搬迁试点工程，计划搬迁贫困群众74万人，其中我国沙尘暴源头的内蒙古，计划用6年时间移民65万人，截至2003年，全区移民已达29万人。2004年，易地扶贫搬迁试点范围由4省（自治区）扩大到云南、贵州、内蒙古、宁夏、广西、四川、陕西、青海和山西等9省（自治区）②。2005年起，我国生态移民逐渐步入快速发展轨道。同年，规划投资75亿元的"三江源"地区（长江、黄河和澜沧江的源头汇水区）生态保护与建设工程启动，5万生态移民陆续从"三江源"地区搬出。据统计，自国家实施西部大开发战略以来，西部地区已有70万人实施了生态移民③。2008年起，宁夏回族自治区大规模实施生态移民工程，计划用5年时间完成20.68万人的搬迁任务。之后，广西、

---

① 李东．中国生态移民的研究——一个文献综述[J]．西北人口，2009（1）．
② 宋建军．我国生态移民的起源以及相关政策[N]．中国民族报，2005-10-14（6）．
③ 阿布力孜·玉素甫，陈祖群．生态移民反贫困的实证研究[J]．广西民族大学学报：哲学社会科学版，2007（3）．

甘肃、青海、广东、湖北、黑龙江、浙江、北京、天津等省、市、区都出台了各自不同规模的生态移民的规划或方案。

在这一阶段，生态移民作为扶贫开发战略的重要手段和措施，越来越受到各地和各级领导部门重视，生态移民所倡导的可持续发展逐步深入人心。党中央、国务院十分重视生态移民的发展状况，党的十六大报告提出"有步骤、有计划地实施生态移民试点工作"，把生态移民正式提到了党和国家议事日程上，党的十六届三中全会上进一步明确了生态移民与我国西部大开发的关系，指出"西部大开发是我国社会经济发展的重大战略，从我国可持续性发展的战略出发，应加快建立生态补偿机制、推进生态移民等民生工程建设"，党的十七届五中全会明确指出"着力推进以生态移民攻坚为重点的扶贫开发"，标志着生态移民将作为我国社会经济可持续发展与扶贫攻坚的主要战略措施之一。

（三）生态移民的持续发展阶段（2010年至今）

2010年后，国家加快了西部大开发的步伐，对生态移民更加重视。《中共中央、国务院关于深入实施西部大开发战略的若干意见》（中发〔2010〕11号）指出，要全力实施集中连片特殊困难地区扶贫开发攻坚工程、基本消除绝对贫困现象，稳步推进生态移民、适当提高中央补助标准。同时，国家发展改革委、财政部表示将列专项资金支持生态移民工程。这些都为中西部地区生态移民带来了千载难逢的机遇。

2010年12月，陕西省政府通过《陕南地区移民搬迁安置总体规划》（2011—2020年）并决定，从2011年开始启动"陕南地区移民搬迁安置"和"陕北白于山区扶贫移民搬迁"工程，分别从贫困山区搬迁农村居民240万和39.2万，彻底远离地质灾害、洪涝灾害或其他自然灾害影响。这是一个规模宏大的移民工程，备受国内外关注。山西因长期高强度采煤，形成5000平方米的采空区，因采空区地面塌陷而形成的地质灾害造成了严重的破坏，也面临着较大规模移民的问题。宁夏西海固地区的西吉、海原、固原、彭阳、同心等7个国家级贫困县，是我国最贫困地区之一，被联合国粮食开发署确定为不适宜人类生存的地区之一。2011年，宁夏生态移民工程全面启动并制定了规划和配套政策，形成了生态移民完善的政策保障体系，计划用5年时间将那里处于极度贫困的35万人迁出。为了保护中国淡水战略储备地——长江三峡水库水资源安全，国家在三峡后续工作规划中规划从2010年起用10年时间生态移民19.9万人。南水北调作为世界上最大的跨流域生态调水工程，涉及湖北省十堰市5个县市区18万多人口、河南省南阳市淅川县16万多人口的迁

移。此外，还涉及水源涵养区陕西南部部分群众的搬迁。南水北调工程的移民规模接近40万，也属于生态移民的范畴。

总体看来，我国生态移民已经取得了一定成效，生态移民减少了人类对自然环境的破坏和影响，"三江源"的草地退化趋势得到了初步遏制，内蒙古阿拉善及宁夏、甘肃等地的脆弱生态环境得到了一定程度的保护和恢复；相当一部分生态移民搬迁安置到了有较好环境条件的地区或城镇，生产生活条件有了明显改善，并看到了脱贫致富的希望[①]。但我国生态移民工作仍然任重道远，根据国家发展与改革委员会有关调查研究，我国在2050年前将有1000多万人（主要集中在西南、西北的生态环境脆弱地区）需要通过异地搬迁的办法解决所居住地区的生态环境保护与生活贫困问题，其中西部地区需要生态移民的人口总量约1000万，目前急需移民的贫困人口有700万左右[②]。

二、我国生态移民的主要成效

自20世纪80年代以来，宁夏、甘肃、青海、内蒙古、新疆等地先后实施了不同类型的生态移民工程或项目，在组织领导、搬迁方式、安置模式、资金整合、项目管理、后续产业发展等方面出台了一系列配套政策措施，不仅取得了显著的成效，也积累了丰富的经验，为今后生态移民的可持续发展奠定了坚实基础。

（一）改善了移民生产生活条件

生态移民后，移民的生产生活条件普遍得到了改善。以宁夏西海固地区的移民为例，移民新村实现了"七通七有两转变"，即通电、通（自来）水、通（柏油）路、通（公交）车、通广播电视、通邮、通电话；有学校、有村级活动场所、有医疗服务站、有劳动就业服务中心、有超市、有文化广场、有环保设施；群众的生产方式、生活观念发生了根本转变。移民搬迁到近水、靠城、沿路的区域后，方便了移民群众就近务工，保障了饮水安全，移民子女享受到了良好教育。移民集中居住，公共服务设施建设、运行成本有效降低，服务质量明显提高。另据宁夏统计局调查总队调查，100户移民家庭中，有77%的家庭表示，移民后生活水平提高了。移民告别了过去的土坯房、危房，住进了砖瓦新房。家家通了电视、自来水，安装有太阳能热水器。安置点内路面硬化，路灯亮化，环境绿化，各种健身器材应有尽有，学校、卫生

---

① 刘学敏. 西北地区生态移民的效果与问题探讨[J]. 中国农村经济，2002（4）.
② 侯东民. 中国生态脆弱区生态移民现状及展望[J]. 世界环境，2010（4）.

室等配套设施完善。与过去干旱缺水、交通不便、信息闭塞、地质灾害频发的生存环境相比，真是天壤之别。对于绝大多数移民来讲，移民后的生活是多少代祖辈所梦寐以求的，现在真正变成了现实。因此，他们也十分感谢党和国家的政策和关怀。

（二）拓宽了移民致富的空间

为保证生态移民"搬得出、稳得住、能致富"，宁夏回族自治区在移民安置地选择时重点考虑当地是否有一定规模的产业依托。自治区从本区自然条件和发展基础出发，逐步培育形成了以畜牧业为主导，葡萄、枸杞、中药材为特色的农业产业新格局，引导农民发展养殖业，从事种植业，从事个体经营，基本实现了"能脱贫，有发展"的目标。为促进生态移民增收致富，他们采取的主要措施有：户均安排一亩拱棚，改善农业设施；引导移民走高效节水的农业生产路子，大力发展特色种植业；扶持移民发展畜禽养殖，积极推进设施养殖业。通过这些举措，彻底改变了过去广种薄收、靠天吃饭的生产方式，拓宽了移民的致富空间。

（三）促进了区域产业结构和劳动力结构的优化

宁夏统计局调查总队调查表明，随着我国工业和服务业的发展，劳务收入已成为移民家庭收入主要来源。调查的100户移民家庭中，2013年人均纯收入4504.3元，其中，来源于在外务工的收入为3417.9元，占75.9%，超过七成。土地是农民赖以生存的基础，移民前经营耕地相对较多，移民后由于受移民区环境条件所限，耕地少，庭院小，发展种植业和养殖业受限，因此把外出打工作为谋生的主要手段。目前，宁夏山区50%左右的劳动力进入川区及周边地区，40%～50%的收入来源于外出务工。生态移民不仅推动了中南部地区农村劳动力的有序转移，促进了山区群众收入的稳定增长，而且为沿黄经济区发展提供了重要支撑，解决了沿黄经济区劳动力短缺的问题；不仅优化了区域产业结构和劳动力结构，也促进了山川互济、共建共享。

（四）提高了资源利用效率，优化了区域生态环境

甘肃、宁夏属于干旱缺水地区，水资源的极度短缺不仅影响当地经济发展，也影响到群众的基本生活。移民后，通过对现有四大扬黄工程和库井灌区进行节水改造，解决了生态移民项目区的用水问题。移民安置区中的大部分耕地采取节水灌溉方式，实行管道输水、低压管灌；引进先进的节水灌溉技术、设备与管理经验，积极开展高效节水农业生产技术的示范推广，经济

效益明显提高,使有限的水资源得到了充分利用,结束了移民群众祖祖辈辈没有水浇地的历史,而迁出区因为减少或排除了人为的生态环境干扰,生态环境也在不断恢复。

(五)初步建立了社会保障,减轻了移民的生存压力

据宁夏统计局调查总队调查,在所调查的 100 户移民家庭中,参加医疗保险的 420 人,医保覆盖率为 95.2%。领取低保的 28 人,占 6.3%,2013 年人均领取低保金 1332.7 元。参加养老保险的 201 人,占 45.6%,已经领取养老保险的 61 人,占参保人员的 45.6%,2013 年人均领取养老保险金 1259.8 元,移民的社会保障已经初步建立。

宁夏、甘肃等西部省区,是我国实施生态移民最早的地区,特别是"三西"地区所进行的生态移民,可以说是当代集体移民成功的典范。无论是移民政策,还是移民方式,均体现了得民心顺民意,符合人口迁移的规律。移民后不仅移民个人和家庭感到满意,国家也满意。从移民效益来看,"三西"地区不仅实现了移民的脱贫致富,取得了良好的经济效益和社会效益,而且生态环境也得到优化,改造了沙丘,使不少沙地、碱地成为产粮绿洲。从这个意义上讲,这是移民史上一个非常有价值的成功范例。

三、我国生态移民的基本经验

改革开放以来,特别是中央实施西部大开发以来,国家进一步加大了对西部地区扶贫开发的支持力度,西部地区经济社会加快发展,城镇化、工业化快速推进,区域经济实力和财力明显增强,公共服务能力稳步提高,人民生活水平显著改善。随着生态移民的大规模实施,一批工业园区、产业基地迅速崛起,一方面,为移民群众拓宽增收渠道创造了良好条件,另一方面也为今后生态移民的进一步推进提供了宝贵的经验。总结我国生态移民的经验,主要表现在以下几个方面:

(一)坚持以人为本的理念

通过实施生态移民最终应达到两个效果:一是将人口从生态环境脆弱的地区逐步转移出来,实现了相对集中定居模式和城镇化;实现在生态脆弱区生活的人口,从以往过度依赖耕地和草场的简单农牧业,向现代农牧业、工业、第三产业逐步转移。二是保护生态环境,将生态脆弱地区的人口转移到生态人口承载能力相对高的区域,并且移民的原则应是以不破坏迁入地的生态环境为前提。所以,建设环境功能区、构建生态屏障时,必须树立以人为

本的生态移民理念，着眼于提高移民生活质量，促进人与自然的和谐。换句话说，移民的最终目的就是为了提高人民的福祉，使广大移民能够过上幸福的生活。在我国当前大力推进生态文明建设的背景下，移民安置地生态环境的改善和移民迁出区生态环境的整治都是生态文明建设的重要内容。从长远看，也是为了子孙后代的幸福尽一份责任。实践证明，凡是能够在移民中坚持以人为本理念的地区，其生态移民工作都卓有成效。

（二）坚持统筹兼顾，系统安排

生态移民本身是一个庞大的社会系统工程，其总系统与分系统之间、总规划与分规划之间、各个系统之间，存在或纵向或横向的密切联系，互为影响、互为制约。作为系统，就必须强调统筹兼顾，整体协调。生态移民的组织和移民生产生活的安置，从规划到具体实施，是一个复杂的系统优化的过程，移民必然要考虑生态效益，因此才称之为生态移民，但同时必须体现经济效益、生态效益和社会效益相统一的原则，尽量使经济、生态和社会三者整体效益达到最优。要避免单打一、片面性和短期行为，避免在移民系统的内部或外部失调、失衡和失控，使移民系统大体保持一个稳定协调关系。

（三）坚持实事求是，按客观规律办事

生态移民概念的提出和生态移民决策的出台，本身就是实事求是按照客观规律办事的产物，也反映了人们对自然认识的深化。从根本上讲，西部有的地方不适合人类居住，在生态环境极为恶劣的条件下生存，意味着更高的生产和生活成本。过去多年，国家花了大量的资金扶贫开发，之所以收效不尽如人意，原因就是没有按照客观规律包括客观经济规律、人口规律办事。历史经验告诉我们：移民一定要从实际出发，坚持按客观规律办事。移民工作要有效开展，必须坚持试点，由小到大，总结经验，而后推广。即使试点成功了，亦不等于大型移民就一定行得通。同时，移民项目必须做好科学论证，前期工作一定要尽可能周密，后续工作必须善始善终。尽可能使迁入地条件在多方面优于迁出地，同时，还应使移民在生活上得到应有的补偿。

（四）必须着眼于生态移民的可持续发展

生态移民是千年大计，因此移民工作要尽可能站得高些，看得远些，从长计议。中西部地区生态移民实施得比较好的项目和地区，都特别重视生态移民的可持续发展问题，并正确处理好生态效益、经济效益与社会效益之间的关系，优先考虑生态效益。生态移民要尽可能避免只顾眼前之利，不顾长

远利益的近视症。从历史上看，新疆、内蒙古、青海、黑龙江等地都有过惨痛教训。沙漠化、水土流失、环境污染以及自然灾害的增加，常常同不适当的移民有着密切的关系。历史上丝绸之路沿线一些地方曾是很繁荣的城镇，后来变成了废墟、荒漠，这与当时的人们随意开荒，破坏地表，使生态环境失去平衡是分不开的。这是大自然对人类不计后果索取的一种惩罚。现代落后地区的开发，如开荒、建矿（如金矿、煤矿）、建厂（如化工厂、高能耗、高污染工厂）等经济行为，一定要慎之又慎，并且要经过科学的论证。没有科学论证和经过试验，没有严格的环境评估就仓促上马的项目，虽然可以带来短期的经济效益，但从长远看终究将成为一场灾难。

（五）必须重视移民的社会适应性

社会适应主要是文化适应的问题。传统中国农民的文化是五谷文化，人身与土地是连在一起的。即使因某种原因离开故土，也总是念念不忘家乡，有条件便要重返故里，叶落归根。传统农民，特别是山区农民"金窝银窝不如自己的土窝好"的价值观念根深蒂固。从这个意义上讲，移民不只是一个经济过程，更重要的是一个社会过程，是一个价值转型和文化适应的过程。因此组织移民，要特别重视移民文化。要搞好移民，就不能离开中国这个特定国情，不能离开具有中国文化特征的移民主体。比如宁夏的吊庄移民，就很懂得移民的社会心理，移民可以在山地和平川各有一个家，不割断"脐带"，待时机成熟后再"断脐"定居。其灵武县采取先看田，后建房，再分田以及从山区搬到新开发区，原山区草地经营权先不变等作法，就是重视移民文化，重视移民主体，使移民逐渐适应新环境、自觉地进行文化调适，一旦适应新的文化模式，便会主动"断脐"扎根定居。这也符合事物发展渐进性的原则[①]。在移民问题上，也不宜操之过急，采取简单的行政命令方式。如果方式方法不够得当，往往会造成移民的抵触情绪，出现欲速则不达的局面。

【参考文献】

[1] 彭洁,冯明放.告别贫困的抉择——陕南生态移民可持续发展研究[M].成都：西南交通大学出版社，2015.

[2] 周鹏.中国西部地区移民可持续发展研究[D].北京：中央民族大学，2013.

[3] 盖志毅.草原生态经济系统可持续发展研究[D].北京：北京林业大学，2005.

---

① 李德滨.当代中国移民基本经验[J].人口研究，1995（2）.

[4] 梁福庆. 中国生态移民研究[J]. 三峡大学学报：人文社会科学版，2011（7）.

[5] 周鹏. 试论中国生态移民可持续发展的思路与原则[J]. 财经界：学术版，2014（3）.

[6] 李耀松，许芬，李霞. 宁夏生态移民可持续发展研究[J]. 宁夏社会科学，2012（1）.

[7] 李霞. 可持续发展视角下宁夏生态移民发展战略思考[C]. 2013 中国生态移民与区域发展研讨会，2013.

[8] 周立梅. 马克思主义人学视域下三江源生态移民后续发展问题研究[J]. 青海师范大学学报：哲学社会科学版，2013（7）.

[9] 李淑萍. 宁夏生态移民的经验及启示[J]. 中共银川市委党校学报，2012（12）.

[10] 初春霞，孟慧君. 生态移民与内蒙古经济可持续发展[J]. 农业现代化研究，2006（3）.

[11] 皮海峰. 小康社会与生态移民[J]. 农村经济，2004（6）.

[12] 冯亮，彭洁. 陕南移民搬迁应有系统的观点[J]. 新西部，2011（24）.

（韩　锦　王征兵　冯明放）

新常态下汉中发展面临的选择

我国经济进入新常态后,对汉中发展来说,是机遇和挑战并存、希望与困难同在。就国家新常态下发展的要求看,汉中发展同样面临着增速换挡、动力切换、结构优化和提质增效的多重任务,既有挑战,也有机遇。就挑战来看,主要有:受宏观经济环境和各种矛盾的影响,经济下行压力仍然较大;结构调整阵痛显现,方式转变任重道远;中央、各省内关于汉中功能区定位的刚性约束更趋严格,土地、环境、资金等经济发展的要素制约更为凸显;随着改革的深化,一些原有的社会矛盾和新的不稳定因素交互叠加,使稳定的任务更趋艰巨。但同时,也应看到,新常态下汉中的发展面临着难得的历史机遇,表现在全面深化改革和依法治国的深入推进,将极大激发各类市场主体发展活力;国家加快"一带一路"和长江经济带建设,为汉中全方位开放、扩大招商引资拓展了新的空间;中央继续实施积极的财政政策和稳健的货币政策,为汉中加快发展提供了有利条件;随着汉中立体交通网络建设的推进,经济发展的资源优势和内在潜能将加速释放等方面。

那么,在新常态下,汉中发展究竟应该作出什么样的选择呢?

从总体上讲,汉中必须根据新的发展形势特别是"十三五"规划建议的要求,强化生态立市、循环发展的理念,进一步加快改革开放步伐,转变工作思路,坚持调整存量与做优增量并举,充分利用"四化"互动的巨大潜力和发展空间,实现有质量有效益的中高速增长,促进区域经济社会可持续发展。

一是,要牢固确立"循环发展"的理念,大力发展循环经济。按照省委、省政府对陕南循环发展的战略定位,汉中要以实施新一轮"工业翻番工程"为抓手,切实把循环发展的理念嵌入产业链条,推进各产业体系原料、产品和废弃物的相互融合利用,合理构建和完善产品链。要引导生产要素向产业、向园区聚集,依托园区承载循环产业转移,促进生产协作配套、副物交换利用,推动经济走绿色、循环、低碳发展之路。

二是,要加快产业结构转型升级,打造汉中产业的"升级版"。要紧紧围绕壮大装备制造、现代材料、绿色食品、旅游文化和高科技"五大产业",整合资源、外引内联、创新驱动、打造品牌,加快建设绿色循环工业高地和先进制造业基地、绿色食药基地、新材料基地。同时要自觉顺应"中国制造2025"

"工业 4.0"等转型升级新要求，坚持存量转方式，实现经济发展方式由粗放型向集约型转变；坚持增量调结构，大力培育发展战略性新兴产业，带动产业全面优化升级。农业要按照现代农业发展的要求，做大做强已有基础的特色产业。第三产业的发展也要升级换代，大力发展现代服务业，并提高第三产业在 GDP 中的比重。

三是，加强生态文明建设，优化国土空间利用格局。"十三五"期间，汉中要根据国家和省上主体功能分区的要求，严格实施生态环境功能区规划，按照"优化开发、重点开发、限制开发和禁止开发"的原则，对各类生态功能区实行差别化的区域开发和环境管理政策。特别是对各级自然保护区、饮用水源保护区、风景名胜核心区等禁止准入区，要依法实施强制性保护；对农林业发展和保护类、水源涵养和水土保护类等限制准入区，要坚持保护优先，严格限制开发建设规模，切实把生态功能区规划落到实处，把汉中的青山绿水保护好。同时，要结合陕南移民搬迁、新型城镇化建设和美丽乡村建设的要求，进一步优化城镇结构，做好新移民社区的科学选址，实现科学移民，优化人口布局。

四是，加快实施"创新驱动战略"，打造创新型城市。要围绕汉中"三市"建设的目标，构造科技、经济、社会、文化、生态互动互促发展机制，动员社会各方面的力量，实施创新驱动发展、助力"三市"建设，将其打造为陕西"一核四极"战略中的汉中特色极、秦巴片区的领头城市、南水北调优质水源区强有力的科技支撑，确保到 2017 年把汉中市基本建成创新型城市。

五是，要全面深化改革，以改革促发展。按照全面深化改革路线图和时间表，充分发挥经济体制的牵引作用。继续下放行政审批权，深化投融资体制改革，鼓励民间资本进入国家非限制的领域和行业，大力发展中小微企业，构建开放型经济新体制。要进一步扩大开发，积极争取融入我省丝绸之路新起点核心区，加强区域合作，吸引更多的项目、资金落户汉中。实施全域旅游工程，强力推进旅游业发展，建立优化发展环境长效机制。

（冯明放）

流动性服务视角下我国少数民族地区农村社会保障公共服务的构建

[摘 要] 我国少数民族地区农村因为特殊的环境而对公共服务有着流动性的需求。为此，少数民族地区政府需要创新农村社会保障的公共服务理念，在农村的社会福利、社会保险以及社会救助等公共服务上进行流动性建设，从而更好地为少数民族地区农村服务。

[关键词] 少数民族；农村社会保障；流动性；构建

党的十八大在论及社会保障建设时，提到在建设社会保障体系方面，要以公平性、流动性以及可持续性作为建设重点，并在此基础上建成城乡居民全覆盖的社会保障体系。这也是政府第一次将流动性建设纳入到社会保障中。流动性社会保障，既包括制度建设也包括具体的服务供给。

由于少数民族地区的农村一般地处偏僻，且人口呈分散居住状态，加之交通不便，因此，其在公共服务方面更加需要流动性的服务，这样的服务体系才能够让我国的社会保障体系在民族地区发挥出更好的效用。本文主要从流动性公共服务角度出发，对我国少数民族农村地区的公共服务提出构建流动性社会服务的制度构想，从而为解决我国少数民族地区农村社会保障问题提供有益的参考与指导。

一、我国少数民族地区农村社会保障服务的特点

受历史、地理条件等诸多因素的影响，致使我国少数民族地区农村大多处于山岭地带，这些地带不仅交通建设滞后，人口居住也较为分散，这一现状也决定了在为该地区农村社会服务对象提供服务时，要具有流动性。因而，相关服务部门应该针对这种特殊的服务需求而建构相应的流动性公共服务制度。

（一）流动性公共服务的内涵

公共服务是流动性公共服务得以存在的前提和基础。因此，要想理解流动服务，就应当了解公共服务的内涵及其特点。公共服务主要是由政府通过公权力的运用而调动各种社会资源，为社会大众提供公共产品或公共服务，

从而满足大众的公共需求，并维护其合法权益。政府提供公共服务的动机是希望能够从整体上提高全体国民的生活水平和生活品质。由此可见，公共服务又具有非营利性、政府主导以及公共性等特征。

我国少数民族地区的农村社会有着较为特殊的自然环境与政策环境，因此，少数民族地区政府在公共服务的提供上，除了要满足一般性公共服务的条件外，还需要具备流动性的特点，即要为少数民族地区的农村提供流动性的公共服务。流动性公共服务是针对传统公共服务的提供方式而提出的，我国传统的公共服务提供方式往往是被动的，即群众到政府办公点去申请办理自己所需的服务，而政府工作人员也只在办公室和服务大厅办理业务；流动性公共服务要求政府工作人员主动走出办公楼，深入基层，为群众提供上门式服务，从而使群众享受到更加便捷的服务，而且这对交通不便的少数民族地区农村来说尤为重要。政府提供定时、定期的流动性公共服务不仅能够降低服务对象的办事成本，为其提供便利，而且还拉近了政府与群众之间的距离，促使政府真正向服务型政府转变。

（二）我国少数民族地区农村公共服务的流动性特征

我国是一个农业大国，农村人口占我国人口总数的一半以上，因此，农村社会保障工作也就显得十分重要。就我国少数民族地区的农村社会保障工作而言，除了具有公共服务的一般特征之外，自身的独立性决定其还要具有流动性的特点。

一是公共服务的对象具有流动性。改革开放之后，我国的流动人口群体快速膨胀，据相关机构统计，我国现有流动人口的数量已经接近 3 亿人，而且伴随着城镇化的持续深入，这一数字还会再次上升。而在这些流动人口中相当一部分便是来自民族地区农村。面对人数不断增多的流动性群体，我国也先后出台了具有针对性的社会保障措施。如在养老保险服务上，我国许多地区都针对流动性非常大的农民工群体而制定了各自不同的养老保险策略，结合自身的实际情况分别将其纳入到新型农村社会养老保险、城镇居民养老保险以及城镇职工养老保险之中，更为重要的是各地出台了不同养老保险的转移接续办法，这也充分体现了我国社会保障的流动性。

二是少数民族地区农村社会服务项目的流动性。到目前为止，我国的农村社会保障服务几乎涵盖了包括保险、救助在内的诸多领域。在具体的执行过程中，如果要想将各项服务都落实到实处的话，除了要严格贯彻、执行一些基本原则以外，还要融入灵活性的服务理念，做到因人而异、因地制宜。因此，在为我国少数民族地区农村提供社会保障公共服务的过程中，应该积

极尝试构建具有流动性的保障体系,以此来满足群众的需求。

(三)少数民族地区农村社会保障公共服务的流动性供给

少数民族地区农村特殊的环境使其需要流动性公共服务,因此,政府在制定社会公共服务政策时需要体现出流动性的特点,要根据政策的具体实施地域来提供一些流动性的、符合地域需求的公共服务或产品。在提供公共产品或服务的过程中,应该以便民为原则,改变以往只在办公室里办理业务的方式,可以根据服务对象的实际情况创新办公方式,主动走到基层去为村民提供服务,体现出社会保障服务的流动性。

改革开放之前,受多方面因素的影响和限制,农村人口向城市流动的障碍比较多,规模也比较小,包括少数民族地区农村在内的广大地区对于流动性社会保障服务并没有强烈的需求。改革开放后,我国的流动人口数量开始不断增加。调查数据显示,1993年,我国的农民工数量仅为0.02亿,但到了2008年,这一群体的人口数量增长至1.4亿,2010年第六次全国人口普查数据表明,我国的流动人口数量为2.61亿。由此可见,从改革开放至今,我国的流动人口数量可以说是呈几何倍数增长,这也就产生了巨大的流动性公共服务需求,少数民族地区农村社会保障性公共服务的流动性制度设计也应运而生。

二、少数民族地区农村社会保障公共服务的流动性现状

(一)社会保险方面

社会保险是一项具有强制性的保险制度,主要是针对那些失去工作岗位,或者因健康问题丧失劳动能力的群体,并尽可能地为他们提供一定经济补偿的社会制度。其所涵盖的内容主要包括医疗、教育、失业、工伤、生育以及养老等多个领域,而政府在其中则承担着社会保险制度的提供者和社会保险制度的承担者的双重身份。在我国少数民族地区农村社会制度的构建过程中,政府应该充分意识到该地区的实际情况,尽可能地为农村参保对象提供更加快捷、方便的社会保障服务。因此,在我国少数民族农村地区的管理中,相关机构应在设计与制定制度的过程中考虑到流动性的需求,这样才能够适应农民的实际情况,使其享受到社会发展的成果。但目前,少数民族农村地区的社会保险在实际服务过程中是缺乏流动性的,如在农村医疗保险"新农合"项目中,农民在治疗过程中是无法享受保险报销的,而是要先自己垫付医疗费用,治疗完成后农民需要带着医院的交费发票、医疗诊断证明等材料去乡

（镇）级相关机构办理费用报销，之后才能领取保险金。但对少数民族农村来说，他们一般距离乡（镇）政府较远，加之当地乡村交通不便，如果报销的金额较低，农民很可能因为过高的交通成本和复杂的程序而放弃享受自己应有的保险权利。许多地区在农村养老保险的发放上，一般都是将养老金通过银行发到参保农民的银行账户中，农民要想真正取得养老金，必须到城镇银行营业网点去取，过程的不便利也降低了农民参加养老保险的积极性。在这种情况下，如果政府在社会保险供给上提供流动性服务，便能够减少农民享受权益所需要付出的成本，提高其参保的积极性，也有利于更好地实现农民的社会保障权益。

（二）社会救助方面

社会救助是维护社会稳定的一项重要社会保障措施，一般是政府通过财政拨款的方式对陷入生存困境的个体提供帮助。在农村，社会救助主要体现为"五保户"供养、灾害救助以及低保制度三项。尽管每一种社会救助都有其救助条件，但对于少数民族地区的农村来说，提供流动性服务是其共同的需求。提供流动性的社会救助服务不仅能够让民族地区经济困难的农民最快地获得救助，其还能够降低农民享受救助所付出的成本，这也让政府有限的社会救助资源效用最大化。

但在少数民族地区农村的社会救助上，我国依然缺乏流动性服务。如在低保资格的确定时，相关部门是在办公室内接受申请办理，并没有进入基层核实申请救助者的真实经济情况，这也导致低保救助的办理效率不高且存在救助不实的情况。在灾害救助过程中，一部分较为紧急的救灾资金一般能够直接发放，通过流动性服务让灾民第一时间获得物质保障，但是用来进行灾后地区重建的各种物资往往需要灾民去县级相关部门领取。

（三）社会福利方面

社会福利是指国家为了改善国民的生活水平而采取的一项基本的社会保险制度，主要包括发放福利津贴、提高社会福利、兴建福利设施等多种措施。但受限于我国整体的发展水平，国家并不能真正为全体国民提供理论上的福利服务，我国将福利服务的对象侧重于妇女、儿童、老年人以及残疾人等弱势群体身上。对于少数民族地区的农村来说，政府只有提供流动性的福利服务，其才能够最大限度地享受到国家这一公共服务。但实际上在福利制度的设计上，我国缺乏流动性制度设计。如我国有对60岁以上的老年人提供老年津贴的制度，目前这一政策的贯彻大都是由村干部去领取本村老人的全部津

贴，之后再发放给村里符合条件的老人，但对于老人来说，由于缺乏对老年津贴的发放方式以及发放标准等信息的了解，对自己所享有的合法权益又知之甚少，致使自己的福利待遇经常被他人挪用、冒领情况的出现。如果政府能够为民族地区农村提供流动性福利服务，定时深入农村，将老年津贴直接送到老人手中，那么便会大大减少老年人合法权益受侵害的可能性。在对残疾人的社会福利供给上也存在流动性服务缺失的问题，残疾人本身在行动上就存在不便，若没有流动性公共服务，便很难享受到国家制定的各项福利政策。

三、少数民族地区农村流动性社会保障公共服务的制度构建

（一）创新工作理念

公共服务的内容既可是物质的，也可是精神的，其提供服务的方式有动态的也有静态的。对社会保障性公共服务而言，不同的服务内容和地区对公共服务的需求方式也有所不同。具体到少数民族地区农村，除了需要那些稳定的、制度化的公共服务之外，政府相关部门还需要提供灵活的流动性服务。在社会保障方面提供流动性服务是符合少数民族地区农村的实际情况的，政府应该将提供流动性服务作为农村社会保障服务工作的新理念。

（二）构建流动性公共服务机构

农村社会保障公共服务机构主要是指由政府创办，为农村全体居民提供的各类社会保障类服务的组织或机构，主要包括社会保险经办机构、就业和人才服务机构以及社会保障待遇等。要想少数民族地区农村居民的各项合法权益得到真正的落实，政府的各类社会保障服务机构需要根据少数民族地区农村的实际情况而制定流动性的工作制度，将社会保障服务直接送到农村去，让农村居民更加便捷地享受到政府提供的公共性服务，这既能够让社会公共服务机构在农民中树立起公信力，也能够促进农村社会的发展。如在农村实施的"新农合"与"新农保"，在缴费和参保的过程中，农民都需要携带相关证件与材料到乡镇相关部门去办理，这需要花费较高的交通成本与时间成本才能够享受到服务。如果政府社保机构能够提供流动性服务，进入农村为居民办理参保、缴费等业务，就能够为农民带来极大便利。在各项待遇、保险金的发放上，如果改变以往农民需要到城镇去领取保险金的方式，而由社保机构定期进村为农民发放保险金，这也必然是一项真正服务农民的措施。就业和人才服务机构也可以进入乡村，组织农村的剩余劳动力进行技术培训，这能够促使进城务工的农民进入城市后顺利找到工作。

(三) 构建流动性公共服务项目

社会保障公共服务项目是指政府在社会保障领域为了贯彻各种社会保障政策而采取的具体执行措施。如开展就业培训项目、各类社保项目等。各类社会保障服务制度的设立以及机构的成立为少数民族地区农民享受社保服务提供了基础与平台，而各类公共服务项目可以说是为农村居民合法权益的实现提供了具体路径。要想这些公共服务项目在少数民族地区农村得到贯彻和执行，政府供给机构在项目设计时便应该考虑到流动性因素。随着网络的普及和通讯技术的发展，政府可以利用这些技术设计一些流动性服务项目，让农村居民不受地点的限制而享受社会保障服务。如在就业服务项目中，政府可以建立有关就业信息的网站，将就业政策以及招聘信息等发布在网站上，改变以往只将就业信息粘贴在就业机构办公室展板上的信息展示方式，这让农民可以不必到指定地点便能够查看相关就业信息。此外，在社保服务项目上，政府还可以参照银行系统银联卡的服务理念为每一位参保农民开通社保卡，这样农民可以凭借社保卡在各地社保机构办理各类社保业务，这种服务也赋予了我国的社保服务以更大的流动性和便捷性，进一步提升了少数民族地区的社会保障服务质量。

少数民族地区农村特殊的地理环境需要实施流动性的社会公共服务。在实施过程中，政府应该根据服务对象的需求提供多样化的服务方式，只有这样才能满足他们的需求，使居民的合法权益得到切实保护，切实享受到我国社会保障性公共服务改革所带来的实惠。基于此，在社会保障制度的设计、制定与管理中，我国少数民族地区应不断创新社会保障公共服务方式，让农民享受到社会保障的流动性公共服务，这将进一步完善我国的农村社会保障制度。

【参考文献】

[1] 林炜，杨连生. 边疆少数民族地区农村公共文化建设研究[J]. 贵州民族研究，2014（10）.

[2] 刘珂. 城镇化进程中散居少数民族权益保障研究[J]. 贵州民族研究，2014（2）.

[3] 齐讴歌. 民族地区同步小康的战略重点、实现路径与政策取向[J]. 开发研究，2014（4）.

[4] 林晓珊，张翼. 制度变迁与消费分层：消费不平等的一个分析视角[J]. 兰州大学学报：社科版，2014（1）.

（肖海霞）

陕南生态移民土地经营权转让意愿及其影响因素研究
——以汉中市为例

[摘 要] 本文在对生态移民土地经营权转让意愿及其影响因素进行理论分析的基础上，基于对陕南地区汉中市6个生态移民搬迁安置点258户搬迁农民的实地调研数据，运用Logistic二元回归模型对生态移民转让土地经营权的意愿及其因素进行实证分析。结果表明：陕南地区生态移民转让土地经营权的意愿普遍较低，这对进行生态移民后原居住地的土地整理、实现土地的适度规模经营是十分不利的，而职业非农化程度、家庭非农收入比、安置点经济情况、拥有社保情况和土地经营权转让价金等5个因素是影响生态移民是否转让土地经营权的主要因素。在此基础上，文章从严把移民安置选点关、努力提升安置质量、加强后续产业发展、提高就业容量，建立健全移民社会保障政策、维护移民合法权益、完善土地流转市场、发展多样化的土地转让模式等方面提出促进搬迁农户土地经营权合理流转，提高农地资源配置效率的对策建议。

[关键词] 生态移民；土地经营权；转让意愿；影响因素；陕南

陕南包括汉中、安康、商洛3市，位于秦巴山区，地质环境恶劣，洪涝灾害频发，生产生活条件极差，属于全国11个集中连片特困地区之一，有24个国家级贫困县（2012年数据）[1]。为了避灾防险，改善生态环境，提高陕南人民的生活质量，陕西省政府于2011年5月作出实施陕南移民搬迁工程的决定[2]。

陕南移民搬迁后，将移民们原居住点的土地经营权进行有效流转，发展高效、绿色、集约化的现代农业，不断提高农村土地利用率和农村土地利用效率，是当地农村实现可持续发展的必然选择[3]。原居住点土地经营权流转的决策者是搬迁的生态移民们，只有客观分析他们的流转意愿，准确把脉影响他们意愿的具体因素，才能作出合理的流转激励政策。鉴于此，文章利用对陕南地区汉中市6个典型移民安置点258户搬迁农民的调研数据，运用Logistic二元回归模型对搬迁农户土地经营权流转意愿及其影响因素进行实

证分析，找出陕南生态移民转让土地经营权意愿的主要影响因素。

一、生态移民转让土地经营权意愿影响因素的理论分析

对于农民来说，土地具有特殊重要意义，它不仅是一些家庭的主要收入来源，还具有社会保障的功能，因此，生态移民转让土地的意愿是在考虑多种因素后作出的决定。一般情况下，影响生态移民转让土地意愿的因素主要有以下几个方面。

（一）生态移民的个人特征

生态移民的年龄、性别、受教育程度、健康状况、职业非农化程度等直接影响其是否转让土地经营权。一般来说，年龄对生态移民转让土地经营权的影响通常是负的，即年龄越大的生态移民越不愿意转让土地经营权[4]。性别对生态移民转让土地经营权的影响表现为，男性比女性更偏向于转让土地经营权[5]。关于受教育程度对生态移民转让土地经营权的影响，目前，学者们的意见并不统一，有学者认为生态移民的受教育程度与其是否转让土地经营权呈负相关关系，即受教育程度越高，越不愿意转让土地经营权[6]；但也有学者认为生态农民的受教育程度与其是否转让土地经营权呈正相关关系，即受教育程度越高，越愿意转让他的土地经营权[7]。生态移民的健康状况对其是否转让土地经营权的影响为负，身体健康情况差的移民大部分都选择以农为业，土地是他们最主要的生活保障，他们轻易不会转让他们的土地经营权。职业非农化程度对生态移民转让土地经营权的影响为正，即生态移民的职业非农化程度越高，他们对土地的依赖性越弱，越可能转让他的土地经营权。

（二）生态移民的家庭特征

生态移民的家庭特征主要包括生态移民家庭农业人口数量、种植农作物的易打理程度及家庭非农收入比。理论上来说，家庭农业人口数量、种植农作物的易打理程度对生态移民转让土地经营权的影响为负，即生态移民家里农业人口数量越多，种植的农作物越好打理，搬迁农民越不愿意转让土地。生态移民家庭农业人口数量越多，他们在移入地实现全部就业的难度就越大，这种就业压力使他们不会轻易放弃原来的土地，土地仍然是他们的基本收入保障。种植的农作物越好打理，移民需要花费的时间就越少，土地经营可以作为一种兼业形式存在，不影响他们进行其他工作，在这种情况下，移民们一般不会转让出他们的土地。家庭非农收入比对生态移民转让土地经营权的影响为正，即生态移民家庭中非农收入所占比例越大，越倾向于转让其土地

经营权[8]，原因在于非农收入的提高使移民不在将土地看作其收入的主要来源，前期非农收入的积累与激励使移民会将越来越多的精力放在非农工作上以便获取更多的非农收入，他们基本上无暇经营土地，将土地转让出去的可能性也随着非农收入比的提高而提高。

（三）生态移民安置点的特征

生态移民安置点的特征主要包括移民安置点的地理情况、经济情况和距离搬迁农民原居住地的远近。该文将安置点的地理情况分为平原和山区（丘陵）两种类型，搬迁到平原安置点的生态移民比搬迁到山区（丘陵）的生态移民更倾向于转让土地经营权，生态移民安置点的经济发展情况对生态移民是否转让土地经营权的影响为正，即安置点经济发展情况越好，生态移民越愿意转让土地经营权。因为平原较山区（丘陵）而言，一般经济发展的要好一些，就业机会也较多些，移民在当地找到新工作的可能性也较大些，摆脱原居住地土地束缚的几率也较大，所以，在平原地区、经济情况较好的安置点的生态移民更愿意转让其土地经营权。移民安置点距离生态移民原居住地的远近对生态移民是否转让土地经营权的影响为正，即移民安置点距离原居住地越远，移民越愿意转让其土地经营权。原因在于安置点距离原居住地越远，移民进行土地经营的成本就越大，进行兼业经营的几率越小，移民更愿意将土地转让出去。

（四）生态移民搬迁后保护体系的完善程度

生态移民搬迁后保护体系的完善程度主要体现在生态移民拥有社会保障情况和土地经营权的转让价金。一般来说，拥有社保情况和土地经营权的转让价金对生态移民转让土地经营权的影响为正，即生态移民搬迁后拥有社保情况越好，土地经营权的转让价金越高，其转让土地经营权的可能性越大，这是因为当社会保障与土地转让价金收益较高时，就可以替代土地的保障功能，移民们就会转让出他们的土地。

二、生态移民转让土地经营权影响因素的实证分析

（一）数据来源

为全面掌握陕南地区农民生态移民后转让土地经营权意愿及影响因素情况，笔者于 2012 年 6 月至 2014 年 12 月，通过问卷调查和深度访谈相结合的方法，对搬迁农户土地经营权流转意愿及其影响因素进行全面调研，此次调

研选取的样本村有汉台区河东店移民安置点、西乡县堰口移民安置点、宁强县舒家坝镇宝珠观村移民安置点、宁强县二郎坝镇天台山村移民安置点、镇巴县渔渡移民安置点及镇巴县兴隆移民安置点,共发出调查问卷 280 份,其中有效问卷 258 份,问卷有效率为 92.14%。调查样本的基本情况见表 1。

表 1　调查样本基本情况

项目	选项	人数（人）	比重（%）	项目	选项	人数（人）	比重（%）
年龄	小于 20 岁	10	3.9	健康状况	很好	25	9.7
	21~30 岁	20	7.8		较好	55	21.3
	31~40 岁	31	12		一般	81	31.4
	41~50 岁	94	36.4		较差	69	26.7
	50 岁以上	103	39.9		很差	28	10.9
性别	男	119	46.1	安置点的地理情况	平原	89	34.5
	女	139	53.9		山区（丘陵）	169	65.5
受教育程度	小学及以下	110	42.6	家庭农业人口数量	1~2 人	8	3.1
	初中	112	43.4		3~4 人	175	67.8
	高中	31	12		5~6 人	72	27.9
	大专及以上	5	1.9		7 及 7 人以上	3	1.2
种植农作物的易打理程度	很好打理	30	11.6	家庭非农收入比	很大	49	19
	较好打理	68	26.4		较大	65	25.2
	一般	106	41.1		一般	92	35.7
	较难打理	46	17.8		较小	42	16.3
	很难打理	8	3.1		很小	10	3.9
安置点的经济情况	很好	65	25.2	距原居住地的远近	很近	38	14.7
	较好	89	34.5		较近	56	21.7
	一般	98	38		一般	92	35.7
	较差	6	2.3		较远	70	27.1
	很差	0	0		很远	2	0.8
拥有社保情况	很好	16	6.2	土地经营权转让价金	很高	0	0
	较好	38	14.7		较高	6	2.3
	一般	86	33.3		一般	42	16.3
	较差	106	41.1		较低	58	22.5
	很差	12	4.7		很低	152	58.9
职业非农化程度	纯农生态移民	86	32.3				
	兼农生态移民	112	43.4				
	非农生态移民	60	23.3				

（二）模型与方法

设因变量 Y 为生态移民是否转让土地经营权，这种选择有两种情况，一是愿意转让土地经营权（$Y=1$）；二是不愿意转移土地经营权（$Y=0$）。在受访的 258 户生态移民中，有 87 人即 33.72%的生态移民愿意转让自己的土地经营权，有 171 人即 66.28%的生态移民不愿意转让自己的土地经营权，详见表 2。因为因变量生态移民土地经营权转让意愿是一个二分类变量，所以，运用 Logistic 二元回归模型进行影响因素分析，用 p_1、p_2 分别表示"转让土地经营权""不转让土地经营权"的概率，用 X_1、X_2、…、X_k 分别表示影响因素，由此形成的 Logistic 回归方程为：$Y=L_n(p_1/p_2)=b_0+b_1X_1+b_2X_2+\cdots+b_kX_k$ 模型解释变量选择及处理说明如表 3 所示。

表 2　生态移民转让土地经营权的意愿情况

	选项	选择人数（人）	比例（%）
是否愿意转让土地经营权？	愿意	87	33.72
	不愿意	171	66.28

（三）结果分析

使用 SPSS 软件对 258 个样本数据进行 Logistic 回归处理，采用逐步向后回归方法进行变量筛选，并采用 -2Loglikelihood、Cox & Snell R_2 和 Nagelkerke R_2 3 个参数进行模型的整体检验。最终生态移民农业收入占家庭总收入的比例、社保条件、土地转让收益、安置点的经济情况和生态移民职业非农化程度等 5 个自变量进入了模型，得到整体运行效果以及模型参数如表 4 所示。从模型的整体检验效果看，-2Loglikelihood 值达到了 48.508，模型拟合度较好；Cox & Snell R_2 值达到了 0.326，而 Nagelkerke R_2 达到了 0.416，说明模型可以较好地进行拟合。

具体影响因素分析如下：

（1）职业非农化程度。该变量回归系数为正值且通过了 5%水平的显著性检验，表明在其他条件不变的情况下，职业非农化程度类型不同的生态移民转让土地经营权的可能性可以用下述关系式表示：非农生态移民＞兼业生态移民＞纯农生态移民转让土地经营权的可能性，原因主要是因为生态移民职业非农化程度越高，其对土地的生存需求就越低，越愿意转出土地经营权而专心从事非农产业。

（2）家庭非农收入比。该变量回归系数为正，并且在 10%的水平上显著。

这说明，生态移民家庭中非农收入所占比例越高，其转让土地经营权的可能性也就越大。其原因表现在非农收入比的提高是生态移民家庭突破土地经济约束的重要前提（唐萍萍、胡仪元：《陕南生态移民土地经营权转让意愿及其影响因素研究——以汉中市为例》，载《中国农业资源与区划》，2015 年第 5 期），这一指标数值越大，说明生态移民家庭脱离土地的可能性越大，当然越愿意转让出自己的土地经营权。

（3）安置点经济情况。该变量回归系数为正值且通过了 1%水平的显著性检验，表明在其他条件不变的情况下，生态移民安置点经济发展情况越好，搬迁到此地的生态移民转让其土地经营权的可能性越大。这是因为安置点经济条件好的话，移民们会有更多新的就业机会，收入也会比较多，对原居住地土地的依赖也会相对较小，因此，安置点经济情况的好坏是影响生态移民能否转让土地经营权的重要因素。

（4）拥有社保情况。该变量回归系数为正且通过了 10%水平的显著性检验，说明在其他条件不变的情况下，拥有社保情况的好坏对生态移民是否转让其土地经营权的影响显著，且拥有社保条件越好的生态移民越愿意转让其土地经营权。主要原因是土地对生态移民们来说具有基本的社会保障功能，是他们最后的退路，如果拥有较好的社会保险，他们就不会将土地经营权抓得那么紧了。

（5）土地经营权转让价金。该变量回归系数为正，并且在 5%的水平上显著。这说明土地经营权转让价金会在很大程度上影响生态移民是否转让土地经营权，土地转让价金越高，生态移民越愿意转让其土地经营权。主要是因为转让土地经营权本身就是一种理性的物权转化行为，具有高资产性、低交易频率性的特点[9]，如果生态移民测算土地经营权转让价金收益高于其转让成本时，就会做出转出的决定，如果其判断转让土地经营权的价金收益不足以弥补其所受的风险成本时，他们就不会转让其土地经营权。

三、研究结论与讨论

综合以上分析，我们得出结论：生态移民转让土地经营权的意愿普遍较低，这对进行生态移民后原居住地的土地整理、实现土地的适度规模经营是十分不利的，而职业非农化程度、家庭非农收入比、安置点经济情况、拥有社保情况和土地经营权转让价金等五个因素是影响生态移民是否转让土地经营权的主要因素。上述结论对于推进生态移民土地经济权的有效流转具有以下的政策启示：

表 3 模型解释变量选择及处理说明

变量名称	变量定义	平均值	标准差
年龄（X_1）	被调查生态移民的实际年龄，取值范围为 18～80	49.16	15.08
性别（X_2）	女=1；男=2	1.46	0.50
受教育程度（X_3）	小学及以下=1；初中=2；高中=3；大专及以上=4。	73	0.74
健康情况（X_4）	很差=1；较差=2；一般=3；较好=4；很好=5。	92	1.14
职业非农化程度（X_5）	纯农生态移民=1；兼业生态移民=2；非农生态移民=3。	90	0.75
家庭农业人口数量（X_6）	被调查生态移民家庭的整劳动力数，取值范围为 0~72。	26	1.21
种植农作物的易打理程度（X_7）	很好打理=1；较好打理=2；一般=3；较难打理=4；很难打理=5。	74	0.98
家庭非农收入比（X_8）	很低=1；较低=2；一般=3；较高=4；很高=5。	39	1.09
安置点的地理情况（X_9）	山地（丘陵）=1；平原=2。	34	0.48
安置点经济情况（X_{10}）	很差=1；较差=2；一般=3；较好=4；很好=5。	83	0.83
距原居住地远近（X_{11}）	很近=1；较近=2；一般=3；较远=4；很远=5。	78	1.03
拥有社保情况（X_{12}）	很差=1；较差=2；一般=3；较好=4；很好=5。	77	0.97
土地经营权转让价金（X_{13}）	很低=1；较低=2；一般=3；较高=4；很高=5。	62	0.84

表 4 模型进入回归方程的变量

自变量	β	Wald 值	sig 值	Exp(β)
职业非农化程度（X_5）	0.216**	4.969	0.034	1.172
家庭非农收入比（X_8）	0.733*	0.502	0.079	0.488
安置点经济情况（X_{10}）	0.315***	2.389	0.008	1.016
拥有社保情况（X_{12}）	0.682*	0.479	0.068	0.326
土地经营权转让价金（X_{13}）	0.568**	3.712	0.047	1.458
常数	4.516	2.673	0.081	4.779
−2Loglikelihood	48.508			
Cox & Snell R_2	0.326			
Nagelkerke R_2	0.416			

注：*、**、***分别表示在 10%、5%和 1%的水平上显著

(1) 严把移民安置选点关，努力提升安置质量。在生态移民过程中，应严格选点，尽可能将安置点设在经济发展水平较好的地区，这些地区公共基础设施比较完善、产业发展比较好，就业岗位也较多。将生态移民安置在这些地区，不仅可以使移民生活水平较快实现城镇化，还可以使他们较容易获得就业机会，减少其对原居住地的依赖，有利于促进原居住地土地的流转与规模经营。

(2) 加强后续产业发展，提高就业容量。通过上文的分析，可以发现生态移民的职业非农化程度、家庭非农收入比、安置点的经济情况在促进生态移民转让土地经营权过程中发挥着非常关键的作用。而这些无不与安置点后续产业发展息息相关，因此，促进生态移民土地经营权的有效流转就必须依托当地资源特点，发展特色农业，不断延伸产业链，提高产业就业容量[10]。一方面，应从内培和外引两个方面积极培育移民搬迁后续产业发展带头人，通过带头人的示范指导，促进后续产业不断发展；另一方面，要提高生态移民的后续产业就业素质，就要建立移民农户劳动就业、创业状况信息库，通过农业院校、网络教育、产业发展带头人带动等多种渠道对安置点中的适龄农民进行农村产业发展方面的知识与技能培训，确保生态移民户均一人就业，搬迁后的收入高于搬迁之前的水平。此外，还应建立健全国家、地方、集体、个人以及社会各团体的联动互补的多元化金融支持机制，改善移民后续产业的融资条件。通过加强移民搬迁安置点后续产业发展，使移民在移入地顺利实现就业，逐渐脱离对原居住地土地的依赖，从而促进土地流转。

(3) 建立健全移民社保转续政策，维护移民合法权益。首先，要进一步推进生态移民户籍制度改革，使移民能与城镇居民一样公平地分享社会公共服务；其次，要建立健全生态移民社保转续政策，使搬迁农户搬迁后在医疗保险、养老保险及社会救助等方面的待遇不低于搬迁前。通过社会保障政策的逐渐完善来弱化土地的保障功能，促进生态移民原居住地的土地流转。不仅要建立健全搬迁农民社会保险转续机制，使搬迁农户搬迁后在医疗保险、养老保险及社会救助等方面的待遇不低于搬迁前，还要加快土地物权化改革和农村土地交易市场建设，保护搬迁农户的土地权益，推动土地合理流转出让，提高移民生活水平。

(4) 中国农业资源与区划2015年或村为界，受让对象大多数是亲朋与好友，就转让价金来说，普通粮田转让价金在3000～4500元/hm^2，经济田的转让价金在1.2万～1.5万元/hm^2。这种小范围小规模的熟人流转形式，很难体现土地的市场价值，也不利于促进土地的规模化经营。因此，应开发多样化的土地流转模式，通过引入土地股份合作制、托管与抵押机制等新型土地流

转方式，不断促进土地资源的高效再配置，实现耕地资源利用效率的最大化，保障生态移民应有的利益。

【参考文献】

[1] 赵丽莉．国家级贫困县名单调整[N]．三秦都市报，2012-03-21．

[2] 郝俊卿，曹明明，徐雪，等．"迁移——集聚"模式下陕南移民搬迁地区城镇化的发展机制与路径研究[C]．陕西省社科界重大理论与现实问题研究优秀成果选编（2012～2013年度），2014．

[3] 谷树忠，王兴杰，鲁金萍，等．农村土地流转模式及其效应与创新[J]．中国农业资源与区划，2009（1）：1-7．

[4] 乐章．农民土地流转意愿及解释——基于十省份千户农民调查数据的实证分析[J]．农业经济问题，2010（2）．

[5] 张林秀，刘承芳．从性别视角看中国农村土地调整中的公平问题——对全国1199个农户和2459个村的实证调查[J]．现代经济探讨，2005（10）．

[6] 陶然，童菊儿，汪晖，等．二轮承包后的中国农村土地行政性调整：典型事实、农民反应与政策含义[J]．中国农村经济，2009（10）．

[7] 李实．中国农村劳动力流动与收入增长和分配[J]．中国社会科学，1999（2）．

[8] 张玫，姬亚岚，霍增辉，等．农户土地转出意愿影响因素分析——以浙江省农业园为例[J]．生态经济，2012（4）．

[9] 安海燕，洪名勇．农地流转研究综述与展望[J]．中国农业资源与区划，2014（3）．

[10] 邵景安，魏朝富，杨朝现，等．城乡统筹区产业发展与土地流转协同路径创新[J]．中国农业资源与区划，2014（5）．

[11] 徐孝永，赖景生，寸家菊．我国农村扶贫的制度性陷阱与制度创新[J]．农业现代化研究，2009，30（2）．

（唐萍萍　胡仪元）

陕南移民搬迁式城镇化建设绩效评价研究
——以汉中市为例

[摘　要]　运用综合评价法构建了移民搬迁式城镇化建设绩效评价指标体系，再结合调研数据，测算出汉中市移民搬迁式城镇化建设的绩效水平。结果表明：汉中市移民搬迁式城镇化建设总体绩效水平为中等，移民搬迁极大地促进了移民生活方式城镇化，使移民逐渐接受城镇化的思想意识，但并没有使移民的生产方式实现城镇化，移民实际处于生产方式与生活方式、思想观念、户籍相割裂的半城镇化状态。据此，从优化产业结构、扩宽就业渠道、改善融资条件、健全社会政策转续机制等方面提出改进对策与建议。

[关键词]　陕南；移民搬迁；城镇化建设；绩效评价

一、相关研究概述

党的十八大提出加快新型城镇化建设的战略目标，关于新型城镇化的概念，不同学者从不同研究视角提出不同阐释，但其核心观点都可以概括为：新型城镇化是城乡统筹发展的城镇化，是区域协调发展的城镇化，其目标在于逐渐消除城乡居民在收入、社会保障和公共服务等方面的差距。新型城镇化不仅关注转移人口的户籍城镇化，更关注他们在生产、生活和思想观念等方面的城镇化，既关注城市移入人口的城镇化，更关注农村人口的就地城镇化。国外关于移民搬迁促进城镇化建设效应的专门研究很少，相关研究主要有刘易斯（1954）认为农业存在着大量零值劳动力人口，这些人口向城市转移，进而导致城市化的发展[1]；小长谷有纪和儿玉香菜子（2005）认为移民工程造成了贫困，为迁入地带来新的环境问题[2]；中尾正义（2005）认为移民会给被移民者带来文化适应障碍[2]。

国内关于移民搬迁及城镇化建设的研究区域主要针对三江源地区、内蒙古地区和宁夏地区，研究方式上，较多采用文献分析法，而在特定区域采用参与观察、深度访谈并进行定量分析和总结规律性的研究较少。桑敏兰（2005）认为通过移民搬迁来促进小城镇发展是对宁夏地区城镇化的一种有益探索[3]；李鸣骥、黄立军（2013）对宁夏中南部地区移民搬迁的几种城镇化模式进行

了对比研究[4];王小梅、高丽文(2008)论证了三江源地区移民搬迁与城镇化建设间的联系[5];李媛媛(2013)研究了内蒙古地区生态移民城镇化的特点、实现条件和对策[6]。专门针对陕南(汉中)移民搬迁式城镇化建设绩效评价的研究较少,目前学术界的主要成果有厉以宁(2013)关于陕南移民社区城镇化建设的研究报告[7]和冯三俊(2013)关于陕南移民搬迁与城镇化建设关系的研究论文[8]。

2010年,陕南地区发生了特大泥石流灾害,死亡人数高达187人,为此陕西省政府决定从2011年5月起,用10年的时间将60万户240万人民群众从大山深处迁移出来。汉中市是陕南移民搬迁的主战场之一,该市地处秦巴山区腹地,地形地貌复杂,地质环境脆弱,长期以来深受地质和洪涝灾害影响,生存环境恶劣,生产生活条件极差,属于全国11个集中特困区之一[9]。据课题组在汉中市移民搬迁办调研得知:目前,汉中移民搬迁工程已累计完成投资约165亿元,共搬迁9.43万户,约35.86万人,建设集中安置项目594个。

汉中市移民搬迁为避免复制农村老路,采用集中居住结合城镇化共同推进的方式,其实质就是在特定区域范围内进行的以政府为主,市场为辅的新型城镇化推进模式。那么该项政策在促进新型城镇化建设方面的效果具体如何?后续机制应如何推进?课题组拟就这些问题进行调研并提出相应的对策与思考。

二、调研基本情况

为全面掌握汉中市农户移民搬迁后,在其生产方式、生活方式和思想观念等方面产生的促进新型城镇化建设的绩效情况,2012年6月—2013年12月,我们通过问卷调查和深度访谈相结合的方法,对搬迁农民城镇化水平进行全面调研,此次调研选取的样本村有汉台区河东店移民安置点、西乡县堰口移民安置点、宁强县舒家坝镇宝珠观村移民安置点、宁强县二郎坝镇天台山村移民安置点、镇巴县渔渡移民安置点和镇巴县兴隆移民安置点,共发出调查问卷270份,其中有效问卷258份,问卷有效率为95.56%,调查样本的基本情况见表1。

表1 调查样本基本情况

项目	选项	人数(人)	比重	项目	选项	人数(人)	比重
年龄	小于20岁	10	3.9	受教育程度	小学及以下	110	42.6
	21~30岁	20	7.8		初中	112	43.4
	31~50岁	125	48.4		高中	31	12.0
	50岁以上	103	39.9		大专及以上	5	1.9

续表

项目	选项	人数（人）	比重	项目	选项	人数（人）	比重
婚姻状况	未婚	30	11.6	生态环保意识变化	比原来好	230	89.1
	已婚	228	88.4				
户籍变化	无户口	0	0	性别	男	119	46.1
	农村户口	242	93.8		女	139	53.9
	城镇户口	16	6.2	就业结构变化	比原来差	15	5.8
生产条件变化	比原来差	192	74.4		不变	188	72.9
	不变	50	19.4		比原来好	55	21.3
	比原来好	16	6.2	生产技能变化	比原来差	0	0
家庭纯收入变化	比原来少	21	8.1		不变	199	77.1
	不变	211	81.8		比原来好	59	22.9
	比原来差	26	10.1	抗灾能力变化	比原来差	0	0
住房条件变化	比原来差	0	0		不变	0	0
	不变	10	3.9		比原来好	258	100
	比原来好	248	96.1	用水条件变化	比原来差	0	0
用电条件变化	比原来差	0	0		不变	9	3.5
	不变	6	2.3		比原来好	249	96.5
	比原来好	252	97.7	卫生条件变化	比原来差	0	0
医疗条件变化	比原来差	0	0		不变	5	1.9
	不变	0	0		比原来好	253	98.1
	比原来好	258	100	交通条件变化	比原来差	0	0
社保条件变化	比原来差	0	0		不变	0	0
	不变	251	97.29		比原来好	258	100
	比原来好	7	2.71	子女上学变化	比原来差	0	0
休闲娱乐条件变化	比原来差	8	3.1		不变	12	4.7
	不变	128	49.6		比原来好	246	95.3
	比原来好	122	47.3	市场经济变化	比原来差	0	0
政治民主意识变化	比原来差	0	0		不变	102	39.5
	不变	105	40.7		比原来好	156	60.5
	比原来好	153	59.3	科技创新变化	比原来差	0	0
生态环保意识变化	比原来差	2	0.8		不变	121	46.9
	不变	26	10.1		比原来好	137	53.1

三、移民搬迁式城镇化建设绩效评价指标体系构建

课题组主要依据《国家新型城镇化规划（2014—2020年）》的指导思想和发展目标，借鉴其主要思路与指标，从农户的视角出发，选择搬迁后户籍城镇化、生产方式城镇化、生活方式城镇化和思想意识城镇化等4个方面，共19个指标，构建了移民搬迁式城镇化建设绩效评价指标体系，对汉中市移民搬迁式城镇化建设效应进行测评。按照层次分析的原则和方法，采用德尔菲法（Delphi Method），邀请相关专家进行打分，最终确定各指标的权重因子如表2所示。

表2 汉中市移民搬迁式城镇化建设绩效评价指标体系

目标层（A）	准则层（B）	指标层（C）	指标权重（W）
A1 移民搬迁式城镇化建设总体绩效水平	B1 户籍城镇化绩效水平（0.0901）	C1 户籍变化情况	0.0901
	B2 生产方式城镇化绩效水平（0.3268）	C2 就业结构变化情况	0.0858
		C3 生产条件变化情况	0.0898
		C4 生产技能变化情况	0.0639
		C5 家庭纯收入变化情况	0.0873
	B3 生活方式城镇化绩效水平（0.4823）	C6 抗灾能力变化情况	0.0911
		C7 住房条件变化情况	0.0653
		C8 用水条件变化情况	0.0498
		C9 用电条件变化情况	0.0465
		C10 卫生条件变化情况	0.0482
		C11 医疗条件变化情况	0.0406
		C12 交通条件变化情况	0.0405
		C13 社保条件变化情况	0.492
		C14 子女上学条件变化情况	0.0310
		C15 休闲娱乐条件变化情况	0.201
	B4 思想意识城镇化绩效水平（0.1008）	C16 市场经济意识变化情况	0.0282
		C17 政治民主意识变化情况	0.0253
		C18 科技创新意识变化情况	0.0252
		C19 生态环保意识变化情况	0.0221

通过对各指标的赋值，其中：将无户籍（比原来差）、农村户籍（不变）和城镇户籍（比原来好）分别赋值为 1、2、3，可以统计得出各指标的评估值，这里：1~1.99 为不及格，2~2.25 为及格，2.26~2.49 为中等，2.5~2.75 为良好，2.76~3 为优秀。本指标体系的优点在于突出了对具体的搬迁对象即农户的感知测量，从他们的主观角度评价移民搬迁所产生的城镇化效应，且评价指标的选择与国家最新政策导向一致；不足之处在于客观指标较少，缺少横向指标比较，后续将完善此方面的研究。

四、评价结果及分析

根据各评价指标的统计评价值和权重系数，可以计算出移民搬迁后，农户视角下的户籍城镇化水平、生产方式城镇化水平、生活方式城镇化水平、思想意识城镇化水平及总体城镇化水平。评价结果如表 3 所示。

表 3 准则层指标及目标层指标评估结果

指标名称	评价值	评价水平
户籍城镇化绩效水平（B1）	2.06	及格
生产方式城镇化绩效水平（B2）	1.91	不及格
生活方式城镇化绩效水平（B3）	2.76	优秀
思想意识城镇化绩效水平（B4）	2.47	中等
汉中市移民搬迁式城镇化建设绩效总体水平（A1）	2.45	中等

（1）户籍城镇化评价值为 2.06，处于及格水平。在中国，户籍是区分城镇与农村的一个重要标志，但户籍变更涉及的内容众多，户籍城镇化不能一蹴而就，需要逐步推进。移民搬迁后，有 6.2%的农户转为城镇户口，这表明农户移民搬迁后，开始逐步实现户籍城镇化。

（2）生产方式城镇化评价值为 1.91，处于不及格的水平。生产方式是人类谋取社会生活所必需的物质资料的基本方式。生产方式的进步是搬迁农户融入城镇化的一个重要方面。移民搬迁后，搬迁户生产方式的变化主要体现在就业结构、生产条件、生产技能和家庭纯收入等四个方面。搬迁后，农户就业结构调整评价分值为 2.16，处于及格水平，但距离中等还有一定距离，原因在于一些安置点没有能够容纳搬迁农户就业的产业，移民搬迁后续产业带动能力不足，许多农户搬迁前干什么，搬迁后还是干什么，就业结构没法实现进一步的调整优化。生产条件评价分值为 1.32，处于不及格水平，其原因一方面在于农户就业结构不变，其收入水平也基本不变，但由于搬迁后生活成本的增加，农户为了保持、提高搬迁后的生活水平，只能通过不断增加

劳动强度，降低生产条件来实现；另一方面在于一部分农户搬迁后，仍要回到原居住地去从事农业生产，距离的增加使这部分农户也认为其生产条件不如搬迁前了。生产技能评价分值为 2.23，处于及格接近于中等的水平，移民搬迁后，随着交通条件、信息条件的改善，农户接触、学习现代化生产技术的机会大幅增加，此外，安置点产业带头人的带领、政府配套政策的扶持也为搬迁农户生产技能的提高提供平台，但因为搬迁后，一部分农户仍从事原职业，外出打工等，其生产技能水平变化不大。家庭纯收入评价分值为 2.02，处于刚刚及格的水平，这是因为移民搬迁后，农户收入水平虽然有所增加，但由于要抵减生活成本的增加部分，所以大部分农户搬迁后家庭纯收入变化不大，仅有极少部分农户觉得搬迁后收入水平增加了。

（3）生活方式城镇化评价值为 2.76，达到优秀水平。在构成生活方式城镇化绩效评价的 11 个指标中，有 8 个指标（抗灾能力、住房条件、用水条件、用电条件、卫生条件、医疗条件、交通条件和子女上学条件）的评价值处于优秀水平，有 1 个指标（休闲娱乐条件）处于中等水平，仅有 1 个指标（社保条件）处于及格水平。这表明移民搬迁确实达到了避灾防险、促进农户生活方式城镇化的预期目标，但由于工作压力，大部分搬迁农户无暇顾及休闲娱乐活动，户籍的未城镇化，使他们社保条件基本没有发生变化。

（4）思想意识城镇化评价值为 2.47，处于中等接近良好水平。在构成移民搬迁思想意识城镇化绩效评价的 4 个指标中，有 3 个指标（市场经济意识、政治民主意识、科技创新意识）处于良好水平，有 1 个指标（生态环保意识）处于及格水平。农户移民搬迁后，接受现代思想意识熏陶，他们的市场经济意识、政治民主意识、科技创新意识和生态意识水平都有所提高。不过相对而言，与农户就业、收入、权利相关的市场经济意识、政治民主意识和科技创新意识提高较快，而具有公共外部属性的生态意识水平则提高较慢。

（5）汉中市移民搬迁式城镇化建设绩效评价总值为 2.44，处于中等水平。移民搬迁极大地提高了农户避灾抗灾能力，促进了农户生活方式城镇化，使农户逐渐接受城镇化的思想意识，逐渐开始实现户籍城镇化，但移民搬迁并没有使农户实现生产方式城镇化，搬迁农户实际过着生活方式、思想观念、户籍与生产方式相断裂的移民生活。

五、对策建议

目前陕南移民搬迁还处在生产方式与生活方式、思想观念、户籍等相割裂的半城镇化状态。为此，要进一步改革和完善相关配套制度，不断促进移民搬迁后续产业发展，以促进生产方式城镇化与生活方式、思想观念、户籍

城镇化的同步发展，不断提高移民搬迁式城镇化建设绩效。

（1）转变生产方式，突出区域特色。陕南资源优势主要体现在山地较多，水资源丰富，历史文化遗址较多，生态环境良好，适合发展林业、药材、菌类、水产、旅游等相关产业。又因其是南水北调中线工程和引汉济渭工程的主要水源地，区域功能定位为生态保护区域。因此，在引导搬迁农户产业发展过程中，要依托当地的资源优势和区域特色，积极引导和鼓励搬迁农户发展林业、药材、菌类种植业、水产养殖、农业旅游等相关产业，采用清洁的生产工艺流程和节水节能的项目，禁止发展高污染、高耗能产业，确保产业发展与生态环境保护的一致性。

（2）扩宽就业渠道，加强人才培养。一方面通过凸显区域特色、加快科技创新、推广电子商务、提高金融支持等途径积极发展后续产业，为搬迁农民提供更多的就业岗位和就业选择；另一方面，建立移民农户劳动就业、创业状况信息库，通过农业院校、网络教育、产业发展带头人带动等多种渠道对安置点中的适龄农民进行农村产业发展方面的知识与技能培训，确保搬迁移民户均一人就业，搬迁后的收入高于搬迁之前的水平，生产条件不断改善。

（3）构建多元融资机制，改善融资条件。移民搬迁后续产业发展的一个重要制约因素就是融资困难，许多农户缺乏发展产业的启动资金。因此，应加快建立和完善移民搬迁后续产业发展中的金融支持机制。具体措施有：一方面要降低信贷门槛，鼓励农民以林权、土地承包经营权、宅基地使用权等作为抵押，为产业发展提供信贷支持；另一方面，要进一步加大财政对移民产业发展的投入，建立移民创业基金和相关减免政策，降低移民创业成本；此外，还要通过各种产业协会发展基金扶持移民发展新产业。总之，应建立健全国家地方集体个人以及社会各团体的联动互补的多元化金融支持机制，改善移民后续产业的融资条件。

（4）健全社会政策转续机制，维护移民合法权益。首先，加快城乡二元户籍制度改革，使搬迁农户不仅实现居住环境城镇化，更应实现其身份户籍城镇化，使其与当地居民一样享受日益均等化的基本公共服务。其次，在移民搬迁过程中注意保护移民的合法权益，尽快落实搬迁户的土地赔偿金、移民搬迁补助等各项资金，切实保护搬迁农民的合法权益，同时加快土地物权化改革和农村土地交易市场建设，保护搬迁农户的土地权益，推动土地合理流转出让，提高移民生活水平。最后，建立健全搬迁农民养老、医疗、教育、社会保障、计生和原宅基地、林地、承包地的转续机制，使搬迁农民搬迁后所享有的各项待遇不低于搬迁前，更好地分享经济社会发展成果，拥有更好的社会保障和发展机会。

【参考文献】

[1] Lewis W A. Economic Development with Unlimited Supply of Labor[J]. Manchester School of Economics and Social Studies，1954（22）.

[2] 新吉乐图. 中国环境政策报告：生态移民：来自中、日两国学者对生态环境的考察[M]. 呼和浩特：内蒙古大学出版社，2005：25-53.

[3] 桑敏兰. 宁夏生态移民与城镇化发展研究[J]. 西北人口，2005（1）.

[4] 李鸣骥，黄立军. 宁夏中南部地区生态移民几种城镇化模式对比研究[J]. 小城镇建设，2013（5）.

[5] 王小梅，高丽文. 三江源地区生态移民与城镇化协调发展研究[J]. 青海师范大学学报：哲学社会科学版，2008（1）.

[6] 李媛媛. 内蒙古牧区生态移民城镇化问题研究[J]. 内蒙古统计，2013（3）.

[7] 厉以宁. 关于陕南移民社区城镇化建设的研究报告[EB/OL].（2013-02-05）[2015-03-01]. http：//news.12371.cn/.

[8] 冯三俊. 陕南移民搬迁与城镇化发展研究——以安康市为例[J]. 新西部：理论版，2013（19）.

[9] 赵丽莉. 国家级贫困县名单调整[N]. 三秦都市报，2012-03-21（1）.

[10] 中共中央，国务院. 国家新型城镇化规划（2014—2020年）[N]. 人民日报，2014-03-17（1）.

（唐萍萍　胡仪元）

新常态下创新驱动城市发展之路径探析
——以汉中市为例

[摘　要]　本文依据国际公认的创新型国家衡量标准和我国创新型城市评价指标，运用综合评价法构建汉中市创新型城市建设指标体系，结合调研数据，分析了新常态下汉中市实施创新驱动城市发展的优势和不足。结果表明：汉中市人才总量、产业基础、科研机构等创新资源丰富，建设创新型城市具有现实可行性。但是，创新投入不足，成果转化滞后，创新驱动阻力仍然较大。因此，新常态下汉中城市发展要从树立创新思维、培育创新文化、增加研发投入、夯实科技基础，建立科技资源共享机制、加快成果转化，完善人才引进整合机制、盘活人才资本、全面深化改革、构建创新管理模式等入手，探寻其建设路径。

[关键词]　新常态；创新驱动；资源共享；人才整合；机制改革

　　2012年起中国经济开始回落，告别过去30多年两位数的高速增长进入中高速增长的新阶段—新常态。该阶段，中国社会各个领域出现了许多新变化：经济上，以科技为核心的创新驱动发展战略的提出；政治上，以创新体制机制适应经济发展需要及惩治贪污腐败、深入群众路线教育的开展；社会建设上，创新社会治理体制，开展法治社会、道德社会、和谐社会、幸福社会的建设；文化上，崇尚科技、大众创业、万众创新的文化培育等，创新已成为新常态下中国发展新的动力源。城市是组成国家的单位，以创新驱动城市发展，构建创新型城市成为积极适应新常态的必然选择。

一、相关研究概述

　　从国际上看，最早将"创新"（Innovation）引入经济学，并创立创新经济学的是著名经济学家、美籍奥地利人约瑟夫·阿罗斯·熊彼特（Joseph A. Schumpeter）。1912年，他在《经济发展理论》一书中将创新定义为"执行新的组合"或"建立新的生产函数"[1]，将技术进步由外生变量过渡到内生变量引入经济学主流领域，得到理论界广泛认同。近20年以来，由于城市日益成为信息、技术、品牌、知识、人才等创新资源的载体和聚集地，城市功能与

创新的关系开始受到关注[2]。

从国内来看，伴随经济增长与生态恶化、资源耗竭等矛盾的日益突显，依托国家层面倡导的科学发展观、自主创新战略、发展方式转变、全面建成小康社会等重大国家发展战略的出台，掀起了我国创新型城市建设与研究的热潮。

目前，理论界对创新型城市还未形成统一的定义，但基本达成的共识是：创新型城市是"以科技进步为动力、以自主创新为主导、以创新文化为基础的城市形态"[3]。依据城市的产业侧重不同，可将创新型城市分为：侧重工业、制造业创新投入，通过产业创新带动经济增长的"科技创新型城市"和偏重于文艺产业、注重培育各种创意产业的"文化创新型城市"。但是，无论哪种创新类型都要求创新型城市是一种覆盖规划创新、科技创新、产业创新、文化创新、组织创新、管理创新、制度创新等城市全方位的创新治理模式。

创新型城市的衡量标准，目前理论界尚未统一。根据我们收集到的资料，目前国际上公认的衡量创新型社会的标准只有针对国家的而没有针对城市或区域的。国际公认的创新型国家衡量标准[4]：一是创新综合指数明显高于其他国家，科技进步贡献率在70%以上；二是研发投入占GDP的比例一般在2%以上；三是对外技术依存度指标一般在30%以下；四是，获得的三方专利（美国、欧洲和日本授权的专利）数占世界专利总量的绝大多数。区域创新能力评价是近年来才出现的新研究领域，虽然提法很多，但并未达成共识。由于区域的社会功能与能力不同于国家，因此，衡量国家创新能力的标准不能简单地用来衡量一个城市或区域。有学者提出城市创新能力评价指标体系可分硬件指标和软件指标。硬件指标是激发城市创新能力的前提（包括硬件设施的数量、质量、多样性和可获得性）；软件指标是城市创新文化和氛围（包括城市历史、危机感、内在创新能力、组织能力、市民价值体系、生活方式及其对城市的归属感等）。有学者选取6个基本指标组成创新型城市的评价体系：区域技术对外依存度，技术进步对经济增长的贡献率，发明专利占全社会专利申请量的比重，高新技术产业产值占工业总产值的比重，研发投入经费占GDP的比重以及企业研发投入占销售收入的比重[5]；又有学者提出创新型城市的评价指标体系至少要包括思想观念创新、科学技术创新、体制机制创新、发展环境创新、文化氛围创新等五大类[6]。

二、调研基本情况

调研依据国际公认的创新型国家衡量标准和我国创新型城市评价指标，结合汉中市创新驱动发展现状，以调研数据的必要性、可量化、可收集、可

比性为原则,将创新资源、创新投入、创新成果作为一级指标,构建了人才总量、企业科技总量、科研院所基地总量、研发投入、科研成果、技术进步六项二级指标,30多个观测点,采取会议座谈、实地考察、数据资料问卷等方式对汉中市的创新驱动基础及实施现状进行了调研。对可量化指标进行了数据定量分析,对难以或无法量化指标进行了定性分析,将定量分析与定性分析相结合,有效地避免了单一分析法产生的盲区,力争达到调研效果的最优化。

  对调研点的选取,我们以区位优势、科技基础、智力资源等为依据,从企业、科研院校和地方政府三个层面入手,选取了有创新发展基础和特色明显的单位,涉及装备制造业、科技农业、生物医药、高新科技产业等领域,包括汉台区汉江产业园区、汉川机床集团有限公司、中航电测仪器股份有限公司、汉中市春雨农业产业开发有限公司、汉中经济开发区、陕西华燕航空仪表有限公司、陕西理工学院、汉中市农业科学研究所、汉中航空智慧新城、陕西省大鲵产业技术创新战略联盟、振华公司、汉中市瑞丰生物科技有限责任公司、汉中天然谷生物科技有限公司、城固县政府。最后,将调研数据进行整合处理,得到汉中市创新型城市建设现状调查样本的基本情况,见表1:

表1 汉中市调查样本的基本情况

指标			单位	汉中市
创新资源	人才总量	科技人才	万人	13.5
		专业技术人员占科技人才比例	%	67.41
		享受国务院特殊津贴专家	人	46
		国家、省级突出贡献专家	人	35
		高级职称及以上人才	人	2300
		具有博士文化程度人数	人	近300
		大专及以上文化程度人数	万人	>23
		在校大学生	万人	>2
	企业科技总量	高新技术企业数量	家	18
		小微企业数量	家	约150
		小微企业中建立研发平台比例	%	<20
	科研院所基地总量	高等院校数量	所	4
		国家工程技术研究中心	个	2
		全国科普基地	个	1

续表

指标			单位	汉中市
创新资源	科研院所基地总量	院士工作站	个	3
		省级重点实验室	个	2
		省级技术转移示范基地	个	1
		省级工程技术研究中心	个	10
		市级科研和技术推广机构	家	约150
		县区和行业生产力促进中心	家	12
创新投入	研发投入	研发经费投入强度 R&D/GDP（2014年度）	%	1.28
		市级财政科技投入	万元	1000
		市级财政科技投入强度	%	0.3
		企业 R&D 经费占主营业务收入比重（2013年度）	%	1.60
创新成果	科研成果	各类专利授权数	件	1403
		各类专利授权数增长率（2014年比2011年）	%	120.25
		万人发明专利授权量	个	0.54
		科技成果转化率	%	60
		现代农业园区科技贡献率	%	>60
		科技贡献率（2014年）	%	42
	技术进步	技术合同交易额	万元	21700
		技术合同交易额倍增度（2014年比2011年）	倍	34.99
		战略性新兴产业总产值占 GDP 比重	%	12.8

三、创新现状分析

以表1的量化数据为依据，结合调研中对创新文化、创新环境等难以量化的因素的实地考察和体验，可对汉中市实施创新驱动发展，建设创新型城市的现状及存在问题作如下分析：

（一）创新优势

1. 人才总量优势明显

大专及以上文化程度人数超过23万人，是汉中创新驱动发展的人力资源保障；科技人才13.5万，其中专业技术人员9.1万，为汉中实现以科技为核心的全面创新提供科技人力保障；81名享受国务院特殊津贴专家和国家、省级突出贡献专家，是汉中创新驱动发展的核心竞争力，在他们的带领下，依托近300名横跨各专业的博士人才，将在校大学生进行组织培养，形成不断

循环、不断更新的各领域科研团队，助推汉中充分实现"引进—消化—吸收—再创新"，并向集成创新转型，在科技基础最好、实力最强的领域力争向原始创新迈进。

2. 战略新兴产业不断壮大

以装备制造、有色冶金、有机食品加工为骨干的具有汉中特色的工业体系初步形成；以"三个六""四个优""七个特"为重点的现代农业初具规模；以"两汉""三国"历史文化和自然生态为特色的旅游业蓬勃发展。这些战略性新兴产业的不断壮大必然引发新一轮对科技创新的需求和推动。一方面，战略性新兴产业呼唤科技创新；另一方面，传统产业的升级更新也需要科技创新支撑，尤其需要高科技含量的绿色、节能、环保技术。

3. 各级政府高度重视

以党的十八大、十八届三中、四中全会精神为指导，汉中市政府较早认识到建设创新型城市是汉中跨越发展的必然选择。市委领导多次强调，创新驱动发展战略是汉中实现跨越发展的必经之路，科技创新是实现"三市"目标的必由之路。在此基础上，市委、市政府多次召开会议讨论、研究创新型城市建设问题，市委、市政府领导带领科技局、政研室，诚邀高校专家学者组成调研团，就汉中市实施创新驱动发展，建设创新型城市的现状展开分批分期实地调研。深入一线体察创新发展的基础、困境，研究其解决思路。这为汉中市实现创新型城市建设提供了有力的组织和领导保障。

4. 交通信息网络畅通

汉中市是关天、成渝、江汉三大经济圈的节点城市，三条高速公路将汉中与全国乃至世界紧密相连；汉中是秦巴山片区、丹江口库区及上游区域中心城市，也是国家179个交通枢纽城市之一，市内公路、铁路、航空等道路通道基本畅通；汉中还是国家南水北调中线工程和陕西引汉济渭工程等重点水利工程输出通道，水利设施完善。与此同时，伴随汉中工业园区、重点景区、农村科技园区等产业发展的需要，汉中已建设起连接紧密、便捷通畅的网络化信息系统，全市十县一区基本实现了网络、电信、广电、移动通讯等的全覆盖。面对新丝绸之路起点城市的发展契机，汉中的各类道路交通、通信网络将更加健全完善，为汉中建设创新型城市提供优质的基础设施保障。

(二) 存在问题

1. 创新驱动发展理解狭隘

企业多将创新驱动发展单一地理解为科技创新，认为发展"高、精、尖"

产业，增加新产品、新品种，增加产品附加值，衍生产业链，走向高端、走向国内甚至世界领先水平才是创新。没有注意到创新是一种以科技为核心的全面创新，是一种包括规划、科技、产业、文化、组织、管理、制度等的全方位创新。与此同时，由于城市文化基础、功能定位、价值取向不同，对独具地方特点的"特色"、优势产业、文化历史资源等进行凝练、集中、做大、做强本身也是创新，而不只是学习、复制、借鉴国际或国内其他创新型城市的经验。

2. 研发投入力度不足

研发投入主要由两部分组成，一部分是企业投入，这是主体；另一部分是政府投入。从表 1 中我们不难看出，汉中市研发经费投入强度 R&D/GDP（2014 年度）、市级财政科技投入强度比较低，徘徊于全省投入的一半左右；而作为研发投入主体的企业，投入的积极性较低，汉中市企业 R&D 经费占主营业务收入比重由 2009 年的 2.68%下降到 2013 年的 1.595%。研发投入不足是汉中市创新驱动乏力的突出问题。

3. 科研成果转化率低

从表 1 我们可以发现，2014 年我市科技贡献率为 42%，全国、全省分别为 52.5%、53%；万人发明专利授权量我市为 0.54，全国、全省分别为 4.9、4.77；科技成果转化率我市为 60%，全国、全省分别为 10%、45%；战略性新兴产业总产值占 GDP 比重我市为 12.8%，全国、全省分别为 13.2%、13.5%，明显低于全省全国水平。虽然，发展不能只看速度，但是没有一定的速度，也不能叫发展。低效的科技成果转化率，制约了汉中市创新发展的速度，说明汉中市在知识产业化发展上的薄弱。

4. 人才资本未被盘活

从表 1 的人才总量、企业科技总量和科研院所、基地总量来看，汉中市的人才资源基础并不薄弱。同时，由于政府、企业、科研院所都认识到了引进高层次人才的重要性和紧迫性，所以近两年来，汉中市积极引进"千人计划"人才 2 名，长江学者 5 名，陕西省"百人计划"人才 10 名，支持陕西理工学院培育汉江学者 30 名，每年择优支持 10 个市级科技创新团队，每年遴选一批 35 岁以下的青年科技新星、50 岁以下的学科带头人，给予科技项目支持。预计到 2017 年，建设 30 个高水平企业技术创新团队。如此巨大的人力资本存量未被充分开发利用，而且，对于基层人才、一线人才创新能力的重视不足，是其又一不足。

5. 缺乏创新体制机制支持

实施创新驱动发展，建设创新型城市必须建立一套能激发创新活力的体制机制，而汉中市现有的体制机制表现出较大的条块分割、人员流动对接不畅，指导科技、人才、资金等的配套制度滞后于企业、科研院所需要，创新活力没有制度依托和保障，社会创新发展环境不利于创新实践的开展，严重制约着汉中市创新积极性的释放和创新能力的提升。

四、发展对策建议

总体来看，随着创新型城市的发展，在市场对资源配置起决定性作用下，政府工作重点将逐渐转移到营造亲商投资环境、培育尖端技术、塑造产业集聚上，具体来讲，政府应该从以下几个方面出发，进行创新型城市的建设。

（一）树立创新思维，培育创新文化

建设创新型城市首先要有创新的理念，具体来讲：一是深入学习、全面理解创新驱动发展，建设创新型城市的科学内涵，以汉中市市情为依据，注重特色发展。二是实施企业创新文化战略，通过财税政策、重要高新技术装备和产品首购政策、自然科学基金对企业重大技术研究开发的资助等政策，帮助企业形成重视创新的价值观和浓厚的创新氛围。三是实施政府创新文化战略，大力提倡敢于创新、敢为人先、勇于突破的精神，培育公务员独立思考、理性分析、科学决策的能力，建立长效型激励机制，保障政府创新文化的延续发展。四是实施全民创业、万众创新的社会创新文化战略，提倡创新教育；尊重群众首创精神，尤其注重对企业一线工人创新活动的保护和支持；充分运用各类媒体，加大对科技政策、重大科技成果、典型创新人物、创新企业的宣传表彰力度，激发全市人民的创造热情，形成尊重知识、尊重人才、尊重创造的社会风尚。

（二）加大研发投入，夯实科技基础

一是完善政府对企业创新的财政投入机制。充分利用财政、税收、金融等政策，引导企业加大研发投入，激发企业创新投入热情。加大固定资产增值税抵扣和固定资产加速折旧政策，鼓励企业加大技术改造和设备更新，促进企业加快转型升级；健全政府对商业银行在科技企业贷款方面的风险补偿机制，引导商业银行开展针对科技企业的差别化和标准化服务，加大对企业增加研发投入的贷款支持力度；加强对企业研发投入统计考核与奖励，鼓励企业建立技术创新投入长效机制。

二是增加政府对科研院所的科技经费投入。政府应该对企业不愿意或难以独自承担的、高风险类核心科技、共性科技以及前瞻性攻坚科技设立专项资金进行研发投入。一方面可以减小企业科技投入的风险，增加企业参与的意愿，另一方面也能缓解产学研联盟中资金缺乏现象。与此同时，政府还应号召高校科技以市场为导向，主动为地方经济服务，引导教授开门搞科研，为企业培养一批专业人才，并责成学校依照市场行情修订完善相关政策、法规保护教师合法利益，调动其参与科研的积极性。

（三）建立科技资源共享机制，加快成果转化

深入做好科技特派员、科技下乡进企业等科技服务的基础上构建汉中市科技资源共享机制。一是制定《汉中市科技基础条件平台建设管理办法》等科技资源建设与开放共享的规章制度，明确政府、科研院所、高校、企业等在科技资源共享过程中的权责。二是以装备制造业、生物医药、现代农业、生态旅游业等支柱产业的技术创新需求为导向，以企业为主体，以产学研结合为手段，围绕产业技术创新链建立行业技术联盟；运用网络信息技术，在已有相关数据库基础上，创建科技资源共享服务系统。三是建立科技资源开放共享激励机制。对不同来源的科技资源，依据向社会提供开放利用的程度和效果对其提供方给予补助或奖励。四是建立科技资源开放共享绩效评估与监督机制，制定《汉中市科技资源共享绩效评估管理办法》，开展绩效评估，奖优惩劣。五是以科技局为依托建立汉中市科技资源中心，作为全市科技资源集成利用和开放共享的工作平台，努力将其建设成为辐射整个陕南的区域性科技资源共享服务平台。

（四）完善人才引进整合机制，盘活人才资本

一是完善引进高层次人才创新创业发展办法，落实人才安家落户、医疗保险、配偶就业、子女入学等问题。通过给予一定数额的安家费，提供创业项目资助经费、配套投资、担保金融贷款、科技保险补贴和贴息等手段予以资助。二是加强创新人才的培训与培养。建立创新型人才带薪培训和学术休假制度，依托企业、科研院所、博士工作站以及各类重点实验室、研究所、创业基地等，建立高层次人才培养基地，推进紧缺人才培养工程建设，实施创新领军人才培养计划，制订科技型中小微企业创业发展培训计划。三是建立创新型人才激励机制。完善创新型、高端人才评价体系，落实知识、技术、管理要素参与分配的政策，实施创新人才安居工程，制定科技人才创业失败保障制度，资助创新型人才发明专利。

（五）全面深化改革，构建创新管理模式

建立以市场为导向、服务企业发展需要的管理模式，即改革旧有管理体制，进一步实施简政放权。一是要大幅度减少政府对资源的直接配置、对微观事务的直接管理、对资源要素价格的直接干预。具体来说，一是对产业园区进行放权，将其推向市场，遵循市场规律进行自身管理；授权新城管委会，行使市一级行政审批权（包括土地审批权等），对经济进行协调管理。二是建立权力清单制度，公开权力清单，明确政府权力边界。权力清单有助于防止政府的缺位、越位、错位行为，同时，"权力清单"的公布将带动"负面清单"管理模式的推进，推动企业"法无禁止即可为"，为市场发挥决定性作用腾出足够空间。三是积极开展全面"清权"、大幅"减权"和公开"晒权"。

【参考文献】

[1] SCHUMPETER J A. The theory of economic development Cambridge Mass[M]. Harvard University Press，1934.

[2] CREVOISIER O. Innovation and the city，in making connection technological learning and regional economic[J]. Change. Ashgate，Aldershot，1998.

[3] 姚志文. 人才战略创新与创新型城市构建[J]. 理论视野，2011（4）.

[4] 侯建国. 寻找原始创新的源头活水加快一流研究型大学建设[J]. 中国高等教育，2010（18）.

[5] 王丹娜、沈然. 以科学发展观创新城市评价体系——访中国城市发展研究院院长于炼[J]. 今日中国论坛，2008（9）.

[6] 李凤亮. 主持人语：倡导面向文化现实的文论创新[J]. 福建论坛：人文社会科学版，2015（4）.

（许　伟　冯明放）

后 记

《中西部连片特困地区生态移民问题探索》一书即将付梓了。此时此刻，颇有一些感慨需要抒发一下。本书凝结着课题组成员近年来对中西部连片特困地区生态移民问题的关注和思考，也凝结着大家的辛劳和汗水。几年来，课题组成员在调查研究的基础上，就中西部连片特困地区生态移民问题从不同视角、不同方面作了一些研究，既有理论方面的探索和思考，也有实际应用方面的对策分析和建议，特别是部分案例，能给人们提供一些借鉴和思考。

还需要说明的是，在前期调查研究、搜集与整理资料以及书稿写作的过程中，得到了陕西理工大学秦巴山区经济发展研究中心、陕南移民研究中心等研究机构的大力支持和帮助，身边的同事们也给予了很大的支持。正因为如此，本书才得以顺利完成。在此，我们表示衷心的感谢！

本书在写作过程中，参考了国内外学术界相关的专家学者有关移民及生态移民方面的研究成果，在此也深表谢意。

作者

2017 年 3 月

要围绕生态移民的战略意义、可行性、面临的突出问题展开了研究。

1. 关于生态移民的战略意义

梁福庆认为，生态移民是新时期我国全面贯彻落实以人为本的科学发展观，统筹人与自然和谐发展，探索实践保护生态环境与贫困地区人民脱贫致富、实现可持续发展的战略性措施，对于解决地区人口超载和自然环境恶化，保护区域生态环境，促进人口合理再分布，缩小我国各区域的发展差距，帮助人民脱贫致富，促进移民、经济、社会、环境协调可持续发展等都有着重大意义。

2. 关于生态移民的可行性

对于生态移民在现阶段有无可行性这个问题，答案是肯定的。相关研究概括起来主要有：① 迁出地生态环境的破坏和迁入地资源的充分利用；② 人们环境意识的增强和全社会的广泛关注；③ 中华人民共和国成立几十年来大量成功的移民经验；④ 国家经济实力增强，生态移民的人、财、物条件已经具备；⑤ 部分地区生态环境的恶化已经影响到群众的生产生活，具有迁出的积极性；⑥ 新一轮西部大开发的实施、相关的法律、法规、政策的出台和国家几大重点生态工程的建设，为生态移民提供了法律、政策以及经济技术方面的支持[9]。

3. 关于生态移民面临的突出问题

多数学者主要是根据研究区域范围内生态移民实施过程中面临的问题进行阐述的，主要有：

（1）认识不到位。由于对生态移民重大意义认识不足，加之理论研究滞后，使移民的实践缺乏应有的理论指导，存在一定的盲目性。

（2）缺乏有效的政策措施。如移民过程中的科学安置、基础设施建设、产业发展以及科技扶持等缺乏系统的配套的政策和措施。

（3）资金投入不足。移民安置资金数量相对于移民的资金能力仍显不足，相关基础设施建设投资尚未很好落实。

（4）移民安置管理体制不顺，存在多头管理的现象。有的地方生态移民分属不同部门管理，相关部门之间行使职能过程中常常发生冲突，协调成本较高，直接影响了移民的效果。

（5）法律介入不足。在生态移民中，无论是移民户还是企业，都没有完全意识到法律介入的重要性；领导和规划实施部门对此也没有引起足够重视，往往以行政命令取代法律、法规，甚至出现某些行政措施超出法律规定或与法律相抵触的现象[10]。此外，近年来的研究还涉及生态移民的分类、理论依

(2011—2020)》，将用 10 年时间，从陕南自然灾害多发区搬迁出 240 万人口，使其在适合人居的地方定居。本次陕南移民的特点是规模大，数量多，周期长，投资巨大，意义深远，在国内特别是西部地区移民搬迁中颇具代表性和典型性。因此，本文拟从制度经济学的视角对陕南移民搬迁作以分析探讨，期望能从中获得有益的启示，并对其他地区生态移民提供借鉴。

二、文献综述

（一）国外移民问题研究概况

国外对移民问题关注和研究较早。拉文斯坦（E. G. Ravenstein）的"人口迁移规律"（Law of Migration）是公认最早的移民理论。1885 年、1889 年拉文斯坦先后发表两篇"人口迁移的规律"同题文章，首次探索了人口迁移的规律。按照拉文斯坦的观点，人们进行迁移的主要目的是为了改善自己的经济状况，他对人口迁移的机制、结构、空间特征规律分别进行了总结，提出著名的人口迁移七大定律[3]。此后，西方学者从人口地理学、政治经济学、发展经济学等诸多学科出发，进一步发展和丰富了人口迁移理论。1938 年，赫伯尔第一次系统总结了"推拉"理论概念，认为人口迁移是由一系列"力"引起的，一部分为推力，另一部分为拉力。该理论强调人口迁移是由于迁出地的推力或排斥力和迁入地的拉力或吸引力共同作用的结果。从迁移者个体的行为决策过程来看，"推拉"理论的成立包含两个基本假设：一是假设人们的迁移行为是一种理性的选择，二是假设迁移者对原住地和迁入地的信息有比较充分的了解。这样他才能根据两地之间的推力和拉力，从比较利益的角度出发作出相应的选择[2]。Lee 在其《迁移理论》（1966）一文中系统总结了"推拉"理论。他将影响迁移行为的因素概括为 4 个方面：① 与迁入地有关的因素；② 与迁出地有关的因素；③ 各种中间障碍；④ 个人因素[4]。唐纳德·丁·博格（D. J. Bogue）于 1969 年进一步发展了推拉理论，较全面而又简明概括地排列出了 12 个方面的推力因素和 6 个方面的拉力因素[5]。近年来，国外对人口迁移及移民问题的研究主要集中在环境移民问题上。El-Hinnawi（1985）[6]就开始关注环境移民问题，Olivia（2008）[6]、Frank（2010）[7]等人的研究更多集中在环境移民问题上。

（二）国内生态移民研究概况

国内关于生态移民的研究始于 20 世纪 90 年代，从研究涉及的区域看，主要为西部地区，特别是三江源、红寺堡和三峡库区。从研究的内容看，主

陕南移民搬迁的制度经济学分析

[摘　要] 陕南移民搬迁在西部地区生态移民搬迁中颇有代表性和典型性。从制度经济学的视角对其进行分析，可以发现，陕南移民搬迁首先是一种制度变迁和制度创新，并伴随着一系列新的制度安排，同样也存在着路径依赖问题。要保证陕南移民搬迁的有效实施，当前应增加正式制度的有效供给，重视和发挥非正式制度的功能与作用，注重诱致性制度变迁和强制性制度变迁的结合互动，促进外部效应内部化，充分发挥政府在制度创新中的作用。

[关键词] 生态移民；移民搬迁；制度经济学；分析；陕南

一、引　言

中华人民共和国成立后，为解决贫困和水患问题，曾在全国范围内掀起了大规模的兴修水利热潮，因此也带来了大规模的移民搬迁。20世纪50年代后期，为兴修黄河三门峡水利工程，政府曾组织规模宏大的三门峡库区移民搬迁。20世纪90年代，在经济快速发展的同时，部分地区生态环境恶化，为了改善生态环境恶化地区的环境状况并提高该地区居民生存环境和生活质量，便出现了与生态环境变化密切相关的生态移民。所谓生态移民（Eco-migration）就是指为了消除贫困、发展经济和保护生态环境，把位于生态脆弱区或重要生态功能区的人口向其他地区迁移，从而实现经济社会与人口、资源、环境协调发展的目的[1]。一般认为，生态移民概念是20世纪初美国科学家考尔斯将群落迁移的概念导入生态学后产生的，他强调，只有意识到继续在原地居住会对生态环境产生破坏，造成严重后果，才会产生生态移民[2]。尽管对于生态移民的概念目前还有着不同的认识，但从广义的角度讲，近年来国内出现的灾害移民、工程移民、扶贫移民等在不同程度上都和生态环境的改变有着密切联系，因此都可以归入到生态移民的范畴。本文所研究的生态移民是指广义的生态移民。

移民问题历来是一个涉及面宽且比较复杂的问题，因此被称为"世界难题"。陕南移民搬迁是继青海三江源地区生态移民、宁夏红寺堡地区生态移民以及长江三峡移民之后又一次由政府主导的大规模移民搬迁工程，也是一项功在当代、利在千秋的宏大的民生工程。按照《陕南移民搬迁安置总体规划

理论篇

陕南移民搬迁的制度经济学分析
产业经济学视野下的陕南移民搬迁
浅析生态移民产业开发模式的选择
　　——以陕南移民搬迁为例
引入权威第三方的产业转移博弈演化路径分析

案例篇

生态移民后续产业发展的重要模式
　　——宁强县舒家坝镇宝珠观村移民后续产业发展的调查与分析……112
内蒙古清水河县生态移民搬迁"3+2"模式……119
西部贫困地区县域生态工业园绿色发展的经验与启示
　　——以陕西安康市旬阳县生态工业园为例……122

专题篇

打造川陕革命老区红色旅游带的几点构想……130
关于汉中循环经济建设的问题与建议……138
国外移民开发的经验教训及其启示……141
明清时期陕南移民开发的经验与启示……151
我国生态移民的发展历程及基本经验……161
新常态下汉中发展面临的选择……171
流动性服务视角下我国少数民族地区农村社会保障公共服务的构建……173
陕南生态移民土地经营权转让意愿及其影响因素研究
　　——以汉中市为例……179
陕南移民搬迁式城镇化建设绩效评价研究
　　——以汉中市为例……188
新常态下创新驱动城市发展之路径探析
　　——以汉中市为例……196

后　记……205

目录
Contents

理论篇

陕南移民搬迁的制度经济学分析 ··· 2

产业经济学视野下的陕南移民搬迁 ··· 12

浅析生态移民产业开发模式的选择
　　——以陕南移民搬迁为例 ··· 18

引入权威第三方的产业转移博弈演化路径分析 ································· 23

调研篇

陕南移民搬迁后续产业发展情况的调查与分析 ································· 34

汉中市推进生态文明建设战略的调研报告 ·· 48

陕南移民搬迁后续产业发展问题探析
　　——以宁强县为例 ··· 66

陕南优势特色产业发展的 SWOT 分析
　　——以汉中市为例 ··· 74

对策篇

陕南秦巴山区产业扶贫路径探析 ·· 86

精准扶贫视域下中西部地区生态移民可持续发展的路径选择 ················ 93

吕梁山区移民搬迁后续产业发展问题初探
　　——以吉县和隰县为例 ··· 102

流失和自然灾害。这些经验教训都是值得汲取的。

3.《国外移民开发的经验教训及其启示》强调，美国、加拿大、俄罗斯（苏联）等国家，历史上都经历过大规模的国内移民开发。由于种种原因，各国移民开发的效果不尽相同。发达国家移民开发既有成功的经验，也有失败的教训。在我国加快脱贫攻坚步伐的背景下，认真研究国外移民开发的经验教训，对我国扶贫攻坚和实现生态移民可持续发展有着重要的启示和借鉴意义。

4.《我国生态移民的发展历程及基本经验》指出，我国生态移民已走过30多年的历程。实践证明，生态移民是促进区域经济社会发展和生态环境优化、实现两者双赢的正确选择，也是我国贫困地区脱贫致富的重要途径。生态移民也是一个复杂的系统工程，涉及的方面和问题很多，它不仅仅是一个经济过程，同时也是一个社会适应和价值转型过程。目前，我国生态移民不仅取得了显著的成效，也已经积累了丰富的经验。

5.《陕南移民搬迁式城镇化建设绩效评价研究——以汉中市为例》运用综合评价法构建了移民搬迁式城镇化建设绩效评价指标体系，再结合调研数据，测算出汉中市移民搬迁式城镇化建设的绩效水平。结果表明：汉中市移民搬迁式城镇化建设总体绩效水平为中等，移民搬迁极大地促进了移民生活方式城镇化，使移民逐渐接受城镇化的思想意识，但并没有使移民的生产方式实现城镇化，移民实际处于生产方式与生活方式、思想观念、户籍相割裂的半城镇化状态。据此，从优化产业结构、扩宽就业渠道、改善融资条件、健全社会政策转续机制等方面提出改进对策与建议。

本书是课题组成员近年来集体智慧的结晶，从不同角度对中西部地区生态移民问题作了探索，但也仅仅是初步的成果，仍有很多不完善之处，不少问题还需要作更深入的研究。需要说明的是，本书在写作过程中参考了大量国内外学者的著作和文献，恕在书后的参考文献中只列出了主要部分，对没列举到的，在此一并表示谢意。鉴于作者水平有限，书中难免有错误和不妥之处，敬请读者批评指正。

作者

2017年3月

2.《内蒙古清水河县生态移民搬迁"3+2"模式》,按照精准扶贫的要求,在精准化调查摸底基础上,进一步分析贫困户致贫的原因,针对性地创立了"3+2"的扶贫工作模式。"3"是指3种移民搬迁方式,即对生产生活条件恶劣的村庄,采取"一步进城建设新社区"的做法;对生产生活条件相对较好,而且具有一定产业基础的村庄,采取"就地集中建设新农村"或者"小村并大村"的做法;对于60岁以上的没有劳动能力、有生活自理能力的农村空巢老人,动员其入住"互助养老幸福院"。通过这3种搬迁方式,针对性地解决不同移民村和移民户的实际问题。"2"是指两种扶持方式,即对于有劳动能力的贫困户,因地制宜地发展特色产业;对于丧失劳动能力的贫困户,政府通过多元支持,保障其基本的生活条件。

3.《西部贫困地区县域生态工业园绿色发展的经验与启示——以陕西安康市旬阳县生态工业园为例》一文认为,区域生态工业园区,既是区域经济发展的主要力量,也是大力推进生态文明建设的主要载体和重要途径,对于建设两型社会,实现美丽中国意义重大。在西部贫困地区县域生态工业园绿色发展中,陕西安康市旬阳县生态工业园成绩比较突出,本研究以此作为案例,根据调研总结出其主要做法和经验:注重生态工业园发展的理论基础;科学制定绿色发展规划;创建园区绿色循环产业链,建设绿色循环发展示范企业;积极运用与创新企业清洁生产技术;建设园区"三废"利用平台;园区实施严格监管等。

五、专题篇

1.《打造川陕革命老区红色旅游带的几点构想》强调,川陕革命根据地为中国革命胜利做出过巨大贡献,由于自然条件所限,如今仍属于秦巴连片特困地区。这里红色旅游资源丰富且有特色,将其打造成为一个红色旅游带,可作为带动当地扶贫开发和经济社会发展的重要途径和载体。为此,需要建立权威的红色旅游开发协调机构;制定好红色旅游发展规划;整合各种旅游资源实现"红""古""绿"的结合;利用现代科技手段对红色旅游资源进行保护和开发;构建红色旅游资源开发的新模式;加强红色旅游人才的培养。

2.《明清时期陕南移民开发的经验与启示》指出,陕南是明清时期移民的重要地区,此次移民开发对陕南经济社会发展产生了深刻的影响。其主要经验有:政府主导的移民对人口的合理分布发挥了积极作用;宽松的土地政策实现了移民的安居乐业;优惠的税收保证了移民的休养生息。但是,明清时期陕南移民开发也留下了深刻的教训:宝贵的森林资源受到了毁灭性的破坏;人与动物的冲突导致动物物种的急剧减少;不合理的开发造成了严重的水土

三、对策篇

1.《陕南秦巴山区产业扶贫路径探析》一文认为，产业扶贫在陕南秦巴山区精准扶贫和脱贫攻坚中有着极其重要的地位和作用。当前，产业扶贫存在的主要问题在项目选择、项目瞄准对象、项目实施管理、项目利益分配等方面均有表现。"十三五"期间，陕南秦巴山区产业扶贫的路径选择应当是：提高对产业扶贫地位作用的认识；转变产业扶贫的方式方法；完善产业扶贫的体制机制；加强产业扶贫的基础设施建设。

2.《精准扶贫视域下中西部地区生态移民可持续发展的路径选择》一文指出，"精准扶贫"方略的实施，对我国中西部地区生态移民可持续发展提出了新的要求。中西部地区生态移民在移民对象的确定、移民迁入地规划、基础设施建设、后续产业发展以及移民社会适应等方面尚存在一些亟待解决的问题。文章根据中西部地区实际，在调查研究的基础上，从四个方面指出了中西部地区生态移民可持续发展的路径选择。

3.《吕梁山区移民搬迁后续产业发展问题初探——以吉县和隰县为例》指出，2015年暑期"中西部连片特困地区移民搬迁后续产业发展对策研究"课题组通过对吕梁山区的吉县和隰县移民搬迁后续产业发展情况进行调研发现，这两县的移民搬迁后续产业，特别是以果业为主导产业的发展过程中虽然还面临着果园缺少必要的灌溉设施，果树标准化生产管理跟不上，缺少技术，果业发展缺少资金和龙头企业带动等问题。但是，总体来说这两县移民搬迁后续产业的发展取得了显著成效，其成功经验也为其他地方移民搬迁后续产业的发展留下了有益的启示：移民后续产业发展应该与移民安置方式紧密联系；应该以原有的产业发展作为基础；应该重视现代科技的运用；并且充分发挥领导干部的带动作用。

四、案例篇

1.《生态移民后续产业发展的重要模式——宁强县舒家坝镇宝珠观村移民后续产业发展的调查与分析》指出，宁强县舒家坝镇宝珠观村作为陕南生态移民搬迁的安置点，在后续产业发展上把食用菌即袋料香菇生产作为主要项目，并实现了产业化经营，走出了一条独具特色的"搬得出，稳得住，能致富"的发展之路。宝珠观移民后续产业之所以能够获得成功，其原因在于能因地制宜选准产业项目，拥有开拓创新的致富带头人，采用先进的产业组织解决销售问题，重视发挥互助资金协会的作用，学习和推广现代农业科技以及争取当地政府的大力支持。

衡，引入一个以政府为代表的权威第三方以实施财政补偿与政策引导乃是不二之选。为此，要加快建立和完善产业跨界转移的三边补偿机制；把握区域经济发展趋势，以繁荣城市群集群经济为主导，以发展同城化集群经济为趋向，努力构筑区域经济"高精尖"的产业体系；促进产业转移与技术升级双重战略目标的实现，实现产业转出地与产业承接地经济发展与社会进步的双向共赢。

二、调研篇

1.《陕南移民搬迁后续产业发展情况的调查与分析》指出，举世瞩目的陕南移民搬迁工程实施四年来，已经取得了显著的成效，基本实现了移民搬迁规划确定的"搬得出、稳得住、能致富"的目标要求，但目前也存在一些值得注意的问题，尤其是后续产业的发展还需要引起高度的重视。调查表明，陕南移民搬迁正处在一个重要的转折关头，即将由大规模的搬迁为主进入到后续产业发展为主的新的阶段，今后陕南移民搬迁后续产业的发展应该遵循"产业先行，城镇引领，科学发展，共同繁荣"的思路和理念向深层次推进。

2.《汉中市推进生态文明建设战略的调研报告》在对汉中市生态文明建设现状和问题分析的基础上，提出了汉中市加大生态文明建设的建议，并强调，汉中应利用国家秦巴山区扶贫开发、循环经济示范区建设、主体功能区规划实施、"南水北调"中线工程水源地保护、"一带一路"向西部推进等重大机遇，结合生态文明建设，加大推进汉中区域在产业结构升级、公共服务均等化、生态环境管理体制机制创新等方面的改革开放，大力发展生态文化和建设宜居城市，大胆地在陕西省、川陕渝等省际毗邻地区和全国范围，率先提出建设全国生态文明示范城市的目标，建设鲜明特色的汉中生态文明体系。

3.《陕南移民搬迁后续产业发展问题探析——以宁强县为例》通过对宁强县的调研发现，陕南移民后续产业发展虽然取得了一定成效，但还处在低水平、低层次的被动发展阶段，面临着后续产业发展相对滞后、资金不足、移民缺乏有效的技能培训等问题。为此，提出了大力发展配套产业、加强移民技能培训、建立扶贫互助资金协会等对策，以切实促进移民后续产业的长足发展。

4.《陕南优势特色产业发展的 SWOT 分析——以汉中市为例》认为，主导产业、优势产业的发展水平决定着区域经济的发展程度，竞争实力、成长潜力关系着经济社会的稳定和发展。本文以汉中市为例，针对其优势特色产业发展作深入的 SWOT 分析，在此基础上，提出促进陕南优势主导产业发展的对策措施：以三大循环经济园区为重点，促进优势产业聚集发展；按照绿色发展的要求，支持各地壮大"一县一产业"；进一步做大做强陕南农业特色产业；创新工作方式方法，不断优化陕南发展环境等。

模也比较大,而且在生态移民安置、后续产业发展、移民社区管理以及迁出地生态环境整治等方面积累了一定的经验,但实践中也不可避免地遇到这样那样的问题,实际工作开展中也有一定的教训。因此,认真研究当前生态移民中遇到的问题,总结我国中西部连片特困地区生态移民的经验教训,对今后生态移民的可持续发展和"十三五"精准扶贫、精准脱贫目标以及国家建成全面小康社会目标的实现,都有着十分重要的意义。正是基于此,本课题组近年来对中西部地区生态移民问题作了一些探索,本书是对这一探索的阶段性成果的一个总结。

本书结构上分为五部分,即理论篇、调研篇、对策篇、案例篇和专题篇,每篇包括内容相近又相对独立的几篇论文。这里将主要内容简要介绍如下:

一、理论篇

1.《陕南移民搬迁的制度经济学分析》指出,陕南移民搬迁在中西部地区生态移民搬迁中颇有代表性和典型性。从制度经济学的视角对其进行分析,陕南移民搬迁首先是一种制度变迁和制度创新,并伴随着一系列新的制度安排,同样也存在着路径依赖问题。要保证陕南移民搬迁的有效实施,当前应增加正式制度的有效供给,重视和发挥非正式制度的功能与作用,注重诱致性制度变迁和强制性制度变迁的结合互动,促进外部效应内部化,充分发挥政府在制度创新中的作用。

2.《产业经济学视野下的陕南移民搬迁》强调:产业开发对于移民搬迁的成败发挥着至关重要的作用。从产业经济学的视角审视陕南移民搬迁,可以发现:迁入地产业的开发、迁出地的生态恢复、新移民与迁入地原有产业的融入、迁入地主导产业的重构与选择、迁入地产业集群与城镇化等问题都是产业经济学面临的新课题。文章结合实际提出了陕南移民搬迁产业开发的对策建议。

3.《浅析生态移民产业开发模式的选择——以陕南移民搬迁为例》提出,生态移民总的要求是"移得出,稳得住,能致富,不反弹",而产业开发对于移民能否成功发挥着关键的作用。目前已经涌现出的可供选择和借鉴的模式有:旅游景点带动模式、工业园区带动模式、股份合作制带动模式、种养业产业化经营带动模式、特色产业带动模式。

4.《引入权威第三方的产业转移博弈演化路径分析》探讨的是发达地区与不发达地区之间产业转移的问题。文章运用演化博弈理论,在引入权威第三方政府之基础上,建构了产业跨界转移演化博弈模型及其雅克比矩阵均衡解。研究表明,通过转出地和承接地的自身演化无法实现产业转移的最优策略均

前 言
Preface

　　生态移民是从保护和恢复生态环境、发展经济出发,把原来位于生态环境脆弱地区高度分散的人口通过迁移的方式集中起来,形成新的村镇或移民社区,以达到人口、资源、环境和经济社会协调发展的目的。由于贫困、自然灾害、生态环境恶化乃至大型水利工程,诸如三峡工程等都会导致移民产生,而且上述现象归根到底都不同程度地与自然生态环境变迁有关,因此,广义的生态移民几乎包括了上述所有原因导致的移民。目前我们所讲的易地搬迁扶贫移民实质上就属于广义的生态移民。

　　生态移民在我国始于 20 世纪 80 年代。从 1982 年开始,宁夏回族自治区的南部山区,因为生态环境极端恶化,居民正常的生活和生产活动无法保障,被国家定义为"特困地区"。如何使这里的群众能够生存下去,在政府的组织下曾尝试将当地群众迁移至外地生活,这便是我国最早的生态移民。此后,宁夏回族自治区先后组织实施了"吊庄移民""1236 工程"移民、易地扶贫搬迁移民,使数十万贫困群众走出大山,对保护生态环境,推动山区群众脱贫致富,实现经济社会可持续发展发挥了重要作用。这应该算是我国最早的生态移民。

　　80 年代以后,随着我国改革开放的逐步推进,我国经济发展和综合国力明显增强,与此同时脱贫攻坚工作也取得了举世瞩目的成就,并为全球减贫事业做出了突出贡献。30 多年来至少有 7 亿人告别了贫困,达到了小康生活的标准。但是,面对我国 2020 年将要实现全面小康社会的目标,贫困人口问题仍然是一个严峻的问题。截至 2015 年年底,我国仍有 5575 万贫困人口有待脱贫。2010 年以后,国家脱贫攻坚工作进入新的阶段,确定了 14 个集中连片特困地区并作为脱贫攻坚的主战场。从 14 个连片特困地区的地理分布看,至少有 12 个处在我国中西部地区,这些连片特困地区不仅贫困人口多、贫困面积大,而且自然生态环境恶劣,贫困程度较深,使得脱贫难度增加。这些剩下的贫困人口,相当一部分要通过易地扶贫搬迁或生态移民的方式来最终实现脱贫致富。尽管改革开放以来,中西部地区生态移民起步相对较早,规

```
图书在版编目（CIP）数据

中西部连片特困地区生态移民问题探索 / 冯明放，
彭洁著. —成都：西南交通大学出版社，2017.6
 ISBN 978-7-5643-5198-4

 Ⅰ. ①中… Ⅱ. ①冯… ②彭… Ⅲ. ①贫困区–移民
问题–研究–中国 Ⅳ. ①D632.4

 中国版本图书馆 CIP 数据核字（2016）第 322986 号
```

中西部连片特困地区生态移民问题探索

冯明放　彭　洁　著

责任编辑	邹　蕊
特邀编辑	王　静
封面设计	严春艳

出版发行	西南交通大学出版社 （四川省成都市金牛区二环路北一段 111 号 　西南交通大学创新大厦 21 楼）
邮政编码	610031
发行部电话	028-87600564　028-87600533
官网	http://www.xnjdcbs.com
印刷	成都勤德印务有限公司

成品尺寸	170 mm×230 mm
印张	13.5
字数	268 千
版次	2017 年 6 月第 1 版
印次	2017 年 6 月第 1 次
定价	68.00 元
书号	ISBN 978-7-5643-5198-4

图书如有印装质量问题　本社负责退换
版权所有　盗版必究　举报电话：028-87600562

本书系国家社科基金"中西部连片特困地区生态移民后续产业发展对策研究"项目（编号：13BJY034）阶段性成果

中西部连片特困地区
生态移民问题探索

ZHONGXIBU LIANPIAN TEKUN DIQU
SHENGTAI YIMIN WENTI TANSUO

冯明放　彭洁◎著

西南交通大学出版社
·成都·